PPP
MODEL

PPP 实战系列丛书

PPP模式与结构化融资

PPP MODEL AND STRUCTURED FINANCE

余文恭◎著

经济日报出版社

图书在版编目（CIP）数据

PPP模式与结构化融资／余文恭著．--北京：经济日报出版社，2017.3

ISBN 978-7-5196-0096-9

Ⅰ．①P… Ⅱ．①余… Ⅲ．①政府投资-合作-社会资本-研究 Ⅳ．①F830.59②F014.39

中国版本图书馆CIP数据核字（2017）第038347号

PPP模式与结构化融资

作　　者	余文恭
策划编辑	肖小琴
责任编辑	淡　霞
责任校对	武春玲
出版发行	经济日报出版社
社　　址	北京市西城区白纸坊东街2号
邮政编码	100054
电　　话	编辑部010-63584556　发行部010-63588446
网　　址	www.edpbook.com.cn
E-mail	jjrb58@sina.com
经　　销	全国新华书店
印　　刷	北京鑫瑞兴印刷有限公司
开　　本	710×1000 mm　1/16
印　　张	23.75
字　　数	322千字
版　　次	2017年5月第一版
印　　次	2017年10月第3次印刷
书　　号	ISBN 978-7-5196-0096-9
定　　价	78.00元

序

PPP 模式在中国并非新鲜事物。在中国经济进入新常态以来，在政府投融资体制改革的背景下，PPP 模式在近三年内实现了大发展，截至 2017 年 2 月份，国家发改委 PPP 项目库中储备的项目总投资已经超过 15 万亿元，我国一跃又成为全球 PPP 项目体量第一大国。然而在 PPP 模式如火如荼发展的今天，对于其实质和核心，无论是政府部门、社会资本还是专门从事 PPP 项目专业服务的第三方中介，都难以说已经形成了一个全面正确的理解和认识。对于没有参与过 PPP 项目或者经验较少的人来说，PPP 交易结构的复杂性更是令人挠头抓耳，避而绕之，导致目前很多 PPP 项目未体现“提供公共服务”的实质和“运营”的核心。

《PPP 模式与结构化融资》一书正是写在 PPP 发展新纪元的三年之际，作者余文恭老师基于近年来 PPP 发展的政策和实践，对 PPP 模式的基本特征和相关概念进行了解读，独创“PPP交易结构分析法”，以PPP项目操作中各个主体之间的交易关系为主线，以PPP运作模式、付费机制、风险分配和提前退场等交易客体为对象，清晰而又系统地介绍了PPP的运作方式，有助于读者快速把握PPP操作的基本流程。

正如本书的题目所显示的，《PPP模式与结构化融资》还是一本PPP项目融资的操作手册，全面介绍了PPP项目涉及的股权融资、夹层融资、债权融资、资产证券化等各种融资工具。尤其对于不同投资主体设立的PPP基金的区别、运作架构和意义做了比较说明。本书还积极探讨了险资、基金、证券、信托等金融机构所管理的资产如何投资PPP项目的问题，对于金融机构参与PPP项目以及PPP项目融资工具的创新带来一些新的思路。

作为专注于构建PPP知识百科的独立微信公众号PPP知乎(ID:PPPwiki)，我们有幸为本书开设专栏每周连载，将余文恭老师的实践经验和深入思考分享给12,0000+PPP关注者，提升对PPP的认知，推动PPP在国内的良性发展，这亦是PPP知乎创建的初衷和目的。

在这个PPP热火朝天的时期，如果说一定要推荐一本接地气、长知识、专业而又系统地介绍PPP交易流程和融资方式的书，那一定是非《PPP模式与结构化融资》莫属。

PPP知乎

2017年3月1日星期三

自序

我们对于政府大力推动PPP模式的原因进行追踪溯源，会发现PPP的推动与两件事情是息息相关的：第一，由于国内目前整体经济形势下行，政府通过投资基础设施建设来拉动内需，以此促进经济发展；第二，2008年的四万亿计划导致产能过剩，再加上基础设施的投资采取BT模式，导致本届政府面临必须偿还上届政府所欠下巨额负债的压力，政府亟待寻求一种方式可以缓解政府债务危机。由此可知当前政府所需要面对的问题是，如何在控制地方政府债务的前提下，在需要的地方增加基础设施的投入，PPP模式以满足政府履行提供公共服务和基础设施建设的职能，在通过政府投资促进经济发展的同时，还能缓和政府履行职能时所带来的债务压力，因此PPP模式就在此背景下应运而行了。为何PPP模式既可以增加投资又可以控制债务？我们必须从PPP模式的核心概念谈起。

PPP 模式是强调“运营”的一种基础设施管理模式，交易结构的设计都是以运营为核心所发展出来的。由于 PPP 模式重视运营，因此通过对项目全生命周期进行优化，可以达到节省成本提高效率的效应；同时，由于政府的付款条件与运营绩效捆绑，可以延长政府的付款责任，并且将责任分摊到后续的每一届政府身上，而不会由单一某一届政府全部承担。此外，由于 PPP 模式还强调“换人投资”的概念，也就是基础设施过去是由政府方投资，现在改由社会资本方投资，因此贷款的责任从过去由政府负责，转变为由项目公司负责，贷款债务留在项目公司的财报上，对政府而言做到债务出表的效果；同时，由于社会资本方承担了项目的投资责任，因此项目大部分的风险转由项目公司承担，项目公司必须运用积极、有效的管理措施，以此来控制风险提高获利。

虽然 PPP 模式的立意甚佳，但由于新制度的推动和过去的思维产生了比较大的矛盾，因此目前出现了许多假 PPP 项目鱼目混珠，面对这些假 PPP 项目除了要一再强调 PPP 模式的核心价值外，还必须了解旧思维存留背后真正的原因，其中包括：有人通过直接控制工程，来获得权力寻租的空间；有人习惯于拍脑袋办事，嫌弃 PPP 模式复杂难懂；有人天真地认为，只要领导一震怒，项目就可以跳跃式地执行下去，所有的前期程序都可以忽略不计；反复而没有章法的决策模式使得时间和精力耗费巨大；部门之间本位思考，合作政府的运作模式沦为空谈，这些障碍都有待进一步扫除，PPP 模式才有机会顺利推进。

一项新制度的推动，免不了需要经过一段时间的摸索，而 PPP 模式自 2013 年十八届三中全会决定推动至今，已经累积了一些阶段性的经验，有待进一步分析与总结。笔者作为一位 PPP 模式的咨询工作者，通过本书，将实践中所发现的问题，以及中央部委出台的相关政策文件做了梳理，并于本书的第一篇及第二篇中提出了粗浅的看法，尤其在本书的第二十章，笔者提出了“交易结构分析法”，尝试为具体项目的方案设计和多方谈判，找出有方向、有条理、有重点、有系统的分析方法。

此外，笔者也体会到在 PPP 模式的推进中，核心的融资方式发生了相对滞后的情形，最主要的原因在于，PPP 模式的融资模式和传统融资有着非常大的差异，PPP 模式的融资条件和项目本身有着非常密切的联系，而融资机构必须了解项目才能提出适合项目的融资产品；再加上 PPP 项目的参与方众多，各自的风险偏好也不一样，融资机构如何通过设计出结构化的融资产品来满足各方的需求，已经成为刻不容缓的任务，因此本书第三篇对于结构化融资进行了系统的介绍，希望通过个人的抛砖引玉，引出专业人士的金玉良言，为 PPP 找到合适的融资方式。

最后，我要衷心感谢公众号“PPP 知乎”，在本书撰写期间逐章地推送本书的初稿，让我有机会在本书出版之前，及时地收集到各位热心读者的反馈。同时，非常感谢各位读者的专业意见，你们宝贵的意见为本书的完善提供了相当大的帮助。此外，我也要特别感谢我的工作伙伴门继业律师和吴霞升，在过年期间不眠不休地加班校稿，并且为此书提供了很多中肯的建议。从事 PPP 项目的咨询工作需要经常出差，没有时间陪伴和照顾家人已成为常态，在深表歉意的同时，更要感谢家人在我工作期间所给予的默默支持与鼓励。本书的截稿日期为 2017 年 2 月 24 日，由于 PPP 模式涉及许多跨领域的学科，笔者所学有限，欢迎读者与我联系并且不吝赐教，我的联系电话是 021-62300530，邮箱是 1438448366@qq.com，我的公众号“PPP 这群人”中有最新的文章、政策法规以及教学视频，也欢迎读者关注，谢谢。

2017 年 2 月 24 日

目录 CONTENTS

第一篇 概 论

第二篇 主要交易群

第三篇 次要交易群

第四篇　结　语

part 01

第一篇 概论

第一章　PPP 模式基本特征

第一节　PPP 模式特征的正面与负面表述

一、PPP 模式特征的正面表述

很多文献试图对 PPP 进行定义，但是我们发现不同的文献所定义的 PPP 内容差距很大，而且不管哪一种定义方式，都无法全面完整地涵盖 PPP 的范围，这是因为当初 PPP 概念提出的时候，是从公共服务管理角度提出的一种理念，并不是依据法学方法，从法律概念的角度，严谨定义概念的核心与边陲，再加上 PPP 这个概念还处在不断发展的阶段，因此从学理上定义 PPP 是有一定的难度的。

基于以上的理由，笔者不采用概念定义的方式来描述 PPP，而采用特征的方式来描述 PPP。所谓采用特征方式描述的意思就是说，只描述 PPP 概念的核心部分，而不描述 PPP 概念的边陲部分，因此只要具体事实落在本文所描述的核心范围内，应该就属于 PPP 模式的范畴；至于对于边陲部分的描述（例如 BOO 模式），并不是不重要，而是目前技术上界定有一定的难度，因此这个部分的问题只能有赖于未来学术的持续发展与研究来解决。

由于 PPP 模式是一种合作模式，因此对于 PPP 模式的特征，本书以合作为核心，从几个方面来展开描述，具体可以分为正面表述与负面表述，以下先以正面表述的方式讨论。

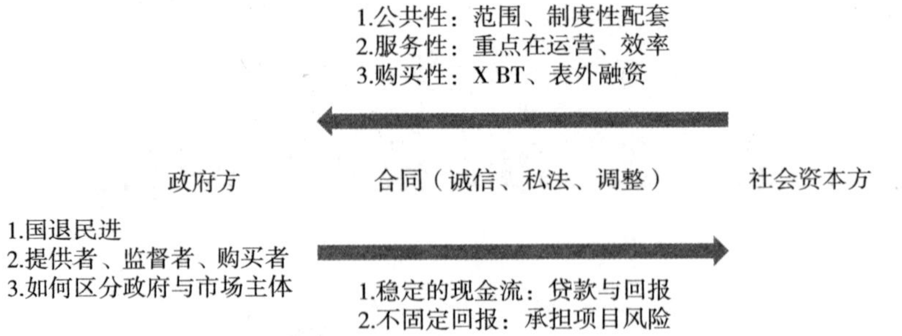

【图表 1.1】PPP 模式对价关系图

（一）合作主体

PPP 模式是政府主体与市场主体[①]合作的一种模式，为何强调是政府方[②]与市场主体合作？这必须从过去传统模式中所发生的问题谈起。所谓传统模式是指由政府方自己提供公共服务的一种模式，在过去传统模式的实践中，发生了公共服务效率不高，政府方债务越来越高的情形，为了解决这个问题，政府方从市场引入好的管理、创意以及资金，由市场主体来帮政府方提供公共服务，以解决过去传统模式所发生的问题，这就是 PPP 模式为何强调是政府方与市场主体（或称社会资本方）合作的原因。基于上述的理念，我们可以延伸出以下几个角度来讨论。

第一个角度。采取 PPP 模式后，政府与市场的界限有了改变，形成了“国退民进”的情形，也就是说政府方不再像过去一样，什么事情都揽在自己身上做，政府方只做自己擅长的事，而把市场擅长的事交给市场做，由于政府方把很多事情都交给了市场，只留下了政府方的核心任务[③]，因此政府方卸下了很多不必要的负担，让合适的人做了合适的事情后，公共服务的效率得到了提升。因此我们说将“大政府”转变为“小政府”，是推动 PPP 模式一个很重要的理念。

---

① 现在 PPP 相关政策文件称市场主体的正式用语为社会资本方。

② 本书所称的政府方泛指人民政府或实施机构，本书所称的社会资本方泛指社会资本或项目公司。

③ 所谓政府方的核心任务是指只能由政府方自己做，不能交给市场做的事情，也就是不能采用 PPP 模式的事项，这些事项的范围包括国家强制力，例如军队、警察，或是政府方组织的核心职能，例如行政、立法、司法等。

第二个角度。采取 PPP 模式后，政府方的角色有了改变，从过去公共服务的提供者，转变为公共服务的购买者与监督者。在 PPP 模式中，提供服务的人是市场主体而不是政府主体，很多 PPP 项目的政府方没有清楚地认识到这点，依然以传统模式的心态做 PPP 项目，例如：在传统模式中政府方是项目的建设方，而在 PPP 模式中项目公司代替政府方履行了项目建设方的一部分职能，但是很多政府方在 PPP 项目中坚持自己是项目的建设方，要求承包商应听从政府方的指挥，当然这种操作方式和 PPP 的理念是相违背的，因此笔者建议政府方在 PPP 模式中应该要学习“放手”，管该管的事情，不该管的事情，让项目公司享有一定的空间并且承担相应的责任。

第三个角度。由于 PPP 模式强调政府方与市场主体合作，不是政府方与政府方合作，因此区分谁是政府方谁是市场主体，就成为很重要的事。在西方国家区分这件事并不十分困难，那是因为西方国家政府方与市场的界限很清楚，谁是政府方谁是市场主体很容易区分，但是国内的情形是政府方对于市场管制涉入甚多，政府方与市场的界限并不十分清楚，因此如何界定政府方与市场主体，就成为国内 PPP 制度中一个很特殊的环节。目前这些问题集中在国有企业与融资平台公司，应定位成政府方或是社会资本方。如果是政府方，不需要经过采购程序，应代表政府方行使政府方职能，履行政府方在 PPP 协议中的权利与义务。如果是社会资本方，需要经过采购程序，经一定的程序中标后组成项目公司，履行项目公司在 PPP 协议中的权利与义务，有关这方面的问题，我们会在后续的章节中展开说明。

（二）政府方目的

政府方采取 PPP 模式的目的，最主要就是购买社会资本方所提供的公共服务，因此购买公共服务是政府方采取 PPP 模式的一个首要目的，围绕着这个目的可以区分为“公共”性质、“服务”性质及“购买”性质三个环节来说明。

1. 公共性质

政府方必须是购买“公共服务”才能采取 PPP 模式，如果政府方采购非公共服务，例如纯粹的地产项目，就不能采用 PPP 模式。虽然 PPP 模式强调以公共服务为核心，但是这并不代表整个服务内容必须是公共服务才可以。目前政策上允许"项目 + 物业"模式，也就是项目中允许有一部分公共服务加上一部分的物业，通过物业的收益来补贴项目投资的支出，这种方式是通过资源补贴减少政府方财政预算的支出，但是操作上必须注意，公共服务才是主角，应谨防出现"小项目 + 大物业"这种物业喧宾夺主的情况。

由于PPP模式强调服务的"公共性"，因此有些制度安排上会特别考虑公共服务的特殊需求，例如法规上规定当项目公司发生无法提供公共服务的情形时，政府方可以以单方的公权力以及强制力，强制接管项目资产，并由政府方运营提供公共服务，使公共服务可以持续不中断；或是公共服务使用者的收费价格，必须经政府方审议以及听证会的程序确定，项目公司不可以单方定价；或是项目资产性质属于公法上的公物，不能自由地流通、转让、处分等等，这些特殊的环节都充分凸显出公共服务的特性。

2. 服务性质

由于PPP模式是政府方购买服务模式，政府方购买的内容是"服务"而不是"工程"，政府方付费时计算的是服务量，支付的是服务费，政府方付费时不是计算工程量，不是支付工程款，因此服务是PPP的核心，PPP项目的重点在运营而不是在建设。因为有了运营项目的全生命周期都交由项目公司操作，项目公司才能进行全项目的优化，进而节省项目成本，建设只是提供服务的一个过程与环节，政府方监管的重点在运营期而不是在建设期，没有运营期的项目、只有一点点运营内容的项目，或是通过抽屉协议将运营返包给政府方的项目，都是与PPP模式的精神相违背的。

推行PPP制度的目的是为了改善传统模式提供服务效率不高的情形，所以相关法规要求，PPP项目必须要通过物有所值论证，证明采取PPP模式服务效率改善了，项目才可以采用PPP模式。很多反对PPP模式的人，他们主张从PPP模式内部收益率来看，PPP模式的融资成本比其他融资方式都来得高，反而给政府方带来更大的负担，因此反对政府方采用PPP模式。这种说法其实是有欠考虑的。相比其他融资工具（一般是3%~5%），实践中PPP模式的全项目内部收益率（一般是6%~8%）确实比较高。但是

PPP 模式是无担保表外的融资，其他融资是需要担保表内的融资，因此 PPP 模式融资利率稍高是正常的。此外，你不能只看到 PPP 模式中多的部分，也就是内部收益率高于其他贷款利息的部分，还必须看到 PPP 模式中少的部分，也就是项目公司以市场化管理节省成本的部分，经过一加一减后 PPP 模式总的成本只要低于传统模式，PPP 模式就值得采用。

3. 购买性质

政府方推动 PPP 的过程中是同时禁止继续使用 BT 模式的，为何要禁止 BT 模式？这是因为 BT 是一种表内融资模式，承包商垫资施工竣工验收合格后，承包商与政府方之间就进入了类似借贷的债务关系；而 PPP 模式是一种表外模式，项目公司竣工验收后，项目公司与政府方间不会进入借贷的债务关系中。

为何 PPP 模式可以做到表外融资？这是因为 PPP 模式是先投资后买卖[①]的一个过程，所谓先投资是指社会资本投资成立项目公司的过程，而后买卖是指由政府方付费并且向项目公司购买服务的过程。为何特别强调先投资后买卖？这是因为社会资本投资并成立项目公司后，由项目公司对银行贷款，政府方对项目公司不控股，因此项目公司的债务不会合并到政府方的财报中，而未来政府方对项目公司购买服务，政府方的付费条件基本上和服务的绩效捆绑，不是和工程竣工验收捆绑。即便工程竣工验收后，政府方与项目公司也不会进入债务关系，而是进入服务的买卖关系，因此 PPP 模式不会出现 BT 模式表内融资的情形，进而改善政府方债务的负担的情况。

（三）社会资本方目的

PPP 项目对于社会资本方的意义和政府方刚好相反，社会资本方投资 PPP 的目的在于卖公共服务，因此卖公共服务是社会资本方的核心目的，而我们之前说过 PPP 模式是先投资后买卖的过程，这个过程可以更细致地分解成两个部分，第一，投资才能贷款：社会资本投资成立项目公司，才能由项目公司对银行贷款；第二，买卖才能回报：项目公司通过贩卖公共服务收

① 这里的买卖与合同法中所称的买卖是不同的，《合同法》中所称的买卖是买卖标的物所有权，而本文所称的买卖是指买卖公共服务。

取服务费用，并获得投资回报。以下就这两部分展开说明。

1. 投资才能贷款

项目公司的融资方式，一般分为股权融资与债权融资，股权融资指的是社会资本对于项目公司的出资，债权融资指的是融资机构对于项目公司的债务性贷款融资，唯有这两种融资方式能顺利完成，项目才能推进；而从债权融资的角度，银行贷款的基本条件，通常要求项目必须有稳定的现金流，银行才有可能放款，因此确保项目现金流的稳定，成了非常关键的问题。目前PPP项目中有关确保现金流稳定的保障性制度包括中长期的财政计划、分层次的付费机制、上级的扣款制度等，本书会在后续的章节一一为各位介绍。

2. 买卖才能回报

关于社会资本方获取回报的问题，我们第一要探讨的是，PPP模式中社会资本方所获取的回报性质是什么？由于PPP模式的性质具有投资与买卖的性质，项目公司必须通过有效的管理节省成本与控制风险，才有机会获取回报，项目公司如果管理不善不但没有收益还有可能亏钱，因此项目公司所获取的回报的多寡取决于管理的情况，性质上属于不固定回报，也因为回报不固定才能激励项目公司做好管理。相关PPP政策禁止项目中有固定回报、回购以及明股实债等固定收益变相融资的情形，其目的就是为了让项目公司承担项目管理的风险与责任。

第二个要讨论的问题是，讨论回报时，我们必须同时考虑风险承担的问题，也就是说一个项目的投资风险越高，投资回报也会跟着提高，投资风险低，投资回报也相对较低，同理，由于项目采用不固定回报所承担的风险，高于项目采用固定回报所承担的风险，因此PPP项目的回报一般要高于中长期的贷款利率，才能吸引社会资本方投资。

（四）合作基础

PPP项目中双方当事人的目的是相反而互补的，政府方想买公共服务，社会资本方想卖公共服务，一个想买一个想卖，双方就有机会达成交易并且履行，但是交易可以顺利进行有个很重要的因素，就是双方必须诚信，谈好的事要能够做到，如果没有诚信，谈好的事可以随时不认账，交易就很难进行下去，因此一般我们会通过合同来确保交易的效力。合同在这里有两个功能，一个是双方谈好的事，可以留下记录，也就是白纸黑字双方不能耍赖；另一个是双方谈好的事，可以赋予一个法律上的效果，谁要是不遵守可以通过一定的法律程序执行，我们称之为合同拘束力。

以合同作为PPP项目合作的基础，我们有以下几个问题要展开来说明。

1. 诚实信用原则

诚实信用原则是合同的帝王条款，不遵守诚实信用原则，合同就难以运作下去，由于 PPP 模式是以合同作为双方合作的基础，因此合同能顺利运作，才能确保 PPP 项目可以顺利运作。其实在市场上交易，合同精神已经深植人心，无须多言，但是对于政府方而言，到市场上购买公共服务进行交易却是一个很新的尝试。过去政府方采取传统模式由自己提供服务，属于单方的行政行为，也就是要怎么做都是政府方自己说了算，政府方用自己的规则，做自己想做的事，如果政府方反悔了不想做了，可以随时终止，不需要特别对谁负责；然而现在采取 PPP 模式后，政府要以市场的规则，通过双方谈判以及交易行为，来换取服务；政府方从高高在上的位置，变成了和社会资本方平等的位置，另外基于行政一体原则，下届政府方也必须承接上届政府方的合同义务①，不能不认账，合同的内容也是双方共同确定的，不像过去政府方自己可以单方制定一个文件来规范一切，对政府方而言，不再是政府方自己想怎么做就可以怎么做，因此在 PPP 领域，政府方的心态必须做出调整，政府方要成为市场上大家可以信赖的交易主体，就必须遵守市

① 中共中央、国务院《关于完善产权保护制度依法保护产权的意见》："大力推进法治政府和政务诚信建设，地方各级政府及有关部门要严格兑现向社会及行政相对人依法做出的政策承诺，认真履行在招商引资、政府与社会资本合作等活动中与投资主体依法签订的各类合同，不得以政府换届、领导人员更替等理由违约毁约，因违约毁约侵犯合法权益的，要承担法律和经济责任。因国家利益、公共利益或者其他法定事由需要改变政府承诺和合同约定的，要严格依照法定权限和程序进行，并对企业和投资人因此而受到的财产损失依法予以补偿。对因政府违约等导致企业和公民财产权受到损害等情形，进一步完善赔偿、投诉和救济机制，畅通投诉和救济渠道。将政务履约和守诺服务纳入政府绩效评价体系，建立政务失信记录，建立健全政府失信责任追究制度及责任倒查机制，加大对政务失信行为惩戒力度。"

场的规则，例如平等、诚信、合作等原则，政府方必须重视合同，必须知道合同的内容有时候比政策、法律、法规还重要，只要合同的内容没有明显的违规，当事人所约定的合同内容，就成为双方交易的最高规范性文件。

2.PPP 合同的性质

合同有多种类型与性质，PPP 模式应该选择哪一种性质的合同，也是很关键的问题。目前对于 PPP 合同的性质存在几种说法，有人主张是私法合同，有人主张行政合同[①]，还有人主张私法与行政的混合合同。笔者认为这三种性质的合同，最不可行的是混合合同，因为这样的主张不但不能解决问题，反而制造问题，如果混合合同的说法成立，则合同的哪一部分适用私法，哪一部分适用公法，必然使问题变得更为复杂。至于私法合同与行政合同哪一种合同性质比较适合 PPP 合同，笔者认为私法合同比较适合我国目前的情况，最主要是因为：第一，我国目前对于行政诉讼的法律结构不完整，只能民告官，不能官告民，因此如果将合同定性为行政合同，当项目公司违约时，将不利于政府方通过诉讼程序进行救济；第二，我国目前针对行政合同没有专门的立法，因此有关行政合同有别于私法合同的特殊法理，并无相关法律法规可以适用。

3.PPP 合同的调整

PPP 合同是个长期合同，合作期间按照目前的法规规定，最长可以达到 30 年，如果要求合同当事人能预想未来合作期间可能发生的各种问题，并且在合同中预先约定，这是相当困难的。因此在合作期间发生不可预见的情况，双方如何通过协商谈判来调整合同，或是依据情势变更原则进行合同的调整，或是客观条件变化太大，合同已经没有调整的空间，必须提前终止合

---

① 《最高人民法院关于适用〈中华人民共和国行政诉讼法〉若干问题的解释》（法释〔2015〕9 号）第 11 条第 2 款的规定："公民、法人或者其他组织就下列行政协议提起行政诉讼的，人民法院应当依法受理：（一）政府特许经营协议；……"以及《最高人民法院关于充分发挥审判职能作用切实加强产权司法保护的意见》（法发〔2016〕27 号）："9. 依法公正审理行政协议案件，促进法治政府和政务诚信建设。对因招商引资、政府与社会资本合作等活动引发的纠纷，要认真审查协议不能履行的原因和违约责任，切实维护行政相对人的合法权益。对政府违反承诺，特别是仅因政府换届、领导人员更替等原因违约毁约的，要坚决依法支持行政相对人的合理诉求。对确因国家利益、公共利益或者其他法定事由改变政府承诺的，要依法判令补偿财产损失。"

同，这些问题都值得进一步研究与讨论。

二、PPP 模式特征的负面表述

PPP 模式的运作类型众多，交易结构也因项目的条件以及合作方的需求不同而有所不同，因此 PPP 模式性质上属于无法标准化的一种管理模式，这种无法标准化的管理模式如何建立合规性审查的标准，是很值得关注的问题。采用负面表述的方式，是可以考虑的一种方法，也就是将实践中几种常见的违背 PPP 模式最核心特征的事由列举出来，如具体的 PPP 项目构成这些负面表述的事由，即可认定为不合规。本书以 PPP 模式关键特征为核心，分为四大类负面表述事由：第一，不得表内融资（包括不得采用 BT 模式）；第二，不承担投资责任（包括不得固定回报）；第三，不承担运营责任（包括不得明股实债、运营返包）；第四，不得规避 PPP 模式相关评价论证（包括不得政府购买服务）等。具体内容说明如下：

（一）不得表内融资

根据《财政管理办法》第 35 条第 1 款的规定："各级财政部门应当会同行业主管部门加强对 PPP 项目的监督管理，切实保障项目运行质量，严禁以 PPP 项目名义举借政府债务。"由此可知，不得以 PPP 模式之名，行举债之实，这里所称的举债，性质上属于表内融资，由于我国推行 PPP 模式的政策目的之一就是为了解决地方政府债，因此为符合政策目的，PPP 项目不得为表内融资。

此外，依据《财政管理办法》第 35 条第 2 款的规定："财政部门应当会同相关部门加强项目合规性审核，确保项目属于公共服务领域，并按法律法规和相关规定履行相关前期论证审查程序。项目实施不得采用建设—移交方式。"由此可知，PPP 项目不得采用 BT 模式。禁止采取 BT 模式的原因在于：第一，BT 模式没有运营阶段。PPP 模式政府方买的是服务而不是工程，因此希望通过社会资本方提供服务，由社会资本方承担运营管理及风险责任，从而可以更有效率地对全项目生命周期进行优化，进而达到节省成本、提高服务效率的目的；第二，BT 模式是表内融资模式。因为当项目竣工后，实施机构与项目公司之间就进入债务关系，此债务在实施机构的财报上必须登载，属于表内融资。

（二）不承担投资责任

PPP 模式是一种先投资后买卖服务的模式，投资是 PPP 模式的核心特征，投资者必须做好管理才能获取回报，因此投资对于 PPP 项目有促进效率的作用。根据《第三批示范项目评审标准》的规定："有下列情形之一的，不再列为备选项目：……4.【变相融资】采用固定回报等方式进行变相融资的。"由此可知，PPP 模式不得采用固定回报，其原因在于投资必须通过有效率的管理节省成本分担风险，以此获得回报，也就是社会资本方可以获取回报的多少，主要取决于社会资本方管理到位的程度，以及所承担投资的多寡而定，所以社会资本方在 PPP 模式中的回报性质应该属于不固定回报。

在此要特别说明的是，禁止固定回报真正的含义是指禁止政府承诺在社会资本实际投资的金额或是实际花出的成本的基础上给予固定回报。如果政府方做出固定回报的承诺，社会资本方就没有动机做好管理，这与 PPP 模式物有所值的理念是相违背的，因此规定禁止固定回报。

（三）不承担运营责任

运营阶段是 PPP 模式不可缺少的部分，由于 PPP 模式政府方是购买服务不是购买工程，所以有运营期项目公司才能提供服务，才能以买卖服务达到表外融资的目的。

根据《财政管理办法》第 35 条第 3 款的规定："政府与社会资本合资设立项目公司的，应按照《公司法》等法律规定以及 PPP 项目合同约定规范运作，不得在股东协议中约定由政府股东或政府指定的其他机构对社会资本方股东的股权进行回购安排。"由此可知，PPP 项目禁止采取明股实债。所谓禁止明股实债，是指政府方对社会资本不能承诺，在合作期间内以一定金额购回社会资本对项目公司的股权。既然明股实债性质上属于一种表外融资，符合 PPP 项目表外融资的目的，那么为何也在禁止之列？这是因为如果政府方承诺在合作期间到期前，以一定金额买回股权，那么代表社会资本方没有完全承担运营的责任，何况以一定金额回购股权也构成固定回报，这也是在禁止之列的。另外要特别说明的是，禁止明股实债，指的是禁止政府方对社会资本方承诺以股权买回的方式间接返还债务，但是并不禁止社会资本方之间，或是社会资本方与基金之间有明股实债的约定。

实践中常见政府方与社会资本方在PPP协议之外，另外签订其他协议，将原本应由项目公司承担的运营服务，全部返包给政府方承担，此即运营返包。笔者认为PPP模式应禁止运营返包，原因在于PPP模式的重点在运营不在工程，项目公司应积极地承担运营管理风险，如果项目公司把运营返包给政府方，也就等于项目公司没有承担运营责任。

（四）不得规避 PPP 模式相关评价论证

所谓规避PPP模式相关评价与论证是指，规避PPP模式物有所值评价与财政承受能力论证。由于物有所值评价是为确定具体项目采用PPP模式能否发挥效率，而财政承受能力论证是为确定政府方可以负担具体PPP项目的支出责任，因此两者属于PPP模式重要的管理环节。根据《财政管理办法》第35条第4款的规定："财政部门应根据财政承受能力论证结果和PPP项目合同约定，严格管控和执行项目支付责任，不得将当期政府购买服务支出代替PPP项目中长期的支付责任，规避PPP项目相关评价论证程序。"我们进而可得知，禁止以政府购买服务模式代替PPP模式。所谓禁止政府购买服务，是指禁止政府方根据《政府购买服务管理办法》的程序，规避财政承受能力论证以及物有所值评价。如果依据PPP相关政策法规，通过了财政承受能力论证与物有所值评价，采取政府购买服务的PPP模式是不在禁止之列的。

第二节　发改委第二批典型案例把握准则

一、前言

为总结传统基础设施领域推广PPP模式的成功经验和做法，希望起到引导有关方面学习借鉴的作用，2016年9月发改委办公室发布《关于请报送传统基础设施领域PPP项目典型案例的通知》(发改办投资〔2016〕1963号)组织筛选PPP项目典型案例。笔者有幸受邀担任该次评审工作的评审专家，在该次评审工作中专家对于如何评审典型案例共同讨论了评审标准，并且形成了《筛选典型案例需要把握的准则》(以下简称《准则》)，该《准则》内容规定了PPP项目不能逾越的“红线”，和前述PPP模式的基本特征有不少吻合之处，以下就《准则》内容具体说明如下。

二、竞争性磋商的相关问题

《准则》第1点规定：“对于采用政府可用性付费方式支付，且通过竞争性磋商方式选择的社会资本方属于施工企业的项目，不予考虑。(第1款)对于按量付费的竞争性磋商项目，可以考虑。(第2款)”由此可知，竞争性磋商如适用于以下条件的，不考虑入选：第一，政府付费的项目；第二，付费机制采用可用性付费的方式；第三，中选的社会资本方属于施工企业的项目。因此可以推论，无法个体化服务的非经营性项目，由于此种项目边际条件已经确定，为了促进项目竞争，不适于采取竞争性磋商。

三、可用性付费的相关问题

《准则》第5点规定：“对于使用可用性付费并进行绩效考核的项目，若仅是关注建设期绩效能否考虑？PPP模式的绩效付费重点关注的应该是运营绩效。若项目建设投资成本的回收仅是基于建设期的工程建设绩效，或主要投资在短期内即可回收，则不予考虑。设计回报机制时社会资本的主要投资应在尽可能长的时间回收，具体的回收期应考虑在10年以上。”由此可知，可用性付费项目建设投资成本仅与工程建设绩效挂钩，或是短期内即可回收，则不考虑入选。由于过去很多人误用可用性付费，认为可用性付费的付费条件可以和工程竣工验收挂钩，通过《准则》第5点的规定，希望可以导正此一现象。

四、固定回报、明股实债与 BT 项目

《准则》第 4 点第 2 款规定："本条标准从严把握。不能将 BT 项目认定为 PPP 项目。"以及第 6 点第 1 款规定："入选案例应避免政府兜底的固定回报及明股实债等现象。"由此可知，政府兜底的固定回报与明股实债以及 BT 项目，则不考虑入选。因此 PPP 项目只限制政府方不得固定回报与明股实债，但是社会资本之间，或是社会资本与基金之间，不在限制之列。

第三节　财政部《第三批示范项目评审标准》

一、前言

为了更规范地推进 PPP 项目，中央与地方政府方纷纷建立了各种示范项目库。通过一定的甄选程序，选出具有示范价值的 PPP 项目，作为各方推动 PPP 项目的参考。进入示范项目库的项目，除了对示范项目给予一定的补助（以奖代补最高奖金为 800 万[①]）以外，银行对于示范项目的贷款条件也比较宽松，因此在项目推动过程中，进入中央或是地方的示范项目库，就变得很重要。本书在基本特征的章节中介绍示范项目的评审标准，最主要的原因是，这些示范项目的评审标准和 PPP 模式的特征有着密切的联系。既然甄选示范项目的目的是为了选出符合标准的 PPP 项目，那么怎样的项目是标准的 PPP 项目？当然是符合 PPP 特征的项目，因此本书接下来将以财政部《第三批示范项目评审标准》的内容，介绍示范项目的评审标准。

---

① 根据《以奖代补政策》的规定："（一）对中央财政 PPP 示范项目中的新建项目，财政部将在项目完成采购确定社会资本方合作方后，按照项目投资规模给予一定奖励。其中，投资规模 3 亿元以下的项目奖励 300 万元，3 亿元（含 3 亿元）至 10 亿元的项目奖励 500 万元，10 亿元以上（含 10 亿元）的项目奖励 800 万元。奖励资金由财政部门统筹用于项目全生命周期过程中的各项财政支出，主要包括项目前期费用补助、运营补贴等。（二）对符合条件、规范实施的转型为 PPP 项目的地方融资平台公司存量项目，财政部将在择优评选后，按照项目转型实际化解地方政府方存量债务规模的 2% 给予奖励，奖励资金纳入相关融资平台公司收入统一核算。享受奖励资金支持的存量项目，其地方政府方存量债务应通过合同条款明确地转移至项目公司或社会资本方合作方，化债安排可行、交易成本合理、社会资本方收益适度。中央财政 PPP 示范项目中的存量项目，优先享受奖励资金支持。"

二、财政部《第三批示范项目评审标准》介绍

财政部《第三批示范项目评审标准》包括定性评审和定量评审两部分，通过定性评审的项目方可进入定量评审。笔者将评审标准用“一票否决三部分，四分天下拿高分”来形容，一票否决三部分是指定性评审部分，四分天下拿高分是指定量评审部分，具体内容说明如下。

（一）定性评审标准

项目定性评审主要审查项目的合规性，具体包括主体合规、客体合规、程序合规等三部分内容，为何笔者说定性评审标准是“一票否决三部分”？意思是说定性部分的事由只要构成任何一个事项，就无法进入定量评分，而这些一票否决事项分为三部分，分别是主体、客体与程序合规三部分。

1.PPP 相关参与主体是否适格。有下列情形之一的，不再列为备选项目：

（1）【政府方】国有企业或融资平台公司作为政府方签署 PPP 项目合同的，但是评审标准没说国有企业与融资平台不能代表政府方签署其他的合同，例如：融资平台公司作为政府方出资方代表签署股东协议，相关的内容本书在后续的章节还会说明。

（2）【社会资本方】未按国办发〔2015〕42 号文要求剥离政府方债务，并承诺不再承担融资平台职能的本地融资平台公司作为社会资本方的，这是区分政府方主体与市场主体的标准，区分标准的具体内容，本书在后续章节还会说明。

2. 项目的适用领域、运作方式、合作期限是否合规。有下列情形之一的，不再列为备选项目：

（1）【适用领域】不属于公共产品或公共服务领域的，但是评审标准没要求项目范围全是公共服务，可以一部分是公共服务，一部分是物业。

（2）【运作方式】采用建设—移交（BT）方式实施的，因为 BT 是表内融资，PPP 模式是表外融资。

（3）【合作期限】合作期限（含建设期在内）低于 10 年的，因为 PPP 项目的重点在运营，所以必须要有充分的运营期。

（4）【变相融资】采用固定回报、回购安排、明股实债等方式进行变相融资的。

3. 项目实施程序是否合规。有下列情形之一的，不再列为备选项目：

（1）【规划立项】项目不符合城市总体规划和各类专项规划的；新建项目未按规定程序完成可行性研究、立项等项目前期工作的；但是存量资产项目就不需要再经过立项可研等前期工作，因为兴建时已经审过了。

（2）【两个论证】未按财政部相关规定开展物有所值评价或财政承受能力论证的。

（3）【政府方采购】已进入采购阶段或执行阶段的项目，未按政府方采购相关规定选择社会资本方合作方的。

（二）定量评审标准

定量评审标准部分，为何笔者称为“四分天下拿高分”？因为评审标准的配分可以分为四个区块：第一区块是项目材料规范性与项目实施进度，配分占 25%，属于分数比较好拿的基本分数区，只要项目走到哪，审批批到哪，材料就给到哪，基本上分数就可以拿到；第二区块是财政承受能力论证与物有所值评价，配分占 25%，也是属于分数比较好拿的基本分数区，基本上论证只要按规定做，有做就有分数；第三区块是实施方案，配分占 25%，属于进阶分数区，拿分难度较高，内容必须做到交易结构合规并且可行，项目运营的内容是审查重点；第四区块是项目示范性，配分占 25%，由于拿分和项目天生的特色有关，属于努力不一定能拿分的部分，一般的做法是找出项目与政策重点方向的关系，是否为稀有项目或是投资规模大、工程技术高、模式创新、融资创新等项目特色。定量评审指标及评分权重如下：

1. 项目材料规范性。项目是否经过各级部门认真审核把关，申报材料真实性、完整性、规范性是否符合规定要求（10%）。

2. 项目实施方案。项目实施方案内容是否完整，交易边界、产出范围及绩效标准是否清晰，风险识别和分配是否充分、合理，利益共享机制能否实现激励相容，运作方式及采购方式选择是否合理合规，合同体系、监管架构是否健全等（25%）。

3. 项目物有所值评价。是否按要求开展并通过物有所值评价，定性评价的方法和过程是否科学合理；是否同时开展物有所值定量评价，定量评价的方法和过程是否科学合理（10%）。

4. 项目财政承受能力。是否按要求开展并通过财政承受能力论证，论证方法和过程是否科学（15%）。

5. 项目实施进度。项目方案论证、组织协调等前期准备工作是否充分，立项、土地、环评等审批手续是否完备，所处阶段及社会资本方响应程度如何，是否具备在入选一年内落地的可能性（15%）。

6. 项目示范推广价值。项目是否符合行业或地区发展方向和重点，是否具备较好的探索创新价值和推广示范意义（25%）。

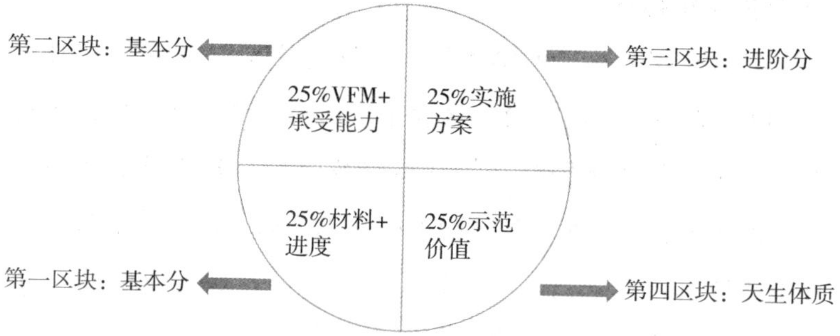

【图表 1.2】配分示意图——四分天下拿高分

第二章　PPP 模式相关概念

本章将讨论和 PPP 模式经常伴随出现的六组概念：这些概念有的是设计 PPP 模式交易结构时，必须处理的前提问题（经营性项目、非经营性项目、准经营性项目）；有的是进行 PPP 立法顶层设计时面临的问题（特许经营、传统基础设施领域项目、公共服务领域项目、国有资产与土地管理）；有的是很容易和 PPP 模式产生混淆的概念（政府购买服务、传统模式）。基本上都属于 PPP 领域中需厘清的首要问题，因此本书将这些概念放在第一篇总论中讨论，六组概念内容具体说明如下：

一、经营性项目、非经营性项目、准经营性项目

经营性、非经营性与准经营性项目这三个概念是在国家发改委《PPP 指导意见》文件中提出的，这三个概念需要处理的两个基本问题是：第一，PPP 项目所提供的服务是否为个体化的服务。第二，PPP 项目采取哪一种付费机制。以上两个问题决定了交易结构重要部分的内容，同时也是设计交易结构时首要面对的问题，因此有必要在本书第一篇概论中提出讨论。

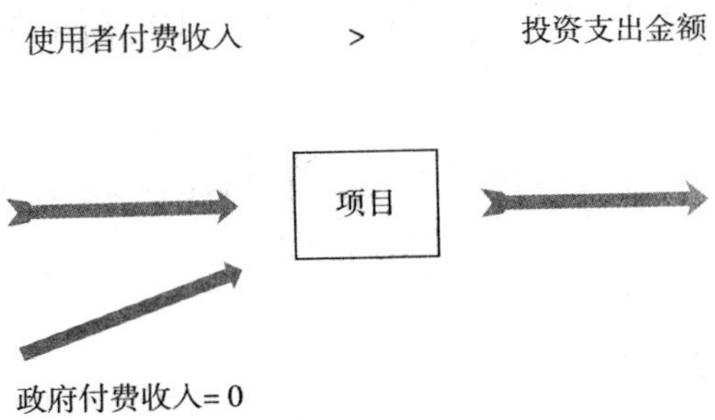

【图表 2.1】经营性项目

所谓经营性项目是指项目中使用者付费的金额可以完全覆盖项目的投资支出。根据这个定义，可以确认以下两点：第一，经营性项目所提供的服务属于经营性服务，也就是这种公共服务可以个体化，因此可以计算服务量；第二，经营性项目的付费机制中，只有使用者付费，没有政府付费。

所谓非经营性项目是指不能对使用者收费的项目，由于没有使用者收费，因此全部靠政府付费覆盖项目投资的支出。根据这个定义，可以确认以下两点：第一，非经营性项目的付费机制中，只有政府付费，没有使用者付费；第二，项目所提供的非公共服务很可能（不是百分之百）无法个体化，由于无法个体化，因此无法计算服务量。

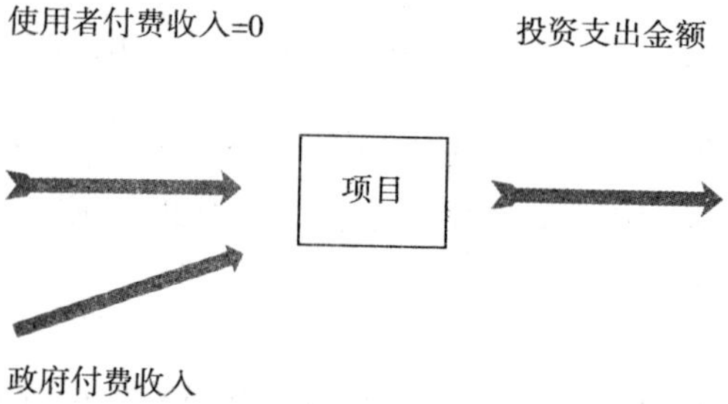

【图表 2.2】非经营性项目

所谓准经营性项目是指项目的使用者收费只能覆盖部分投资支出，因此项目的财务缺口由政府付费补足。根据这个定义，可以确认以下两点：第一，这种项目所提供的公共服务可以个体化，因此可以计算服务量；第二，这种项目的付费机制是使用者付费与政府付费的混合机制。

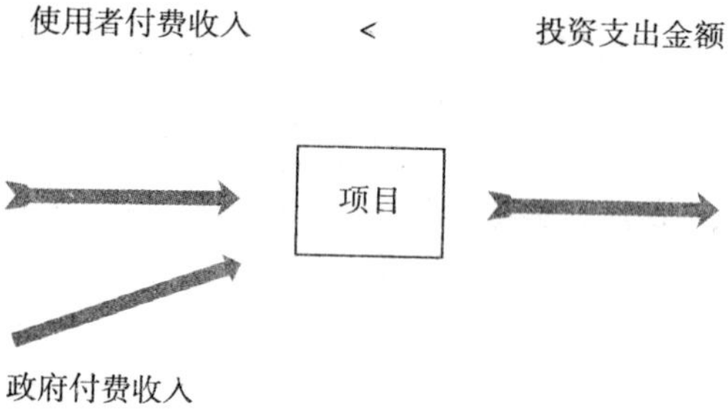

【图表 2.3】准经营性项目

本书认为 PPP 项目基本上只适用于准经营性项目和非经营性项目，不适用于经营性项目。因为经营性项目完全可以交给市场，政府方只需做好行业的监管即可，不需要采取 PPP 模式。同时本书认为 PPP 项目中，政府方基本上都要付费，此种付费不仅仅指付钱，还包括支付资源。或许有人不认同本书的观点，认为实践中常见的供热项目，大多不需要政府付费，单靠使用者付费就可以经营。其实这种说法忽略了一点，这些项目的土地都是划拨土地，也就是说土地的成本并没有算入运营成本中，因此政府方在这种项目中依然是通过投入资源换取社会资本方所提供的公共服务。

另外，财政部《公共服务领域推进 PPP 模式的通知》规定："在中央财政给予支持的公共服务领域，可根据行业特点和成熟度，探索开展两个'强制'试点。在垃圾处理、污水处理等公共服务领域，项目一般有现金流，市场化程度较高，PPP 模式运用较为广泛，操作相对成熟，各地新建项目要'强制'应用 PPP 模式，中央财政将逐步减少并取消专项建设资金补助。在其他中央财政给予支持的公共服务领域，对于有现金流、具备运营条件的项目，要'强制'实施 PPP 模式识别论证，鼓励尝试运用 PPP 模式，注重项目运营，提高公共服务质量。"由此可知，准经营性公共服务项目应强制采用 PPP 模式，或是强制实施 PPP 模式识别论证。

二、PPP 模式与特许经营

PPP 相关政策文件中，经常可以看到特许经营这个概念，由于特许经营这个概念的内涵存在着多种说法，因此在项目具体操作时，造成了许多困扰，例如：许多人曾咨询过笔者，项目中标签订了 PPP 协议后，是否还需要另外签订特许经营协议？PPP 项目在什么情况下需要授予特许经营权？由于概念界定不清，很多人操作项目时不知所措，因此本书有必要进一步说明什么是特许经营以及特许经营与 PPP 的关系。

目前有关特许经营的解释可以分为三大类：第一大类认为特许经营是一种项目类型；第二大类认为特许经营是一种权利；第三大类认为特许经营是一种公共服务的管理模式。以下就这三大类的内容具体说明如下。

（一）特许经营是一种项目类型

有人认为特许经营是一种项目类型，更具体地说是指使用者付费的项目，而不包括政府付费的项目。笔者相信这种说法是受到法国立法例的影响，我们的确可以在文献上得出，法国的特许经营制度是只限于使用者付费的项目①，但是这并不代表在法国就没有政府付费的项目（或是相应的制度），法国的立法例把使用者付费项目与政府付费项目定位成两种不同的法律关系；在使用者付费的特许经营项目中，政府方与社会资本方所签的特许经营协议是行政合同，使用者与社会资本方之间的付费关系是定位成私法的法律关系；在政府付费的项目中，政府方与社会资本方所签订的合同是其他类型的行政合同，彼此之间的付费关系也是在行政合同的基础上所形成的公法的关系。因此我们可得知法国是有政府付费的项目，只是其制度没有并入到特许经营制度中来而已。

国内推动PPP立法的过程中，曾有人主张PPP模式应分为两部分来立法，使用者收费项目应规范在《特许经营法》中，政府付费项目应规范在《PPP法》中，但是这种主张遭到了以下质疑：第一，在可行性缺口补助的项目中，既有政府付费又有使用者付费，应该规范在《特许经营法》中还是《PPP法》中？第二，政府付费的项目与使用者付费的项目只是项目的付费方式不同，并不涉及其他部分需要另外规范的问题，是否有必要分别立法？基于以上的质疑，本书认为不该将特许经营解释为一种项目类型。

此外，根据《传统基础设施领域PPP工作导则》第3条前段的规定：“政府和社会资本合作模式主要包括特许经营和政府购买服务两类。”由此可知，《导则》将特许经营与政府购买服务并列，似将其定位成一种使用者付费的项目，但是《导则》与前述法国立法例不同的地方在于将特许经营与政府购买服务并行于《导则》中，笔者认为这是一种可以接受的安排。

（二）特许经营是一种权利

有人主张特许经营是一种权利。笔者认为如果将特许经营定位成是一

① 王名扬著，《法国行政法》，402页，北京大学出版社2016年版。

种权利，主张者有必要说明，它是哪一种权利？是公法上的权利，还是私法上的权利？如果是私法上的权利，是物权还是债权？如果是物权，那么是用益物权还是担保物权？法律依据在哪里？很遗憾的是，到目前为止还没有人可以把这些问题说清楚。

关于权利内涵的讨论，有以下两种说法：第一种说法认为特许经营是一种垄断性行业的独家经营权；第二种说法认为特许经营是一种对使用者的收费权，下文将对这两种说法进行具体阐述。

1. 特许经营是一种垄断性行业的独家经营权

有人认为特许经营是一种垄断性行业的独家经营权，也就是对于某个区域某种特定的公共产品或是公共服务，授予由某个社会资本方独家投资、建设、经营的权利，并且在该区域内排除其他机构提供相同的公共产品或服务的权利。基于这样的主张，可以延伸出以下几点：第一，特许经营是针对垄断性行业的独家经营权；第二，依据《行政许可法》第 12 条第 2 项[①]的规定，以政府方单方特许的方式达到排他的效果。

针对这两个延伸的观点，首先笔者想要讨论的一个问题是：请问这种具有垄断性质的公共产品或服务，是如何形成垄断地位的？其实政府方所提供的公共产品或服务，基本上属于准经营性与非经营性的项目，而这些领域之所以会产生政府方垄断的条件，主要的原因在于这些公共产品与服务性质上需要大量资源的投入，并且盈利甚微，市场不愿意提供这种不赚钱的服务，只能由政府方来提供，所以政府方投入大量资源之后形成的门槛源自于自然形成的垄断地位，这种独家经营权并不是来自于法律的规定。

在实践中，我们经常看到政府方与社会资本方在 PPP 协议中约定唯一性条款或是排除竞争条款。这些条款不应该解释为政府方同意排除其他机构准入该行业领域，而应该解释为政府方同意不再为他人或是自己投入资源，以便提供相同性质的服务。政府资源投入自然形成的垄断地位，是政府拥有这种排他性或者唯一性许可的权利的缘由，而不是来自法律的规定。否则针

① 《行政许可法》第 12 条第 2 项：“有限自然资源开发利用、公共资源配置以及直接关系公共利益的特定行业的市场准入等，需要赋予特定权利的事项。”

对这些领域政府方如果单纯地授予特许经营权，而没有任何的补助或是资源的投入，请问会有社会资本方愿意进入这些领域提供产品或服务吗？答案可想而知。

第二个要讨论的问题是：独家经营权中的经营权具体指向何者？一般根据 PPP 协议，项目公司对项目有建设运营的义务，并且可以向政府方或（和）使用者收费的权利，因此如果经营指的是项目的建设运营，从合同的角度来看，项目的建设运营是项目公司的义务不是权利；如果经营指的是收费的权利，那就应该直接称为收费权而不该称为经营权。既然经营权和项目建设经营无关，也不是收费权，那经营权到底是什么性质的权利？笔者倾向于认定经营权是用益物权，有关用益物权的讨论，笔者将在后续的章节中详细说明。

第三个要讨论的问题是：请问政府方应以何种方式赋予项目公司经营权？笔者认为，经营权应该是双方在 PPP 协议中约定赋予项目公司的一种权利，所以赋予经营权的法律手段应该是私法上的合同行为，而经营权应属于 PPP 协议权利义务群中的其中一项权利，这项权利并非单独存在，而是与合同中的其他权利义务产生有机的联系。因此不应该认为经营权的授予是依据《行政许可法》由政府方通过单方的行政行为所特许的一项单独的权利。

在此附带一提的是：有人主张特许经营的"特许"指的就是依据《行政许可法》第 12 条第 2 项的特许。其实参考法国的立法例，他们所称的特许经营和一般所称的特许是存在很显著差异的，一般所称的特许是指行政机关特别允许某些行为，但是特许经营的特许是指公共事业的管理方式[①]，强调的是以行政合同为基础，在行政主体的监督下，由社会资本方提供公共服务的一整套制度。既然是以行政合同为基础，当然就不存在单方行政行为的概念。

综上所述，垄断性行业的垄断地位来自于政府方投入大量资源所形成门槛后的自然垄断，独家经营权不是来自法律的规定。项目的建设运营是项

① 王名扬著，《法国行政法》，401 页，北京大学出版社 2016 年 1 月版。

目公司的义务不是权利，即便有权利的赋予，也是私法上的合同行为，不是单方的特许行为。因此笔者认为特许经营不该解释为一种垄断性行业的独家经营权。

2. 特许经营是一种对使用者的收费权

有人主张特许经营是指政府方授权社会资本方对使用者收费的权利，因为他们认为公共产品或是服务的收费权归属于政府方，必须通过政府方以入股、授予或者转让等方式，才能由社会资本方对使用者收费。根据《财政管理办法》第 31 条的规定："PPP 项目中涉及特许经营权授予或转让的，应由项目实施机构根据特许经营权未来带来的收入状况，参照市场同类标准，通过竞争性程序确定特许经营权的价值，以合理价值折价入股、授予或转让。"可以看出，法条内容似将特许经营权定位成一种收费权。

针对这个说法，笔者想提出的问题是，对使用者的收费权是否当然归属于政府方？如果不是，那么应该归属于谁？有关这个问题，一般我们解释为，提供服务者与使用者之间成为提供服务的合同关系①。在经营性项目与准经营性项目中，当提供者依据合同对使用者提供服务后，服务的提供者有权依据合同向使用者收费，因此对使用者收费的权利应当归属于服务提供者，并非政府方。本书需特别说明的是，使用者收费权虽归属于项目公司，但是政府方可以依据 PPP 协议及相关法规，就项目公司对使用者收费的行为进行监管，常见的监管行为包括对收费价格的审议等。

在此要附带一提的是，《财政管理办法》第 31 条规定，特许经营权通过竞争性程序确定特许经营权价值的做法是有待商榷的。在竞争性程序中，竞争者竞争的重点在于政府方的付费金额，付费金额越低的中标机会越大，因此很难单独对特许经营的价值以价格标的方式进行竞价。比较有可能的方式是在综合评分法中，以竞争者所投标的特许经营价值进行评分，报价越高的人评分越高，但是在综合评分法中，中标的社会资本方，不一定是特许经营价值报价最高的竞争者，因此通过此种竞争性程序所确定的特许经营价值是

① 成为合同关系，不一定要用书面形式，只要双方意思表示一致，合同即视为成立。

否具有意义，可能有待商榷。笔者认为特许经营不需要另外计算价值，否则最终会成为项目成本的一部分，羊毛出在羊身上，埋单的还是政府方，因此特许经营不计价会减少政府方相应的支出责任。

综上所述，笔者认为由于收费权并不归属于政府方，因此特许经营不该解释为一种对使用者的收费权，但是《财政管理办法》的规定似乎采取此种观点。

（三）特许经营是一种公共服务的管理模式

有人主张特许经营是一种公共服务的管理模式，更具体地说，特许经营就是PPP模式。换言之，特许经营与PPP模式是两个相同的概念，其实这样主张，代表他们认为，特许经营不是经营的特许、不是收费权的授予、不限于使用者付费的项目、不是单方的行政许可，但是将特许经营解释成等同于PPP模式时，很明显是将特许经营做了扩张的解释，笔者不禁怀疑这样的扩张解释是否符合法学方法，是否超出扩张解释的范围。从法学方法的立场讨论，由于法律概念是以文字语言作为载体，又因文字语言具有不确定性，所以必须通过解释，才有办法确定法律概念的意涵。因此才有文义解释、体系解释、目的解释、反面解释、论理解释、限缩解释、扩张解释等解释方法，但是不管运用了怎样的解释方法，基本上都不应超过文义解释的范围，也就是文义解释是所有解释方法的极限，而笔者认为，当特许经营不是经营的特许、不是收费权的许可、不限于使用者付费的项目、不是单方的行政许可，其概念核心是政府方从监督者的角度，以私法合同作为基础，使用政府方有限的资源换取社会资本方相对有效率的公共服务时，笔者不禁想问：这样理解“特许经营”是否超出了文义解释可承受的范畴？这是值得大家深思的。

综上所述，特许经营不是使用者收费的项目，不是一种垄断性行业的独家经营权，不是一种对使用者的收费权，将特许经营与PPP模式画上等号，超出了文义解释的范围，因此笔者建议，未来在PPP的立法中，可以考虑不要继续使用特许经营概念。既然过去的相关文件中已经大量使用了“特许经营”概念，如果不再使用“特许经营”将导致文件大幅修改的问题，笔者认为《传统基础设施领域PPP工作导则》第3条前段的规定，将特许经营定位为使用者收费的项目是目前比较可行的权宜之计。可是《财政管理办法》将特许经营权定位为一种对使用者进行收费的权利，并为此要求社会资本方付费购买此项权利，笔者认为此费用将转嫁给政府方增加政府支出，并非恰当的做法。

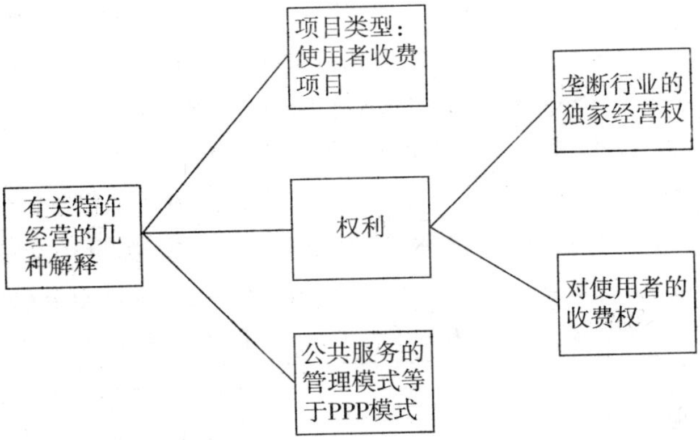

【图表 2.4】特许经营的几种解释

三、传统基础设施领域项目、公共服务领域项目

国家发改委的官方媒体《中国经济导报》，于 2016 年 8 月 18 日发布的一篇《PPP 分工一锤定音，千帆竞渡蓄势待发》报道指出，2016 年 7 月 7 日召开的国务院常务会议上确定，传统基础设施领域的 PPP 项目由国家发改委牵头负责，公共服务领域的 PPP 项目由财政部牵头负责，根据此项报道可以认为中央部委间的 PPP 分工就此确定了。基于这样的分工，我们可以进一步讨论目前 PPP 立法的两个趋势：第一个趋势是立法名称未来将使用 PPP 概念，不再使用特许经营概念，笔者深表赞同，特许经营这个概念确实存在很多问题，采用 PPP 概念替代特许经营概念是很进步的做法；第二个趋势是将 PPP 领域划分为两部分：一部分是传统基础设施领域[①]，另一

① 《传统基础设施领域 PPP 工作导则》第 2 条规定："按照国务院确定的部门职责分工，本导则适用于在能源、交通运输、水利、环境保护、农业、林业以及重大市政工程等传统基础设施领域采用 PPP 模式的项目。具体项目范围参见《国家发展改革委关于切实做好传统基础设施领域政府和社会资本合作有关工作的通知》(发改投资〔2016〕1744 号)。"

部分是公共服务领域[①]，本书称之为PPP双轨制，而不同的领域所适用的系列法规文件皆不相同（见图表2.5），这样的分类方式在外国立法例中看不到，是中国独有的一个方式，很有中国特色！

主管部门	传统基础设施领域	公共服务领域
	发改委	财政部
项目管理	《基础设施和公用事业特许经营管理办法》《传统基础设施领域实施政府和社会资本合作项目工作导则的通知》（发改投资〔2016〕2231号）	《政府和社会资本合作模式操作指南（试行）的通知》（财金〔2014〕113号）、《政府和社会资本合作项目财政管理暂行办法的通知》（财金〔2016〕92号）
合同管理	《关于开展政府和社会资本合作的指导意见》（发改投资〔2014〕2724号）附件二《PPP项目合同指南》	《关于规范政府和社会资本合作合同管理工作的通知》（财金〔2014〕156号）附件《PPP项目合同指南》
审批管理	暂无	《PPP物有所值评价指引（试行）》（财金〔2015〕167号）、《政府和社会资本合作项目财政承受能力论证指引》（财金〔2015〕21号）
信息公开	暂无	《政府和社会资本合作项目信息公开暂行管理办法（征求意见稿）》
采购程序	暂无	《政府和社会资本合作项目政府采购管理办法》《竞争性磋商采购办法》

【图表2.5】传统基础设施领域与公共服务领域适用法规文件比较

有关双轨制可能面临的问题，本书分析如下。

（一）从范围界限的划分

如何界定传统基础设施领域与公共服务领域项目？根据国家发改委《传统基础设施领域PPP重点项目》的规定，我们可将传统基础设施领域分为七大类，分别是：第一类能源领域（包括电力及新能源类、石油和天然气类、煤炭类）；第二类交通运输领域（包括铁路运输类、道路运输类、水上

① 《财政管理办法》第2条的规定："本办法适用于中华人民共和国境内能源、交通运输、市政公用、农业、林业、水利、环境保护、保障性安居工程、教育、科技、文化、体育、医疗卫生、养老、旅游等公共服务领域开展的各类PPP项目。"

运输费、航空运输费、综合类）；第三类水利领域；第四类环境保护领域；第五类农业领域；第六类林业领域；第七类重大市政工程领域，是指采取特许经营方式建设的城市供水、供热、供气、污水、垃圾处理、地下综合管廊、园区基础设施、道路桥梁以及公共停车场项目。根据财政部《公共服务领域推进 PPP 模式的通知》规定，能源、交通运输、市政工程、农业、林业、水利、环境保护、保障性安居工程、医疗卫生、养老、教育、科技、文化、体育、旅游等属于公共服务领域。笔者认为两部委的文件并没有清楚区分传统基础设施领域与公共服务领域项目，因此未来必须通过立法解决。

按目前的政策方向，如果真要划分项目的类型，笔者建议不要采用这两个概念，因为这很容易让人误以为传统基础设施领域没有公共服务，本书于第一章中已对买卖公共服务才是 PPP 的核心概念进行过重点阐述，所以传统基础设施领域必然包含了公共服务。如果两部委一定要进行分工，那么笔者建议行业领域的划分方式为：交通运输、市政公用事业、综合开发、农林水利与环境保护、社会事业与其他等等，然后每一单位分配一部分行业领域，这样才不会发生交叉重叠的问题。

（二）从主管部门的定位

发改委和财政部在 PPP 模式上主管的角度和方向是不同的，由于目前整体经济环境条件较差，从供给侧结构性改革的角度来分析，政府必须在正确的领域中持续促进基础设施的投资，但又不能让政府债务持续恶化，这一放一收之间分寸的把握与拿捏是很重要的。正好 PPP 模式发改委主管的是放的部分，财政部主管的是收的部分，因此我们需要两部委协力合作，而不是两部委各自为政。笔者认为不应该局限于部门立法的思维，由发改委与财政部共同组成一个主管 PPP 模式的跨部委小组，让两部委通过小组的运作，协商出一个双方都可以接受的管理方式，由两部委通过小组的运作共管 PPP 项目，以达到收放自如的效果。

（三）从项目全周期的立场

不论是理论上还是实践中，传统基础设施领域和公共服务领域在 PPP 项目全生命周期的管理措施中，均看不出有何不同之处。首先从项目前期工作的立项建议书、可行性研究报告、实施方案、财政承受能力论证、物有所值评价等环节出发，再到项目的采购、履约以及移交等环节终止，笔者看不出两领域的进程有何不同，亦看不出两领域的管理措施有何不同。既然两领域的管理没有不同之处，是否还有让各部委各自立法的必要？如果两个部委规定得不同调，一个规定得紧，一个规定得松，再加上前述两领域界限规定不清的情况下，未来管理混乱带来的后遗症是你我无法想象的。

四、PPP 模式与政府购买服务

实践中 PPP 模式与政府购买服务之间，一直存在着概念模糊不清的情形。从政策法规内容观之，PPP 模式的操作是依据 PPP 模式的相关法规，政府购买模式的操作依据是财政部《政府购买服务管理办法》，两者程序最大的差别在于前者程序复杂，后者程序比较简单，前者需要经过财政承受能力论证及物有所值评估，后者不需要经过论证及评估，因此有许多银行为了规避 PPP 模式中财政承受能力论证与物有所值评价的审批程序，将 PPP 模式的项目包装成政府购买服务项目。为了规范这种脱法行为，《财政管理办法》第 35 条第 4 款规定："财政部门应根据财政承受能力论证结果和 PPP 项目合同约定，严格管控和执行项目支付责任，不得将当期政府购买服务支出代替 PPP 项目中长期的支付责任，规避 PPP 项目相关评价论证程序。"财政部《公共服务领域推进 PPP 模式的通知》规定："避免将当期政府购买服务支出代替 PPP 项目中长期的支出责任，规避 PPP 相关评价论证程序，加剧地方政府财政债务风险隐患。"皆明确禁止用政府购买服务规避 PPP 程序。

为了厘清 PPP 模式与政府采购模式的概念范围，笔者认为应将政府购买服务区分成 PPP 模式的政府购买服务与非 PPP 模式的政府购买服务两种类型。前者所适用的对象大多是包括工程建设，对公共服务、规模大、期间长的项目；后者所适用的对象大多是不包括工程建设，非一定要公共服务、规模小、期间短的项目。如此解释的原因在于，依据比例原则，大项目应适用严格程序，而小项目则适用简单程序。

	依据	程序	服务	规模	期间	建设工程
PPP 模式的政府购买服务	PPP 相关政策法规	财政承受能力与物有所值论证过	公共服务	大	长	经常包括建设工程部分
非 PPP 模式的政府购买服务	政府购买服务暂行办法	不要求	不限定	小	短	不包括建设工程部分

【图表 2.6】两种政府购买服务模式比较

五、PPP 模式与传统模式

所谓传统模式并没有明确的定义，泛指没有安排运营期的建设工程项目，并且项目付款金额的计算与工程量有关，付款条件与工程竣工有关，常见的类型包括施工总承包、工程总承包与 BT 模式。目前最常使用的传统模式是施工总承包模式，至于 DBO 模式是否属于传统模式目前存在争议。所谓 DBO 模式是指设计——施工——运营一体的项目，也就是将建设与运营都交给同一个主体施作，但是 DBO 模式的付款条件是建设、运营分开付款，我们可以将 DBO 模式看成“传统模式 + 委托运营”的一种组合模式，也就是建设期采用传统模式，运营期采用委托运营模式，因此本书比较倾向于认定 DBO 模式是一种传统模式。

在传统模式中，以施工总承包为例，通常是由政府方担任建设方，或是由政府委托代建单位担任建设方，再由建设方委托设计单位对工程项目进行设计，委托监理机构对工程项目进行监理，建设方还要负责完成城市规划、环评、立项、可研、土地、报建、招投标等审批，因此在传统模式下，政府方是建设方、立项人、设计的委托人、监理的委托人、招标人、土地与项目产权的归属方。

在 PPP 模式下，项目双方的权利义务与角色定位，与传统模式并不相同。以“BOOT+ 工程总承包模式”为例，政府方是立项人、采购人，以及一部设计的委托人，不是建设方、招标人、监理的委托人，以及土地与项目资产的归属方。而项目公司是建设方、招标人、监理的委托人、土地与项目资产的归属方，以及一部设计的委托人，不是立项人以及采购人。实践中经常可以看到有人把 PPP 模式与传统模式混淆对待，这是需要特别注意的。

	PPP 模式，以“BOOT+ 工程总承包”为例，政府方的角色	传统模式，以“施工总承包”为例，政府方的角色
建设方	不是	是（或是代建机构）
设计的委托方	是（一部设计的委托方）	是（全部设计的委托方）
监理的委托方	不是	是
招标人	不是（是采购人）	是
土地与项目资产产权的归属方	不是	是

【图表 2.7】PPP 模式与传统模式政府方角色的比较

六、PPP 模式与国有资产和土地管理

PPP 模式的操作环节中经常遇到国有资产转让是土地出让的问题。根据《国有资产转让办法》《关于企业国有产权转让有关事项的通知》以及《国有资产交易管理办法》的规定，为防止国有资产流失，一般要求交易资产必须进行资产评估、政府审批、公开交易、通过产权交易机构进行交易等程序，而这些要求可能发生与 PPP 程序内容相互冲突的情形。如果 PPP 项目涉及出让土地，也必须经过公开招拍挂的程序进行，因此土地的成本偏高。

通过上述本章中对于第一组概念经营性项目、准经营性项目与非经营性项目的区别，建立在笔者认为 PPP 模式适用于准经营性与非经营性项目的基础上，笔者认为这两类项目是不赚钱的项目。如果没有政府支付费用或者补助，很难吸引社会资本方投资。为了吸引社会资本方对于 PPP 项目的青睐，政府可以通过降低项目的成本以此来相应地降低政府方支付的费用和补助。如果政府方所提供的国有资产或土地都要收取较高的费用，羊毛出在羊身上，最后还是必须由政府埋单付费。因此笔者认为 PPP 项目，涉及国有资产或是土地都应该无偿使用，未来立法 PPP 法应成为国有资产相关法规以及土地管理相关法规的特别法，应规定 PPP 法可以排除国有资产与土地管理相关法规的适用。可能有人认为国有资产或土地无偿使用，将导致国有资产流失，对政府不利。笔者认为 PPP 法排除国有资产相关法规及土地

管理相关法规的做法是否对政府有利，应该从整体观察，也就是政府方在PPP 项目的补贴总额是否偏高而定，而不应只是切割项目，就其中一个资产来计算价值。但是遗憾的是，目前政策上似乎倾向于国有资产要有偿使用，出让土地必须经过招拍挂的红线好像也不会改变，因此本书后续将以目前政策规定为前提进行讨论。

第三章 PPP 模式交易结构与结构化融资

一、交易结构的意义

由于科技日新月异导致市场交易越来越频繁和复杂，很少有主体可以不跟任何人合作，从头到尾独自提供一项产品或是服务。合作已经是交易的常态，如何通过一系列交易的安排或是通过数个交易的有机组合促成主体之间的合作，是合作关系能否确立的关键因素，这一系列的交易或是数个交易的组合，我们统称为交易结构。换言之，交易结构就是通过交易群的安排，处理合作上的相关问题，其中包括服务如何提供、款项如何分配、项目如何筹资等，具体内容说明如下。

（一）服务分工

关于如何提供优质而又有效率的服务，目前市场上常见的交易形态，主要是基于专业分工的考量，由多个主体各自负责其中的一个服务环节，最后将这些服务环节串联起来后，形成一条完整的服务供应链。因此如何针对使用者的需求，结合各主体之间的条件与优势，将相关人员或外包商，安排在适当的服务环节中，是交易结构设计时很关键的部分。

（二）款项分配

关于款项如何分配的问题还涉及整个服务过程如何获利和现金流走向的问题，具体内容包括金额如何计算、付款条件为何，以及各主体之间款项分配的优先顺序。通过怎样的分配机制，可将款项分配给服务供应链上的各合作主体，合作主体之间如何安排款项的分配比例，以及各主体之间款项分配的优先顺位。这些都是交易过程中至关重要的问题。

（三）项目筹资

项目筹资是提供服务的前提要件，也就是说投资人必须先完成筹资，才能购买材料设备、组织人员及外包商，有了人、机、料之后才能进入生产环节并提供服务。常见的筹资方式，一般可以区分为股权融资与债权融资，股权融资指的是股东投资项目的资金，其中涉及股权、经营权、高管派任权以及分红权如何安排的问题，而债权融资指的是投资人跟银行贷款所获得的资金，其中涉及贷款人的信用、资金用途、还款来源、债权担保以及授信展望等问题。

二、PPP 模式交易结构的意义

PPP 模式交易结构是 PPP 项目的核心与主轴，结合上述交易结构意义的描述，有关 PPP 模式交易结构的意义可以通过以下三个角度进行说明。

（一）PPP 模式交易结构主要由四大交易群所组成

PPP 模式交易结构主要由四大交易群所组成，分别是 PPP 交易群、履约外包交易群、股权融资交易群、债权融资交易群，个别交易群分别由数个交易所构成，每个交易代表着一个合同关系，因此 PPP 模式交易结构的组成形式，从上层至下层分别是：交易结构→交易群→交易（合同关系），至于各交易群由哪些交易所组成，本书将于后续章节中详细说明。

（二）四大交易群以 PPP 交易群为核心，互为作用与联系

四大交易群可以区分为主要交易群与次要交易群，主要交易群指的是 PPP 交易群，次要交易群指的是履约外包交易群、股权融资交易群与债权融资交易群，区分主要交易群与次要交易群的最主要原因在于：第一，次要交易群是为了主要交易群而存在，如果主要交易群不存在，次要交易群也没有存在的意义与价值；第二，次要交易群的交易内容是在主要交易群的基础上进行设计，或是说次要交易群中所需要的交易条件，必须在主要交易群设计时一并考虑。本书的架构也是根据主要交易群与次要交易群的分类，将之作为本书第一层的篇章内容。

四大交易群看似独立，但彼此之间又互有作用与联系[①]，例如：政府方是PPP交易群的主体，但如果政府方投资项目公司，也可能同时成为项目公司股东，和其他股东发生股权融资的交易关系；或是当政府方、银行、项目公司三方签订资金管理协议或是直接介入协议，这时候政府方又可能同时成为债权融资交易群的交易主体；又或是当项目公司将项目中建设工程部分外包给承包商，项目公司与承包商之间发生履约外包的交易关系，同时承包商又是项目公司的股东，彼此之间又发生股权融资的交易关系。因此一个主体有多重身份，在PPP模式的交易中是经常看到的。

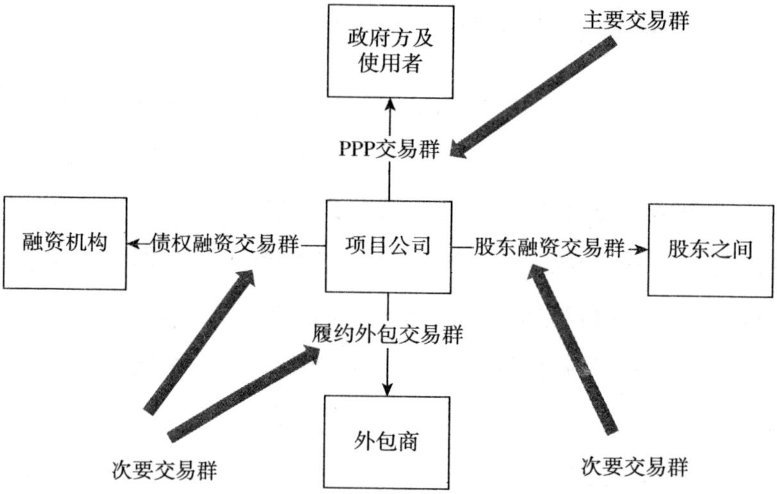

【图表 3.1】PPP 模式交易结构简图

（三）PPP 模式交易结构的安排，以解决分工、分配与筹资为目的

PPP模式交易结构的安排最主要是为了解决服务分工、项目筹资与款项分配的问题，如果这三大问题可以获得解决，各合作主体之间就能建立良好的合作关系，项目可以顺利运作，交易可以良好进行。而三大问题的解决与交易群的安排有着密切的关系，PPP交易群与履约外包交易群基本上是处理服务分工与款项分配的问题，而股权融资交易群与债权融资交易群基本上是处理项目筹资的问题。

---

① 《PPP合同指南》里的描述是紧密衔接、相互贯通，存在一定的“传导关系”。

在此要附带说明的是本书所说的交易结构与《PPP 操作指南》所称的交易结构不一样。《PPP 操作指南》第 11 条第 4 款所称的交易结构是指投融资结构、回报机制和相关配套安排，而本书所称的交易结构是由四大交易群所组成的，因此范围大许多。

三、PPP 模式交易结构的组成

PPP 模式交易结构主要由 PPP 交易群、股东融资交易群、债权融资交易群以及履约外包交易群所组成，而各交易群是由数个交易或是数个合同关系所构成，具体内容说明如下。

（一）PPP 交易群

PPP 交易群是 PPP 模式交易结构的核心，其中可能由以下几个交易或合同关系所构成。

1. 母约（PPP 协议）

母约指的是主要实施机构代表政府方与项目公司所签订的 PPP 协议，项目公司依据协议提供公共服务给使用者，主要实施机构则依据协议支付服务费用给项目公司，PPP 协议是 PPP 交易群中最核心的交易。

2. 子约

子约指的是主要实施机构授权次要实施机构与项目公司签订协议，协议的性质可能是政府方购买服务、购电协议、租赁合同、管理合同、股东协议等，子约具体属于哪一种性质的合同，取决于次要实施机构取得了主要实施机构的哪些权利与义务，有关主要实施机构与次要实施机构所涉及的相关问题，本书将在后续章节中详细说明。

3. 服务合同

服务合同指的是项目公司与使用者之间所成立的合同关系，通常这种合同关系成立的双方并没有签订书面的文件，但是从履约过程可以看出双方是有合意的。如果服务合同中约定，使用者必须对项目公司付费，则 PPP 项目的类型有可能是经营性项目或是准经营性项目，付费机制也很可能是使用者付费或是可行性缺口补助。

（二）股东融资交易群

股东融资交易群主要是指处理股东融资的问题，有的时候是指单纯股权，有的时候是指“股权 + 债权”，主要由以下几个交易或合同关系所构成：

1. 股东协议

股东协议是指项目公司成立之前，由股东针对股权出资以及筹办项目公司的相关事宜，由多方股东所为的共同约定。一般股东协议的内容包括了股权融资的三个阶段（投资、经营、退出）、四控股、四权利（所有权、经营权、派任权、分红权）与五比例（出资比例、股权比例、席位比例、表决比例、分红比例），有关股权结构所涉及的问题，本书将在后续章节中详细说明。

2. 股东贷款协议

股东贷款协议是指股东对项目公司进行贷款时所签的协议。通常在股东融资采取“股权 + 债权”模式时，针对股东融资采取债权融资模式的部分，需要股东和项目公司签署贷款协议。

3. 公司章程

公司章程是指依照法定程序，召开股东大会，通过并生效的关于公司运作组织、基本活动以及重要事项基本规则的文件。因此公司章程的成立与生效条件来自于股东大会的法定决议程序，与其他采购文件经过中标社会资本方与政府方签署后即成立生效的文件，有着显著的区别，因此解释上应认为公司章程不该列为采购文件的一部分。

4. PPP 基金（夹层融资）

在 PPP 的项目中，PPP 基金以股权融资的方式投资项目公司的情形相当多，一般基金的类型可以分为公司型基金、合伙型基金以及契约型基金等三种：公司型基金投资人之间要签订股东协议与通过公司章程；合伙型基金又可分为有限合伙型基金与无限合伙型基金，合伙型基金投资人之间要签订合伙协议；契约型基金投资人之间要签订基金契约。由于还款或分配的顺位上，PPP 基金是劣于债权融资，而优于社会资本的股权投资，因此实践中又称 PPP 基金为夹层融资。

（三）债权融资交易群

债权融资交易群主要处理债权融资的相关问题，可以进一步区分为主要债权融资交易与次要债权融资交易，具体内容分述如下。

1. 主要债权融资交易

主要债权融资交易是指项目公司与金融机构以银行贷款（项目融资、银团融资、PPP 融资、并购贷款）、发债（项目收益债券、项目收益票据）、信托计划、基础设施债权投资计划、资产证券化（资产支持专项计划、资产支持票据）、融资租赁等固定收益的方式，向融资机构或是其他投资人筹集资金的一种法律关系。

2. 次要债权融资交易

次要债权融资交易主要是为了主要债权融资交易而存在，内容基本与担保、增信或是监控资金流有关，有些交易由项目公司与融资机构签订，例如担保协议；有些交易由政府方、项目公司与融资机构签订，例如资金控管协议、直接介入协议等。

（四）履约外包交易群

履约外包交易群指的是项目公司履约过程中，对于某些项目履约环节外包给外包商来代为履行，至于其中包括了哪些交易或是合同关系，这和项目公司的外包方式有关，但是项目公司外包的形态繁多，不同的 PPP 项目，外包的形态也大不相同，外包形态主要受到以下三个因素的影响：第一，利益分配，谁对项目公司控股，基本上就决定了某项工作发包给哪个外包商，发包的价格以及方式；第二，相应资质，项目公司对于履约的某些环节缺乏相应的资质，因此部分工作外包给有相应资质的外包商履约；第三，专业分工，PPP 项目涉及的专业众多，项目公司不可能什么样的专业能力都具备，因此将专业的工作交给专业的人来完成，对于项目公司的服务质量会有很大的帮助。履约外包的交易群中常见的交易类型有建设工程合同、运营服务合同、原料供应合同、物业开发合同、设备供应与安装合同等。

四、PPP 模式与结构化融资

结构化融资具有双层的意义：第一层意义是过去传统融资重视融资主体的信用与资力，而结构化融资重视的是资产以及资产本身稳定的现金流，做法上是将好的部分资产从整体中剥离出来后，放入特殊目的载体中，进而达到破产隔离的效果；第二层意义是通过优先劣后、期限分级等手段，将特殊目的载体中的资产创造出各种不同风险、条件以及期限组合的金融商品。PPP 项目的融资模式也具有结构化融资的特性，例如：将 PPP 项目从投资人的整体资产中分离出来后，将 PPP 项目放入项目公司中，而项目公司的融资还款或分配顺位，也有结构化的安排，通常是债权融资为第一顺位，夹层融资为第二顺位，股权融资为第三顺位。

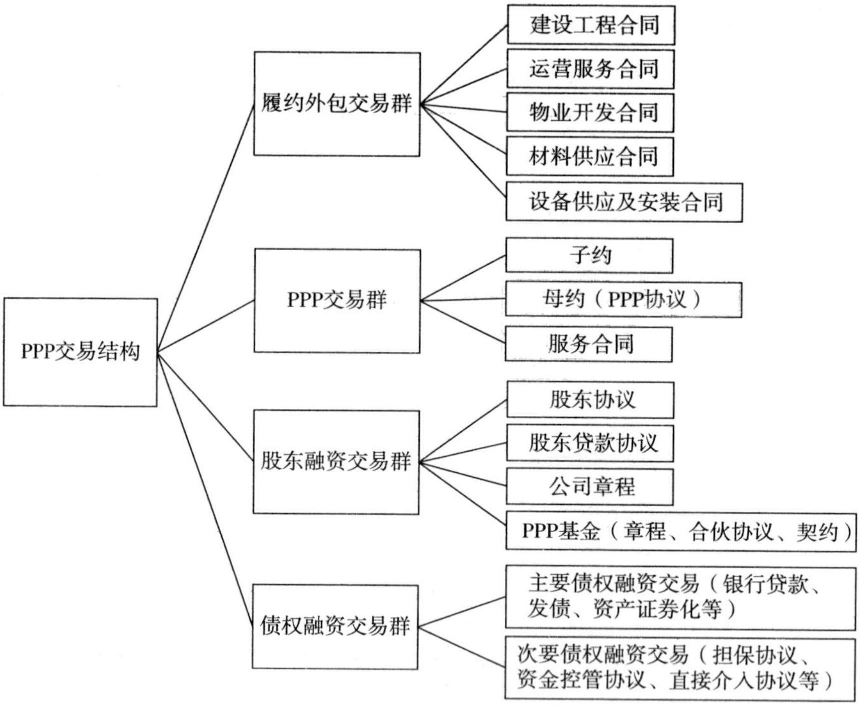

【图表 3.2】PPP 模式交易结构的组成

此处要特别说明的有两个问题，其中一个问题是本书所谈论的结构化融资，比起现在正流行的结构化金融的范围要大得多，结构化金融所关注的对象是金融机构，而本书所谈的结构化融资所关注的对象除了金融机构以外，还包括项目公司的股东。本书之所以将股东纳入分析的原因在于，项目公司的股权结构与债权融资的融资条件彼此之间是互有联系的，因此应该一体化讨论，不宜分割处理，本书第三篇《次要交易群》的内容，基本上就是围绕着结构化融资展开讨论的。另一个需要特别说明的是关于履约外包章节，虽不属于融资领域的问题，但由于讨论融资的同时，会涉及项目公司股权结构的问题，而很多股东投资项目的主要目的又是为了外包项目公司的工作，讨论股权结构问题时不可避免地会触碰到履约外包的问题。因此本书基于行文的方便，将履约外包章节附带在第三篇《次要交易群》中与股权融资合并说明。

第四章　PPP 项目前期程序（一）
——投资审批与报建程序

第一节　概述

PPP 项目办理采购程序选任社会资本之前，实施机构需要经过项目的审批程序，统称为 PPP 项目前期程序。过去针对 PPP 项目的前期审批程序，没有统一的规定，因此出现了许多程序内容胡乱拼凑的情况。最常看到的拼凑方式为政府部门沿用传统模式的前期审批程序，或是固定资产投资的审批程序，加上施工总承包模式的报建程序，再加上财政部《PPP 操作指南》要求的财政承受能力论证与物有所值评价程序，共同组成一个混乱而缺乏系统的前期程序。前期程序杂乱无章的后果就是审批权责不明确，不是政府部门之间互推皮球，就是报告重复审批，或是审批过程反反复复，最后导致项目拖延而无法落地。

为了解决 PPP 项目前期程序出现的上述问题，《传统基础设施领域 PPP 工作导则》尝试着厘清各环节之间的关系，但仍有许多不足之处，未来很有必要由国务院出台相关文件统一规范上述问题。笔者要特别强调的是，有能力处理这些问题的，可能只有国务院，而不是 PPP 项目的主管部门，原因在于任何一个 PPP 的项目，经常涉及跨部门的审批，再加上未来 PPP 立法如果采取双轨制（区分为传统基础设施领域项目和公共服务领域项目），如何有效统领这些跨部门的审批工作，进而达到简政放权的目的，就显得格外重要。其实国务院已经着手处理相关事宜，2016 年 5 月 13 日国务院出台了《关于北京市开展公共服务类建设项目投资审批改革试点的批复》（国函〔2016〕83 号）的文件中，针对公共服务的项目审批，如何做到集体审议、优化流程、简化手续、精简审批，有许多具体可行的规定，2016 年 5 月 19 日国务院出台的《关于印发清理规范投资项目报建审批事项实施方案的通知》（国发〔2016〕29 号）的文件中，将原本 65 项报建批审的事项，经清理后保留了 34 项，整合 24 项为 8 项，改为部门间征求意见为 2 项，涉及安全强制评估的有 5 项，清理规范后报建审批事项减少为 42 项，笔者将在后续章节中详细介绍这些文件的内容。

另外要特别讨论的是，PPP 项目前期程序或是 PPP 项目是否适用《基本建设财务规则》。根据《基本建设财务规则》第 2 条规定："本规则适用于行政事业单位的基本建设财务行为，以及国有和国有控股企业使用财政资金的基本建设财务行为（第 1 款）。基本建设是指以新增工程效益或者扩大生产能力为主要目的的新建、续建、改扩建、迁建、大型维修改造工程及相关工作（第 2 款）。"由此规定可知，规则的内容是针对：第一，以国有企业、国有控股企业、事业单位为规范对象；第二，以财政资金的管理与使用为目的；第三，以新建、改扩建等基本建设为规范的行为。针对上述条文内容的分析，笔者将进一步讨论 PPP 项目是否符合这三点要求：首先，从主体看，PPP 项目的项目公司有可能是国企，有可能不是国企，但是基本上不会是事业单位，因此，当项目公司不具有国企成分时，PPP 项目就不适用上述条文；其次，从项目公司建设所使用的资金来看，即便是在政府方有投资参股项目公司的情况下，绝大部分的资金依然是来自社会资本方自身投资和银行贷款，并非来自财政资金；最后，从工程来看，PPP 项目的运作内容虽有工程的部分，但是 PPP 项目的重点在于提供公共服务，而不在于工程，《基本建设财务规则》所适用的行为仅针对的是工程，而不包括公共服务。因此笔者认为 PPP 项目前期程序或是 PPP 项目并不适用《基本建设财务规则》，其关联子法《基本建设项目竣工财务决算管理暂行办法》（财建〔2016〕503 号）以及《基本建设项目建设成本管理规定》（财建〔2016〕504 号）也没有适用的余地。

本章将讨论的PPP项目前期程序相关问题主要包括投资审批程序、报建审批程序以及北京市投资项目改革试点。PPP项目前期操作流程亦属于PPP项目前期程序中的一部分，由于囿于篇幅，PPP项目前期操作流程将另起一章，将在本书第五章中进行详细讨论。

第二节　投资审批程序

一、投资体制的基本原则

依据国务院于2004年7月16日所出台的《投资体制改革的决定》（国发〔2004〕20号），规定投资体制应落实“谁投资、谁决策、谁收益、谁承担风险”的基本原则，并根据此原则将政府在投资项目中的管理制度分为三种，分别是审批制、核准制与备案制，具体内容说明如下。

（一）审批制

1. 政府投资项目采用全部审批制

政府方投资项目可以区分为直接投资和资本金注入方式两种，从投资决策角度，《投资体制改革的决定》要求审批项目建议书和可行性研究报告，除特殊情况外不再审批开工报告，同时应严格政府方投资项目的初步设计、概算审批工作。本书称此部分审批为全部审批制。

2. 企业使用政府补助、转贷、贴息投资建设的项目采用部分审批制

政府方对于项目采用投资补助、转贷和贷款贴息方式的，《投资体制改革的决定》要求只审批资金申请报告。具体的权限划分和审批程序由国务院投资主管部门会同有关方面研究制定，报国务院批准后颁布实施。由于此类项目的文件审批范围比较少，本书称此为部分审批制。

（二）核准制

对于《政府方核准的投资项目目录》内的企业投资项目，政府方仅对重大项目和限制类项目从维护社会公共利益角度进行核准，对于企业投资建设实行核准制的项目，仅需向政府方提交项目申请报告，不再经过批准项目建议书、可行性研究报告和开工报告的程序。政府方对企业提交的项目申请

报告，主要从维护经济安全、合理开发利用资源、保护生态环境、优化重大布局、保障公共利益、防止出现垄断等方面进行核准。

（三）备案制

企业投资建设项目，除实行核准制的项目外，其他项目无论规模大小，均采用备案制。除国家另有规定外，由企业按照属地原则向地方政府投资主管部门备案。备案制的具体实施办法由省级人民政府自行制定。国务院投资主管部门要对备案工作加强指导和监督，防止以备案的名义变相审批。

项目投资类型	决策方式
政府投资项目（直接投资、资本金投入）	全部审批制（项目建议书和可行性研究报告）
政府方对于项目采用投资补助、转贷和贷款贴息方式的	部分审批制（资金申请报告）
《政府方核准的投资项目目录》内的企业投资项目	核准制（项目申请报告）
企业投资建设项目，除实行核准制的项目外	备案制

【图表 4.1】投资类型与决策方式对照表

（四）相关规定的讨论——代结论

关于 PPP 项目投资应采取审批制、核准制或是备案制，目前法律没有明确的规定。由于 PPP 项目具有多重性质，因此项目应采取《投资体制改革的决定》中的哪一种决策方式，适用上有相当的疑义，例如“社会资本投资 + 政府补贴”的项目，决策方式上是采取备案制、核准制或是部分审批制，又或是“政府投资参股 + 社会资本投资控股 + 政府补贴”的项目，性质上属于政府投资项目或是社会资本投资项目，这些问题都有待未来立法解决。

虽然有些规定试图处理上述问题，但是本书认为，如果不跳脱《投资体制改革的决定》的框架，PPP 项目决策方式所面临的困难，可能无法获得妥善的解决，具体内容说明如下。

1. 国家高速公路网新建 PPP 项目

根据 2016 年 8 月 10 日国家发展改革委办公厅颁布的《高速公路网审批》（发改办基础〔2016〕1818 号）中规定：“一、政府采用投资补助方式参与的国家高速公路网新建PPP项目按照核准制管理。政府采用资本金注入方式参与的国家高速公路网新建PPP项目仍按照审批制管理，直接报批可行性研究报告。”由此可知，准经营性的高速公路项目，即政府方采用投资补助方式参与的项目，采用核准制；政府方投资参股项目公司的高速公路项目，即政府方采用资本金注入方式参与的项目，采用审批制。笔者认为，关于后者情形适用审批制，有待于进一步商榷：一方面，一般在项目上，政府方补助的金额通常多于政府方投资参股的金额，则政府方负担金额多的补助项目采用核准制，政府方负担金额少的参股项目采用审批制，在程序上难免有颠倒轻重之嫌；另一方面，政府方参股项目公司的准经营性项目，政府方除了参股投资外，还需要针对项目的资金缺口给予项目公司补助，根据《投资体制改革的决定》规定，这种既参股又补助的项目是适用核准制还是审批制，依然无法解决，因此本书认为目前的投资体制并不适用于PPP项目。

2.《传统基础设施领域PPP工作导则》的规定

根据《传统基础设施领域PPP工作导则》第10条第1款前段的规定：“政府投资项目的可行性研究报告应由具有相应项目审批职能的投资主管部门等审批。”以及第2款的规定：“实行核准制或备案制的企业投资项目，应根据《政府核准的投资项目目录》及相关规定，由相应的核准或备案机关履行核准、备案手续。项目核准或备案后，实施机构依据相关要求完善和确定PPP项目实施方案。”由此可知，《传统基础设施领域PPP工作导则》将PPP项目区分为政府投资项目与企业投资项目，分别采取审批、核准和备案制，只是再一次重申了《投资体制改革的决定》的规定，并没有处理PPP项目适用何种投资体制的问题。

二、政府投资项目的审批程序

虽然目前国内没有对PPP项目进行投资审批的直接规定，但是财政部《第三批示范项目评审标准》要求新建项目必须完成城市规划、立项、可研的审批程序，因此实践中经常将PPP项目比照政府方投资项目的审批程序办理。2014 年 3 月 1 日国家发展和改革委员会出台的《中央预算内直接投资项目管理办法》（国家发展和改革委员会令第 7 号）中针对政府方投资项目的立项与可研的审批程序有详细的规定，此外，项目审批与城市规划也存在一定程度的联系，因此相关内容也一并说明如下。

（一）城市规划程序

根据《城乡规划法》第 5 条的规定，城市规划应依据国民经济与社会发展规划，与土地利用总体规划相连接（国民经济与社会发展规划→城市规划→土地利用总体规划）。规划内容具体区分为以下四种：

1. 城市总体规划

城市总体规划是指城市人民政府依据国民经济和社会发展规划以及当地的自然环境、资源条件、历史情况、现状特点，统筹兼顾、综合部署，为确定城市的规模和发展方向，实现城市的经济和社会发展目标，合理利用城市土地，协调城市空间布局等所做的一定期限内的综合部署和具体安排。城市总体规划是城市规划编制工作的第一阶段，也是城市建设和管理的依据，一般简称为“总规”。

2. 分区规划

分区规划是指在城市总体规划的基础上，对局部地区的土地利用、人口分布、公共设施、城市基础设施的配置等方面所做的进一步安排。

3. 控制性详细规划

控制性详细规划指以城市总体规划或分区规划为依据，确定建设地区的土地使用性质和使用强度的控制指标、道路和工程管线控制性位置以及空间环境控制的规划要求，一般简称为“控规”。

4. 修建性详细规划

修建性详细规划是指以城市总体规划、分区规划或控制性详细规划为依据，制订用以指导各项建筑和工程设施的设计和施工的规划设计，是城市详细规划的一种，一般简称为“修规”。通常有了总规、控规与修规之后，项目单位才能根据这些规划指标进一步设计项目。

（二）立项程序

立项程序指的是确定某个项目由哪个单位负责，并进行项目的初步分析，通常立项阶段要求项目单位应编制项目建议书，要对项目建设的必要性、主要建设内容、拟建地点、拟建规模、投资匡算、资金筹措以及社会效益和经济效益等内容进行初步分析。[①]项目建议书编制完成后，由项目单位按照规定程序报送项目建议书给审批部门审批。项目审批部门对符合有关规定、确有必要建设的项目，批准项目建议书，并将批复文件抄送城乡规划、国土资源、环境保护等部门。[②]

PPP项目的项目单位（或称为立项人）应由谁来担任？是由实施机构担任还是由项目公司担任？有关这个问题，笔者主张应由实施机构担任项目单位，不应由项目公司担任，原因在于：第一，立项阶段还没进入采购程序，意味着没有选出社会资本方，更不可能有项目公司的存在，因此只能由实施机构申请立项并担任项目单位；第二，逻辑上应认为项目可行且有实施的必要，而后可行性研究报告也通过了审批，才有需要成立项目公司实施项目，不应该出现可行性研究报告还没审批通过就成立项目公司的情形，因此立项阶段可行性研究报告尚未完成审批的情况下，只能由实施机构完成申请立项审批；第三，有人主张应由项目公司担任项目单位的原因在于，过去审批的惯例都是由建设单位来担任项目单位，而PPP模式中是由项目公司担任建设单位的角色，因此应由项目公司作为项目单位。笔者认为这种想法是受到传统模式的影响，过去传统模式基本上都是由工程的建设单位担任项目单位的，而PPP项目的审批应独立安排，不该受传统模式的影响。

根据《传统基础设施领域PPP工作导则》第10条第3款的规定："纳入PPP项目库的投资项目，应在批复可行性研究报告或核准项目申请报告时，明确规定可以根据社会资本方选择结果依法变更项目法人。"由此可解释为，应先由实施机构担任立项人，未来待选出社会资本方并成立项目公司后，再将立项人变更为项目公司。

---

① 参照《政府直接投资项目管理办法》第10条第1款前段

② 参照《政府直接投资项目管理办法》第11条第1款

（三）可行性研究报告审批程序

项目建议书批准后，项目单位依据项目建议书批复文件，组织开展可行性研究，并按照规定向城乡规划、国土资源、环境保护等部门申请办理规划选址、用地预审、环境影响评价等审批手续。[①]编制可行性研究报告，应对项目在技术和经济上的可行性以及社会效益、节能、资源综合利用、生态环境影响、社会稳定风险等进行全面分析论证，落实各项建设和运行保障条件，并按照有关规定取得相关许可、审查意见。[②]

可行性研究报告编制完成后，由项目单位按照规定程序报送项目审批部门审批，并应当附以下文件：1. 城乡规划行政主管部门出具的选址意见书；2. 国土资源行政主管部门出具的用地预审意见；[③]3. 环境保护行政主管部门出具的环境影响评价审批文件；4. 项目的节能评估报告书、节能评估报告表或者节能登记表；5. 根据有关规定应当提交的其他文件。[④]

要特别讨论的问题是，目前的可行性研究报告是针对固定资产投资审批而设计的，报告内容只有建设期而没有运营期。笔者认为针对PPP项目，可行性研究报告中应处理项目运营期的技术、绩效考核以及概算的问题，因此可行性研究报告的估算中应包括建设期与运营期的费用，但目前许多工程咨询单位没有能力处理运营期的相关问题，导致许多名为PPP项目实为没有运营期的BT项目出现。

第三节 报建审批程序

一、报建审批程序的几个关键部分

根据《清理报建审批事项实施方案》的规定，投资项目报建审批事项是投资项目申请报告核准或者可行性研究报告批复之后、开工建设之前，由

---

① 参照《政府直接投资项目管理办法》第12条

② 参照《政府直接投资项目管理办法》第14条第1款前段

③《城乡规划法》第36条规定：“按照国家规定需要有关部门批准或者核准的建设项目，以划拨方式提供国有土地使用权的，建设单位在报送有关部门批准或者核准前，应当向城乡规划主管部门申请核发选址意见书（第1款）。前款规定以外的建设项目不需要申请选址意见书（第2款）。”

④ 参照《政府直接投资项目管理办法》第16条

相关部门和单位依据法律法规向项目单位做出的行政审批事项，经清理后的报建审批事项为42项，其中最为关键的三部分，分别是用地审批、初步设计图审批、施工图审批，具体内容说明如下。

（一）用地审批

根据《加快推动第三批示范的通知》的规定："PPP项目用地应当符合土地利用总体规划和年度计划，依法办理建设用地审批手续。在实施建设用地供应时，不得直接以PPP项目为单位打包或成片供应土地，应当依据区域控制性详细规划确定的各宗地范围、用途和规划建设条件，分别确定各宗地的供应方式。"由此可知，用地审批必须依法办理审批，并且应分别确定供地方式，具体内容说明如下。

1. 以划拨方式提供国有土地使用权

在城市、镇规划区内以划拨方式提供国有土地使用权的建设项目，经有关部门批准、核准、备案后，建设单位应当向城市、县人民政府城乡规划主管部门提出建设用地规划许可申请，由城市、县人民政府城乡规划主管部门依据控制性详细规划核定建设用地的位置、面积、允许建设的范围，核发建设用地规划许可证。[①]建设单位在取得建设用地规划许可证后，方可向县级以上地方人民政府土地主管部门申请用地，经县级以上人民政府审批后，由土地主管部门划拨土地。[②]

要特别说明的是，前述所引用的规定是在传统模式下的做法，如果是PPP模式则应修正为由实施机构取得建设用地规划许可证后，由实施机构申请用地。

2. 以出让方式提供国有土地使用权

在城市、镇规划区内以出让方式提供国有土地使用权的，在国有土地使用权出让前，城市、县人民政府城乡规划主管部门应当依据控制性详细规划，提出出让地块的位置、使用性质、开发强度等规划条件，作为国有土地使用权出让合同的组成部分。未确定规划条件的地块，不得出让国有土地使

① 参照《城乡规划法》第37条第1款

② 参照《城乡规划法》第37条第2款

用权。[①]以出让方式取得国有土地使用权的建设项目，在签订国有土地使用权出让合同后，建设单位应当持建设项目的批准、核准、备案文件和国有土地使用权出让合同，向城市、县人民政府城乡规划主管部门领取建设用地规划许可证。[②]

要特别说明的是，前述所引用的规定是在传统模式下的做法，如果是PPP模式则应修正为由PPP合同明确约定，由实施机构或是项目公司取得建设用地规划许可证。

（二）初步设计审批

1. 设计内容、审批权限以及概算控管

初步设计应当符合国家有关规定和可行性研究报告批复文件的有关要求，明确各单项工程或者单位工程的建设内容、建设规模、建设标准、用地规模、主要材料、设备规格和技术参数等设计方案，并据此编制投资概算。投资概算应当包括国家规定的项目建设所需的全部费用。[③]投资概算超过可行性研究报告批准的投资估算10%的，或者项目单位、建设性质、建设地点、建设规模、技术方案等发生重大变更的，项目单位应当报告项目审批部门。项目审批部门可以要求项目单位重新组织编制和报批可行性研究报告。[④]初步设计编制完成后，由项目单位按照规定程序报送项目审批部门审批。法律法规对直接投资项目的初步设计审批权限另有规定的，从其规定。经批准的初步设计及投资概算应当作为项目建设实施和控制投资的依据。[⑤]

2. 建设工程规划许可证的申请与核发

在城市、镇规划区内进行建筑物、构筑物、道路、管线和其他工程建设的，建设单位或者个人应当向城市、县人民政府城乡规划主管部门或者省、自治区、直辖市人民政府确定的镇人民政府申请办理建设工程规划许可证。申请办理建设工程规划许可证，应当提交使用土地的有关证明文件、建

---

① 参照《城乡规划法》第38条第1款

② 参照《城乡规划法》第38条第1款

③ 参照《政府直接投资项目管理办法》第19条第1款

④ 参照《政府直接投资项目管理办法》第20条第1款

⑤ 参照《政府直接投资项目管理办法》第21条第1款及第3款

设工程设计方案等材料。需要建设单位编制修建性详细规划的建设项目，还应当提交修建性详细规划。对符合控制性详细规划和规划条件的，由城市、县人民政府城乡规划主管部门或者省、自治区、直辖市人民政府确定的镇人民政府核发建设工程规划许可证。①

（三）施工图审批

由于不同的行业领域，施工图的审查规定与权限均不相同，本书仅以市政基础设施工程的施工图审查为例说明。根据 2013 年 8 月 1 日住建部出台的《房屋建筑和市政基础设施工程施工图设计文件审查管理办法》第 3 条第 2 款及第 3 款的规定，《施工图审查办法》所称的施工图审查，是指施工图审查机构按照有关法律、法规，对施工图涉及公共利益、公众安全和工程建设强制性标准的内容进行的审查。施工图审查应当坚持先勘查、后设计的原则。施工图未经审查合格的，不得使用。从事房屋建筑工程、市政基础设施工程施工、监理等活动，以及实施对房屋建筑和市政基础设施工程质量安全监督管理，应当以审查合格的施工图为依据。

此外，根据《建筑法》的规定，必须有满足施工要求的设计图纸，才能申请施工许可证，②有了施工许可证，项目现场才能合法开工。因此施工图审批阶段最核心的两件事就是审核施工图，并取得施工许可证。

关于项目各阶段的投资管理深度，本书比较如图表 4.2 所示。

项目各阶段	投资管理深度
项目建议书	匡算
可行性研究报告	估算
初步设计	概算
施工图设计	预算

【图表 4.2】投资控管深度比较

① 参照《城乡规划法》第 40 条第 1 款和第 2 款

② 参照《建筑法》第 8 条

二、“PPP+ 工程总承包模式”对报建审批程序的影响

根据《推进工程总承包发展的意见》的规定：“（四）工程总承包项目的发包阶段。建设单位可以根据项目特点，在可行性研究、方案设计或者初步设计完成后，按照确定的建设规模、建设标准、投资限额、工程质量和进度要求等进行工程总承包项目发包。”由此可知，工程总承包的建设单位可以在方案设计的阶段或是初步设计的阶段，进行工程总承包的发包。因此在“PPP+ 工程总承包模式”① 中，如果从工程总承包合同的角度，建设单位为项目公司，则应由项目公司完成方案设计或是初步设计的深度（此部分义务应通过 PPP 协议由项目公司转嫁给政府方），再由承包商接续完成后续设计及施工的工作；如果从 PPP 项目合同的角度，则应由政府方做到方案设计或是初步设计的深度，再由项目公司发包给承包商完成后续设计及施工的工作，因此从 PPP 项目合同角度，我们可以整理出政府方与项目公司有关设计深度分工的两个方案，具体内容如下表所示。

	方案一	方案二
政府方	方案设计	方案设计、初步设计
项目公司	初步设计、施工图设计、施工	施工图设计、施工

【图表 4.3】“PPP+ 工程总承包模式”各方设计深度比较

从图表 4.3 中我们可以看出在“PPP+ 工程总承包模式”下，根据政府方设计深度的不同，可以区分成两种方案，这两种方案的不同，决定了报建审批程序中的审批事项应由谁来取得。读者可以看到图表 4.4 中的城市规划与立项可研阶段属于投资审批程序，用地审批、初步设计审批、施工图审批属于报建审批程序。如果项目采取的是方案一，代表城市规划审批、立项可研审批（包含方案设计）以及用地审批，皆由政府方负责取得，项目公司负责取得初步设计以及施工图的审批；如果项目采取的是方案二，代表城市规划审批、立项可研审批（包含方案设计）、用地审批以及初步设计，皆由政

① 《传统基础设施领域 PPP 工作导则》第三条将“PPP+ 工程总承包模式”称为 DBFOT 模式（设计—建设—融资—运营—移交）。

府方负责取得，项目公司则负责取得施工图的审批。由于国内对于工程总承包模式的操作还处在初步阶段，因此笔者建议采取方案二，政府方对于项目投资金额的控管会比较容易一些。

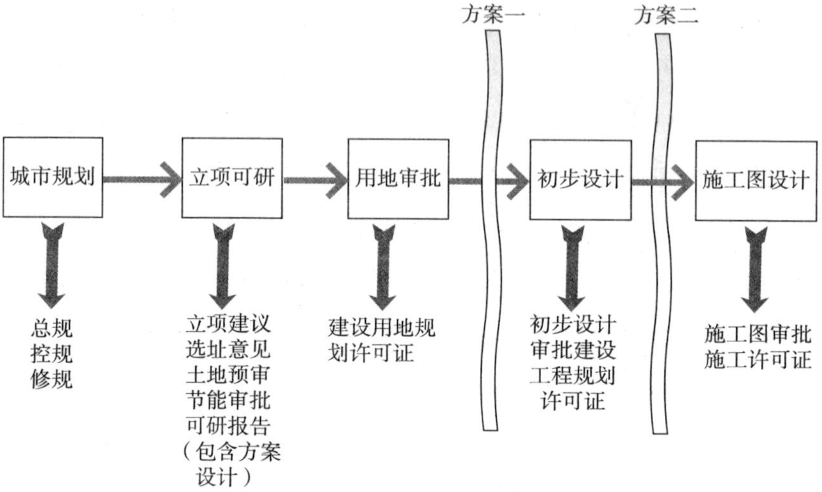

【图表 4.4】工程总承包两方案对于审批程序的影响

第四节　北京市公共服务项目投资审批改革的试点

北京市为了促进投资项目尽快落地，由国务院出台了《北京市公共服务投资审批改革试点的批复》，针对城市副中心道路、停车设施、垃圾和污水处理设施及教育、医疗等公共服务类建设项目，积极开展公共服务类建设项目投资审批改革试点，中央国家机关在京重点建设项目参照执行，其中将投资审批的事项与报建程序的审批事项做了大量的合并、优化与简化，值得借鉴参考，相信对于解决项目落地难，有着一定程度的帮助，具体内容说明如下。

一、集体审议分别审批

在做好相关基础工作的前提下，由北京市人民政府召开会议，对具备条件的项目集中审议。在充分听取各部门意见后，形成“投资项目建设计划”，明确建设时序安排。各有关部门根据会议精神分别办理项目审批手续。

二、优化流程简化程序

（一）简化项目启动及立项手续

根据北京市人民政府会议审议通过的“投资项目建设计划”，发展改革部门按照立项权限，向项目单位和有关审批部门制发《建设项目前期工作函》，确定项目主体，对符合条件的建设项目，按规定拨付前期工作经费，并督促项目单位加快组织开展环境影响报告书（表）、可行性研究报告、规划设计方案编制，以及勘查设计招投标、施工招投标等项目开工前所有前期工作，并将项目建议书和可行性研究报告合并审批。

（二）简化规划许可手续

规划部门会同相关单位先行审定建设项目设计方案（初步设计），并出具审查意见，项目单位可依据审查意见到相关部门办理审批手续，并组织开展有关工作。相关审批手续齐备后，即可办理建设项目选址意见书、建设用地规划许可证、建设工程规划许可证，也就是将可行性研究报告审批中的选址意见书审批，以及报建审批程序中的用地审批以及初步设计审批，三者合并在一个程序中审批。

（三）简化划拨用地报批手续

北京市人民政府批准用地的，在征地“一书四方案”（建设项目用地呈报说明书和农用地转用方案、补充耕地方案、征收土地方案、供地方案）和区政府方用地申请函中提出供地方式，由北京市国土局审核并报北京市人民政府批准后，办理征地批复，在征地批复中明确供地方式，并据此核发《国有建设用地划拨决定书》。

（四）简化施工招标投标手续

在保证招标投标工作质量的前提下，招标人与投标人可协商确定和工程规模相匹配的投标文件编制时间。项目单位可依据建设项目设计方案的审查意见办理开标手续。

（五）简化施工审批手续

规划部门出具建设项目设计方案审查意见后，项目单位即可申请办理施工图审查、施工登记等手续。在项目单位取得用地批准手续、规划部门出具的相应确认文件、公安消防机构出具的消防设计审核意见，并依法确定施工单位、施工现场具备施工条件的前提下，住房城乡建设部门予以办理施工登记，并同步开展质量监督、安全监督、建筑节能设计备案工作，将除北京市人民政府投资项目以外的年度投资计划与施工许可并联办理。

（六）简化水影响评价审查手续

水影响评价技术审查内容简化为符合水资源和供排水条件、符合防洪安全要求、不改变排水分区、保水保土措施四项控制要素。项目单位以上述四项控制要素为主要内容编制水影响评价文件，报水务部门。

三、精简审批加强监管

（一）简化交通及水务部门的评估审查

凡是在控制性详细规划阶段，土地整理储备阶段交通、水务部门已经出具意见的，对区域内的具体建设项目，简化交通影响、水影响方面的评估审查。

（二）取消改扩建项目的用地预审

取消在已批准建设用地范围内改建或扩建项目的用地预审；经勘查未形成重要矿产资源储量的通州区，建设项目用地手续不需进行压覆重要矿产资源核查工作（建设项目用地预审属于国土资源部审批的不在此限）。

（三）节水设施方案改为备案

建设项目节水设施方案改由项目单位按权限向北京市水务局或区水务局备案，北京市水务局或区水务局加强监管。

（四）取消人防工程施工图备案

取消人民防空工程施工图备案。在施工图审查阶段，区民防局加强与人民防空工程施工图审查机构工作衔接，同步履行监管职责。

（五）范围外的项目不再开展水影响评价

严格按照《中华人民共和国水法》《中华人民共和国防洪法》和《中华人民共和国水土保持法》等法律法规限定的范围开展水影响评价中的洪水影响评价、编制水土保持方案工作，该范围外的项目不再开展。

四、实行告知承诺制

探索实行审批部门一次性告知项目单位应具备的条件和需提交的材料，以及项目建设具体标准和要求。项目单位书面承诺按照标准和要求执行后，审批部门即以一定方式认可项目单位的申请事项，项目单位据此即可开展所申请事项的实施工作。同时，审批部门要对项目单位承诺事项的落实情况加强监管，对于确按标准和要求实施的，予以发放证照。

第五章　PPP 项目前期程序（二）——PPP 项目前期操作流程

一、概述

根据财政部《PPP 操作指南》的规定，PPP 项目操作流程分为五个阶段，分别是项目识别、项目准备、项目采购、项目执行、项目移交，其中和 PPP 项目前期程序有关的操作流程只有项目识别和项目准备两个阶段。PPP 项目的前期操作流程（识别、准备）与投资审批程序（立项、可研）之间存在着何种关系，目前有两种观点。

持第一种观点的人认为：PPP 项目前期操作流程和投资审批程序在程序上存在着前后的关系。先按照 PPP 项目前期操作流程，完成识别和准备，待采购确定社会资本方，由社会资本方组成项目公司后，再由项目公司以项目单位（或称为立项人）名义进入投资审批程序申请立项可研。这种观点的优点在于：如果是发改委主管的项目，发改委主管的投资审批程序放在最后，有助于发改委的审批管理。这种观点的缺点在于：很多事项会发生重复审批的情形，例如可行性研究报告在 PPP 项目前期流程中要审批，到了可研阶段还要审批。因此，该观点下的立项可研必须在采购程序完成后才能办理，若可行性研究报告没有审批通过，那么 PPP 协议就会进入提前终止机制。在可行性研究报告由政府方编制的情况下，政府方恐有违约风险。何况项目公司担任项目单位也是传统模式的审批思维，并不适用于 PPP 项目。

持第二种观点的人认为：PPP 项目前期操作流程与投资审批程序在程序上不存在前后关系，是两个并行的程序。因此，实施机构以项目单位的名义同时完成两个程序上的审批后，再办理采购程序。这种观点的优点在于：两程序同时推进将有助于缩短审批时间，当存在重复审批事项时，还可以安排各部门办理联合审查，以此避免不必要的程序拖延。这种观点的缺点在于：当项目的审批各自推进时，可能因缺乏一个统筹的主管部门，导致项目前期工作没有一个最终负责管理审批的主管机构。

上述两种观点皆有优劣，笔者建议将 PPP 项目前期操作流程与投资审批程序整合成一个单一且完整的审批程序。若未来 PPP 立法采取双轨制，可在整合后的程序最后安排一个环节：由各自领域的 PPP 主管部门负责最后的审批与把关，既可简化程序，又可以明晰权责部门，因此不失为一种集益于一体的良法。目前发改委将 PPP 项目操作流程中的实施方案整合到投资审批程序的可研中来，发改委朝着单一化程序发展的观点初见端倪。

坊间已有不少介绍 PPP 项目操作流程五阶段的书籍，再加上《PPP 操作指南》的内容已经规定得足够清楚，因此本书仅针对项目识别和准备阶段中几个关键的环节来展开说明，其中包括社会资本方发起项目、实施方案、财政承受能力论证以及物有所值评估等。[①]

二、社会资本发起

根据《财政管理办法》第 4 条第 2 款及第 3 款规定："政府发起 PPP 项目的，应当由行业主管部门提出项目建议，由县级以上人民政府授权的项目实施机构编制项目实施方案，提请同级财政部门开展物有所值评价和财政承受能力论证。（第 2 款）社会资本发起 PPP 项目的，应当由社会资本向行业主管部门提交项目建议书，经行业主管部门审核同意后，由社会资本方编制项目实施方案，由县级以上人民政府授权的项目实施机构提请同级财政部门

① 要特别说明的是，《物有所值评价指引》第 6 条规定，物有所值评价结论分为"通过"和"未通过"。"通过"的项目，可进行财政承受能力论证；"未通过"的项目，可在调整实施方案后重新评价，仍未通过的不宜采用 PPP 模式。因此在流程的顺序上应先完成实施方案，再做物有所值评价，后做财政承受能力论证，但由于物有所值评价中涉及许多政府方财政支出责任计算的问题，而这些计算与财政承受能力论证又有密切的关系，因此为了便于讲解，本书先介绍财政承受能力论证，再介绍物有所值评价。

开展物有所值评价和财政承受能力论证。（第 3 款）”由规定可知，PPP 项目的发起分为政府发起与社会资本发起两种发起方式，由于传统模式的发起方式仅限于政府发起，因此 PPP 模式在制度设计上允许由社会资本发起显得相当特别，有几个关于 PPP 项目采取社会资本方发起的问题将在下面进行展开。

（一）PPP 模式允许采用社会资本方发起的原因

由于 PPP 模式的实质是政府方购买服务，而采取社会资本方发起，政府方所购买的服务就是一整套解决问题的方案，正中 PPP 模式的本意。政府方希望在项目前期规划阶段，借用社会资本方良好的管理和创意，帮助政府方解决问题，因此政府方与社会资本方可以从项目的前期阶段就展开合作，社会资本方在 PPP 项目中，不单是方案的执行者，同时也可以是方案的设计者。

（二）社会资本方发起的项目双方通过什么方式建立合作关系

关于如何展开前期合作，相关政策法规文件并没有明确的规定，实践中常见的做法是由政府方与社会资本方签订合作意向书，一般合作意向书的内容包括：

1. 合作范围

政府方邀请前期工作的社会资本方针对项目提出建议，并由社会资本方针对建议事项编写项目建议书、实施方案，有的政府方甚至还会要求社会资本方编写所有的前期文件，其中包括可研报告、财政承受能力论证报告、物有所值评价报告、初步设计或是施工图设计。

2. 建议与审核

在前期工作中，政府方对社会资本方所编写的各项报告有审核的权利，可以接受建议，修改建议，甚至是否定建议。社会资本方对于政府方的审核意见，也有权选择接受或是不接受：如果社会资本方接受了政府方的审查意见并修改了报告，政府方审核报告通过后，双方可以进入到项目采购阶段；如果社会资本方不接受政府方的审查意见，社会资本方可以退出项目的前期工作，但是前期的费用必须由社会资本方自己负担。

3. 项目指挥部

政府方应组织与项目有关的政府部门成立项目指挥部，由地方政府方的首长或是副首长担任指挥部的指挥官，负责项目统筹与协调事宜。项目指挥部是政府方联系前期工作、社会资本方处理项目相关事宜的单一窗口，政府各部门应通过项目指挥部与社会资本方联系。前期工作的社会资本方完成各项报告后，项目指挥部应协调政府方各部门，勤勉、有序地完成项目所有的审批工作。

4. 法定采购程序

社会资本方接受政府方某项目前期工作的邀请后，针对该项目提出各项建议，即便政府方接受了建议，未来是否由同一个社会资本方承做此 PPP 项目，还必须经过法定的采购程序来确认，也就是说未来可能是提供前期工作的社会资本方中标，也可能是其他参加投标的社会资本方中标，一切依法办理。

5. 前期费用的负担

先由提供前期工作的社会资本方垫付前期费用，如政府方接受社会资本方所提供的报告建议，且经由公正第三方全程跟踪审计或事后审计，确认前期费用的合理性后，再通过 PPP 协议的约定，前期费用转嫁由中标的社会资本方承担；如因政府方自身原因导致项目前期工作终止，则由政府方负担相应的前期费用。

（三）政府方与社会资本方之间是否存在委托编写各项报告的法律关系

社会资本方发起的PPP项目，如果由社会资本方编写并提出各项报告，那么是否应认定政府方与社会资本方之间是政府方委托社会资本方编写项目建议书的法律关系呢？针对这个问题，笔者认为政府方与社会资本方之间不存在委托关系，两者之间只存在建议关系。社会资本方通过编写报告向政府方提出有关项目的各项建议，政府方既可以接受建议，也可以不接受建议，或是要求修改建议；对于政府方的审核意见，社会资本方也可以接受或是不接受，因此政府方与社会资本方之间不存在委任的关系，在此阶段政府方不需要通过采购程序，选任前期工作的社会资本方。

（四）社会资本方发起项目由谁担任项目单位

根据财政部《PPP 操作指南》及《财政管理办法》的规定，对于社会资本方发起的 PPP 项目，由谁担任项目单位，并没有具体的规定。笔者认为由于政府方与社会资本方之间实质上是建议的关系，是否采纳社会资本方的建议，决定权还是由实施机构掌握，所以从实质的权力关系来看，应由实施机构担任项目单位比较合适。

三、初步实施方案与项目实施方案

（一）实施方案与可行性研究报告之间的关系

所谓实施方案指的是安排 PPP 项目交易结构的方案，内容包括但不限于项目概况、项目产出说明、项目合作范围、合作主体、期限与运作方式、付费机制、风险分配框架、提前退场机制、社会资本方合作方采购方式，等等。实施方案与可行性研究报告内容最大的区别在于：可行性研究报告的内容所处理的是 PPP 项目建设与运营的技术方案，而实施方案的内容所处理的是 PPP 项目的交易结构（或称为投资方案），因此一般是先编写可行性研究报告，再根据可行性研究报告编写实施方案，而后根据实施方案办理物有所值评价及财政承受能力论证（编写顺序：可行性研究报告→实施方案→物有所值评价 + 财政承受能力论证）。

此外，根据《传统基础设施领域 PPP 工作导则》第 9 条后段的规定："为提高工作效率，对于一般性政府投资项目，各地可在可行性研究报告中包括 PPP 项目实施专章，内容可以适当简化，不再单独编写 PPP 项目实施方案。"由此可知，在一般性项目中可以将 PPP 项目实施方案与可行性研究报告合并。笔者认为合并报告有以下几个问题：第一，根据《传统基础设施领域 PPP 工作导则》第 10 条第 1 款前段的规定，可行性研究报告由投资主管部门审批，但是同样根据《传统基础设施领域 PPP 工作导则》第 11 条的规定，实施方案由相关部门联审，因此报告和方案的审批机关不同，在公文作业流程上，应该要将报告与方案分开编写；第二，根据《传统基础设施领域 PPP 工作导则》第 10 条第 1 款中段与后段的规定："可行性研究报告审批后，实施机构根据经批准的可行性研究报告有关要求，完善并确定 PPP 项目实施方案。重大基础设施政府投资项目，应重视项目初步设计方案的深化研究，细化工程技术方案和投资概算等内容，作为确定 PPP 项目实施方案的重要依据。”由此可知，实施方案的编写是以审批后的可研报告为依据，所以应先编写可行性研究报告并完成审批，再根据审批后的可行性研究报告编写实施方案，顺序上是先可研后方案。现在如果规定合并方案与报告，实施方案的编写将无依据可循。

（二）编写初步实施方案的必要性

根据《PPP 操作指南》的规定，将实施方案分为初步实施方案和项目实施方案两种，这两种方案的区别和项目各阶段的工作内容有关，项目识别阶段应编写初步实施方案，并准备相关资料，其中包括新建、改扩建项目应提交可行性研究报告，项目产出说明和初步实施方案；存量项目应提交存量公共资产的历史资料、项目产出说明和初步实施方案。[①]资料准备齐全后进行物有所值评价及财政承受能力论证，通过评价与论证后再进入项目准备阶段。项目准备阶段应编写项目实施方案，并于项目实施方案审批通过后，进入物有所值及财政承受能力验证，验证通过后才能进入项目采购阶段。

	实施方案	物有所值 + 财政承受能力
项目识别	初步实施方案	通过
项目准备	项目实施方案	验证

【图表 5.1】初步实施方案与项目实施方案的程序比较

笔者认为《PPP 操作指南》虽规定了不同的阶段应编写不同的实施方案，却没有规定“初步实施方案”与“项目实施方案”的内容具体上存在什么样的区别，因而导致物有所值及财政承受能力的“通过”与“验证”也无法分辨出有何不同。由于无法分辨初步实施方案与项目实施方案的异同，因此实践中经常跳过初步实施方案，而直接编写项目实施方案的情形，论证与评价也只审批一次，不会审批两次。根据《财政管理办法》第 5 条第 1 款的

① 参照《PPP 操作指南》第 7 条第 2 款规定

规定："新建、改扩建项目的项目实施方案应当依据项目建议书、项目可行性研究报告等前期论证文件编制；存量项目实施方案的编制依据还应包括存量公共资产建设、运营维护的历史资料以及第三方出具的资产评估报告等。"该《财政管理办法》已不再要求编写初步实施方案，似乎和本书采取了相同的观点。

（三）市场测试

本书建议最好能在流程中增加一个市场测试环节。PPP 项目基本上是一种投资项目，既然是一种投资项目，项目交易结构的内容最好不要只是听从政府单方的意见来设计，方案内容最好征询市场的意见，这样才能设计出一个既符合政府方需求，又符合市场需求的可行方案，这种征询市场意见的环节称为市场测试。虽然《PPP 操作指南》的规定中没有市场测试的环节，但笔者仍建议当实施方案起草完成后，可以增加市场测试的环节，让方案内容更加完整。此外，根据《传统基础设施领域 PPP 工作导则》第 9 条第 2 款前段的规定："实施方案编制过程中，应重视征询潜在社会资本方的意见和建议。"可作为市场测试的法规依据。

四、财政承受能力论证

（一）概述

财政承受能力论证是指识别、测算 PPP 项目的各项财政支出责任，科学评估项目实施对当前及今后年度财政支出的影响，为 PPP 项目财政管理提供依据。[①]财政承受能力评估包括财政支出能力评估以及行业和领域平衡性评估。财政支出能力评估，是根据 PPP 项目预算支出责任，评估 PPP 项目实施对当前及今后年度财政支出的影响；行业和领域均衡性评估，是根据 PPP 模式适用的行业和领域范围，以及经济社会发展需要和公众对公共服务的需求，平衡不同行业和领域的 PPP 项目，防止某一行业和领域的 PPP 项目过于集中。[②]

---

① 参照《财政承受能力论证指引》第 2 条

② 参照《财政承受能力论证指引》第 24 条

财政部门（或 PPP 中心）应当会同行业主管部门，共同开展 PPP 项目财政承受能力论证工作。必要时可通过政府方采购方式聘请专业中介机构协助。[①] 各级财政部门（或 PPP 中心）要以财政承受能力论证结论为依据，会同有关部门统筹做好项目规划、设计、采购、建设、运营、维护等全生命周期管理工作。[②]

任何一个分析方法都有它的范围与边界，我们必须在了解每个分析方法的优点与缺点后，才能正确使用这些分析方法，同理，面对财政承受能力论证时也应当采取相同的态度，因此后续内容除了介绍一些操作环节以外，也会对制度的优劣做出分析。有关财政承受能力论证，一般有三个环节的问题需要处理，分别是财政支出责任、一般公共预算支出以及不得超出的具体比例，具体内容说明如下。

（二）财政支出责任

PPP 项目全生命周期过程的财政支出责任，主要包括股权投资、运营补贴、风险承担、配套投入等，[③] 在识别和测算单个项目的财政支出责任后，汇总年度全部已实施和拟实施的 PPP 项目，进行财政承受能力评估，[④] 具体内容说明如下。

1. 股权投资

股权投资支出责任是指在政府方与社会资本方共同组建项目公司的情况下，政府方承担的股权投资支出责任。如果社会资本方单独组建项目公司，政府方不承担股权投资支出责任。[⑤] 股权投资支出应当依据项目资本金要求以及项目公司股权结构合理确定。股权投资支出责任中的土地等实物投入或无形资产投入，应依法进行评估，合理确定价值。[⑥]

关于将股权投资列为财政支出责任是否恰当，有几个问题需要进一步

---

① 参照《财政承受能力论证指引》第 7 条
② 参照《财政承受能力论证指引》第 8 条
③ 参照《财政承受能力论证指引》第 9 条
④ 参照《财政承受能力论证指引》第 23 条
⑤ 参照《财政承受能力论证指引》第 10 条
⑥ 参照《财政承受能力论证指引》第 15 条

讨论：第一，股权投资这项支出的性质属于投资，政府方可以通过投资的手段取得项目公司的股权，除非未来投资严重失败，否则政府方所投资的金额是很有可能收回的，将可以收回的资金全额列为支出是否恰当；第二，如果政府方没有完全放弃分红权，项目公司获利分红，政府方还可以根据投资比例分配利润，请问这项收入是否该比照使用者收费，相应地扣除财政支出责任；第三，即便政府方完全放弃分红，在未来投资没有严重失败的情况下，这笔可以收回的投资应视为政府方无偿贷款给社会资本方，作为项目公司的资本金。如要计算政府财政支出，也应该是计算政府方股权投资的资金成本，即政府方的贷款利息，而不是整个股权投资金额；第四，股权投资在《预算法》关于预算的分类中，属于国有资本经营预算支出，但在计算财政承受能力时，却以股权投资占一般公共预算支出的比例作为分析的基础，本书认为有欠妥当。基于上述讨论，笔者认为股权投资预算类型属于国有资本经营预算，因此不该列支为财政支出，占有一般公共预算支出的一定比例。

2. 运营补贴

运营补贴支出责任是指在项目运营期间，政府方承担直接的付费责任。不同付费模式下，政府方承担的运营补贴支出责任不同。政府方付费模式下，政府方承担全部运营补贴支出责任；可行性缺口补助模式下，政府方承担部分运营补贴支出责任；使用者付费模式下，政府方不承担运营补贴支出责任。①PPP项目实施方案中的定价和调价机制通常与消费物价指数、劳动力市场指数等因素挂钩，会影响运营补贴支出责任。在可行性缺口补助模式下，运营补贴支出责任受到使用者付费数额的影响，而使用者付费的多少因定价和调价机制而变化。在计算运营补贴支出数额时，应当充分考虑定价和调价机制的影响。②

运营补贴涉及的相关问题有：第一，如PPP协议中约定实施机构在建设期对于项目公司必须办理补贴，则建设期的补贴金额建议放在此项下，与运营期的运营补贴一并计算，也就是说和项目建设运营维护有关的补贴，最

① 参照《财政承受能力论证指引》第11条
② 参照《财政承受能力论证指引》第20条

好能合并计算金额，将有助于未来与传统模式的建设运营净成本进行比对；第二，关于项目运营补贴金额的计算，基本上是根据资金动态的观点，以项目公司的建设运营维护成本加上合理的回报所计算的。这里的回报是以全项目内部收益率计算的，因此计算的过程中，是不计算贷款利息的；第三，根据《财政承受能力论证指引》第 16 条规定当年运营补贴支出数额的计算公式，这个公式的内容是有问题的，该公式与内部收益率脱钩和一般财务测算的要求相背，无法计算企业所得税以及影子票价，因此建议读者进行测算时，要特别注意。

3. 风险承担

风险承担支出责任是指项目实施方案中政府方承担风险带来的财政或有支出责任。通常由政府方承担的法律风险、政策风险、最低需求风险以及因政府方原因导致项目合同终止等突发情况，会产生财政或有支出责任。[①] 风险承担支出应充分考虑各类风险出现的概率和带来的支出责任，可采用比例法、情景分析法及概率法进行测算。如果 PPP 合同约定保险赔款的第一受益人为政府方，则风险承担支出应为扣除该等风险赔款金额的净额。[②] 关于用比例法、情景分析法及概率法内容的异同，比较如图表 5.2 所示，供各位参考。

	比例法	情境分析法	概率法
支出数额	X	V	V
发生概率	X	X	V
计算方式	建设运营成本 * 一定比例	基本支出 * 基本概率 + 不利支出 * 不利概率 + 最坏支出 * 最坏概率	以可变风险参数作为变量，根据概率分布函数，计算各种风险发生带来的风险承担支出

【图表 5.2】各类风险出现的概率和带来的支出责任比较

《财政承受能力论证指引》所规定的风险定量分析，在实践中是有相当争议的，三种方法中概率法是最少使用的分析方法，因为目前没有人有能力

① 参照《财政承受能力论证指引》第 12 条

② 参照《财政承受能力论证指引》第 21 条第 1 款

确定风险的支出数额，也不知道风险的发生概率。因此目前最常使用的分析方法是比例法以及情境分析法，而两种计算方式的问题在于：比例法中的一定比例和情景分析法中的发生概率都没有客观合理的依据。许多咨询机构为了通过论证，将比例或概率自行设定到最低，使得评估形同虚设。从抽象理论上讲，风险分析是很有价值的，但从具体操作上来讲，风险定量处理是很困难的，因此根据《财政承受能力论证指引》所做的风险评估结果的参考价值有限，可是目前尚无有效解决办法。

此外，风险承担支出的性质属于或有支出，也就是可能支出可能不支出，并非属于一定要支出的项目，有点类似于建设工程的不可预见费的性质，①而运营补贴属于基于合同政府方的付款义务，性质上属于政府方必须支出的费用，因此风险承担支出责任，与其他支出责任的责任内涵并不相同。

4. 配套投入

配套投入支出责任是指政府方提供的项目配套工程等其他投入责任，通常包括土地征收和整理、建设部分项目配套措施、完成项目与现有相关基础设施和公用事业的对接、投资补助、贷款贴息等。配套投入支出应依据项目实施方案合理确定。②配套投入支出责任应综合考虑政府方将提供的其他配套投入总成本和社会资本方为此支付的费用。配套投入支出责任中的土地等实物投入或无形资产投入，应依法进行评估，合理确定价值。③

关于配套投入涉及的相关问题：第一，配套投入的费用中，许多费用虽属于政府方的支付责任，却不属于支付给项目公司的费用，如对土地的征收与整理、建设部分的配套设施、完成现有设施的对接等进行财政承受能力计算时，虽无须区分是否属于支付给项目公司的费用，都应计入政府方支出责任中，但是在计算物有所值评价时，此类费用是否该计入 PPP 值中，是值得讨论的；第二，政府方从事 PPP 项目相关工作所产生的费用，有进一

① 风险承担费用虽有点类似于建设工程的不可预见费，但是内涵并不完全相同，因为风险承担费用中并不包含工程变更或是 PPP 合同变更的费用。

② 参照《财政承受能力论证指引》第 13 条

③ 参照《财政承受能力论证指引》第 22 条

步界定的必要，如应相关到何种程度才能列为 PPP 项目配套投入的费用。因为在实践中有些政府方会刻意地在这项费用中灌水，打着相关费用的幌子将不见得相关的费用也并入计算中，以达到变相融资的目的；第三，政府方投入与 PPP 项目有关的费用，不属于股权投资、运营补贴、风险承担范围的，笔者建议将该费用放入配套投入项下合并计算。

5. 其他相关问题的讨论

关于上述四项支出中所涉及的共同问题，本书将合并于此一并讨论：第一，如果政府方将国有资产（包括土地、有形资产与无形资产）投入于 PPP 项目中，这些投入是否该计入政府方财政支出责任中？笔者认为政府方将这些国有资产投入项目中，所走的程序并不是《预算法》中的预算程序，也不属于《财政管理办法》中的预算管理，因此国有资产的投入与一般公共预算支出无关，将这些资产列入政府方财政支出之中，与一般公共预算支出比较，并不合适；第二，关于特许经营使用费收入、权益转让收入（存量资产所有权或经营权的转让收入、政府方转让项目公司股权的股权转让收入）、土地或是商业开发的收益、门票广告的收益等是否该比照使用者付费，一并扣减政府方财政支出呢？笔者认为所有和 PPP 项目有关的收入，都应该列入扣减政府方财政支出的项目中，不应该只限于收用者收费。

（三）一般公共预算支出

有关一般公共预算支出有两个方面的问题需要展开讨论：第一个方面的问题是如何界定一般公共预算，地方各级政府的转移支付预算是否为一般公共预算支出；第二个方面的问题是有关金额估算的问题，也就是每年一般公共预算支出的金额如何估算。相关讨论说明如下。

1. 什么是一般公共预算，地方各级政府的转移支付预算是否为一般公共预算支出

预算包括一般公共预算、政府性基金预算、国有资本经营预算、社会保险基金预算。[①] 而一般公共预算是对以税收为主体的财政收入，安排用于

---

① 参照《预算法》第 5 条

保障和改善民生、推动经济社会发展、维护国家安全、维持国家机构正常运转等方面的收支预算。[①]

地方各级政府的转移支付预算是否为一般公共预算支出？根据《预算法》第7条第2款的规定："地方各级一般公共预算收入包括地方本级收入、上级政府方对本级政府的税收返还和转移支付、下级政府的上解收入。地方各级一般公共预算支出包括地方本级支出、对上级政府的上解支出、对下级政府的税收返还和转移支付。"由此可知，上级政府方对本级政府方的转移支付，属于本级政府方的一般公共预算收入，本级政府方对下级政府方的转移支付，属于本级政府方的一般公共预算支出。

2. 每年一般公共预算支出的金额如何估算

根据《财政承受能力论证指引》第27条的规定："在进行财政支出能力评估时，未来年度一般公共预算支出数额可参照前五年相关数额的平均值及平均增长率计算，并根据实际情况进行适当调整。"由此可知，未来年度一般公共预算支出数额，原则上参照前五年相关数额的平均值及平均增长率计算，但是例外的情况下，可以根据实际情况进行适当调整。

（四）不得超出的具体比例

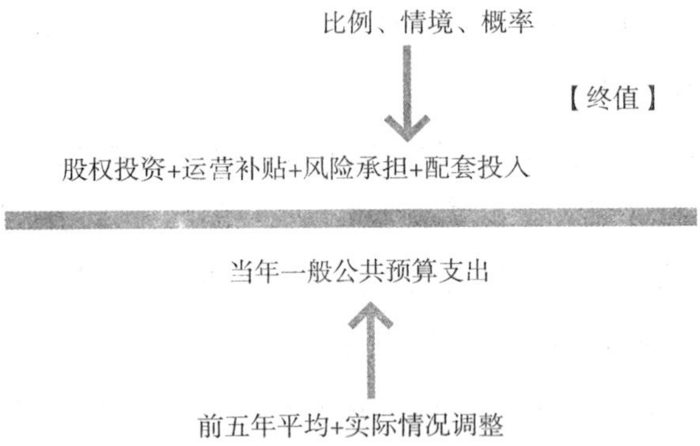

【图表5.3】财政承受能力示意图

根据《财政承受能力论证指引》第25条规定："每一年度全部PPP项

① 参照《预算法》第6条第1款

目需要从预算中安排的支出责任，占一般公共预算支出比例应当不超过10%。省级财政部门可根据本地实际情况，因地制宜确定具体比例，并报财政部备案，同时对外公布。”由此可知，每一年度全部 PPP 项目需要从预算中安排的支出责任，占一般公共预算支出比例，原则上不超过 10%，但是在例外的情况下，财政部门可以就当地的实际情况，确定具体的比例。

五、物有所值评价

（一）概述

物有所值评价是判断是否采用 PPP 模式代替政府方传统投资运营方式提供公共服务项目的一种评价方法。[①] 拟采用 PPP 模式实施的项目，应在项目识别或准备阶段开展物有所值评价。[②] 物有所值评价包括定性评价和定量评价。现阶段以定性评价为主，鼓励开展定量评价。[③] 有关定性与定量评价的内容，以及目前物有所值评价的其他相关问题，具体说明如下。

（二）定性评价

物有所值的定性评价中，分为基本评价指标以及补充评价指标，基本评价指标有 6 项，评分权重为 80%，补充评价指标，评分权重为 20%；由项目本级财政部门（或 PPP 中心）会同行业主管部门组织召开专家组会议，由专家在充分讨论后按评价指标逐项打分，而后根据专家组意见做出定性评价结论。原则上，评分结果在 60 分（含）以上的，通过定性评价；否则，未通过定性评价。有关基本评价指标以及补充评价指标的具体内容说明如下。

1. 基本评价指标

定性评价指标包括全生命周期整合程度、风险识别与分配、绩效导向与鼓励创新、潜在竞争程度、政府方机构能力、可融资性等六项基本评价指标，其中，第一，全生命周期整合程度指标主要考核在项目全生命周期内，

① 参照《物有所值评价指引》第 2 条
② 参照《物有所值评价指引》第 4 条
③ 参照《物有所值评价指引》第 5 条前段

项目设计、投融资、建造、运营和维护等环节能否实现长期、充分整合；第二，风险识别与分配指标主要考核在项目全生命周期内，各风险因素是否得到充分识别并在政府方和社会资本方之间进行合理分配；第三，绩效导向与鼓励创新指标主要考核是否建立以基础设施及公共服务供给数量、质量和效率为导向的绩效标准和监管机制，是否落实节能环保、支持本国产业等政府方采购政策，能否鼓励社会资本方创新；第四，潜在竞争程度指标主要考核项目内容对社会资本方参与竞争的吸引力；第五，政府方机构能力指标主要考核政府方转变职能、优化服务、依法履约、行政监管和项目执行管理等能力；第六，可融资性指标主要考核项目的市场融资能力。①

2. 补充评价指标

补充评价指标主要是六项基本评价指标未涵盖的其他影响因素，包括项目规模大小、预期使用寿命长短、主要固定资产种类、全生命周期成本测算准确性、运营收入增长潜力、行业示范性等。②

（三）定量评价

定量评价是在假定采用 PPP 模式与政府方传统投资方式产出绩效相同的前提下，将 PPP 模式的净现值（PPP 值）与政府方传统模式的净现值（PSC 值，又称公共部门比较值）进行比较，判断 PPP 模式能否降低项目全生命周期成本。如 PPP 值小于或等于 PSC 值的，认定为通过定量评价；PPP 值大于 PSC 值的，认定为未通过定量评价。③

在此要特别说明的是，为何物有所值的评价要以净现值来进行比较？这是因为从财务的角度，净现值是净现金流折现累计的金额，由此可知：第一，净现值是以净现金流作为基础计算，而净现金流是 PPP 项目各期支出的净成本；第二，净现值是折现后累计的金额，代表净现值考虑了资金的时间价值。这里的折现率，依据《物有所值评价指引》第 32 条及《财政承受能力论证指引》第 17 条的规定，参照地方政府方债券收益率确定。

---

① 参照《物有所值评价指引》第 11~17 条
② 参照《物有所值评价指引》第 19 条
③ 参照《物有所值评价指引》第 33 条

有关 PPP 值与 PSC 值的具体内容说明如下。

1.PPP 值

所谓 PPP 值是指 PPP 项目全生命周期内政府方净成本的现值，也就是 PPP 项目全生命周期内股权投资、运营补贴、风险承担和配套投入等各项财政支出责任的现值。[①] 这个现值的计算，一般是先根据财政承受能力论证计算各年的财政支出终值，再参照地方政府方债券收益率，各项财政支出分别折现成现值所累计的金额。这个金额所代表的意义就是从现在的时间点，将各期终值的资金时间价值除去后，政府方对此项目采用 PPP 模式所支付的各项财政支出总额。

2.PSC 值

所谓 PSC 值是指传统模式下项目全生命周期内政府方净成本经调整后的现值。这里的调整指的是竞争性中立调整值，也就是采用政府方传统投资方式比采用 PPP 模式实施项目少支出的费用，通常包括少支出的土地费用、行政审批费用、有关税费等。[②]PSC 值的计算基本上是参照项目的建设和运营维护净成本、竞争性中立调整值、项目全部风险成本，三项成本的全生命周期现值之和。

（四）物有所值评价其他相关问题讨论

1. 以物有所值评价通过作为项目采用 PPP 模式的指标是否合理

根据《物有所值评价指引》第 6 条规定："应统筹定性评价和定量评价结论，做出物有所值评价结论。物有所值评价结论分为'通过'和'未通过'。'通过'的项目，可进行财政承受能力论证；'未通过'的项目，可在调整实施方案后重新评价，仍未通过的不宜采用 PPP 模式。"由此规定可知，如果没有通过评价，项目就不能采用 PPP 模式，因此笔者想讨论的是以物有所值评价的通过与否作为项目是否采取 PPP 模式的决定性因素是否恰当？从政府方的角度观之，如果政府方的资金充裕，采用 PPP 模式只是为了追求效率，那么比较 PSC 值与 PPP 值有一定的意义；但是如果政府方

① 参照《物有所值评价指引》第 27 条前段

② 参照《物有所值评价指引》第 30 条

缺乏资金来源，或是没有其他筹资的渠道，经分析项目的社会效应非常显著，政府方想利用PPP模式的表外融资机制融资，是否一定要坚持PSC值大于PPP值？笔者认为有讨论的空间。因此立法上笔者建议经可行性研究报告评估，项目的社会效应经评估非常显著的情况下，经省级PPP项目主管部门审批同意后，PPP值在一定幅度范围内大于PSC值，可以采取PPP模式。

2. 定性与定量评价脱钩的评价方法是否合理

从分析方法的角度而言，定量评价应该是定性评价的延伸，也就是说先从定性的角度分析某个因素对于项目的影响是否存在，在该因素的影响存在时，再进行定量评价，分析该因素影响到什么程度，定性评价与定量评价互为联系、互为补充。《物有所值评价指引》中有关定性评价与定量评价的内容是完全脱钩的，因此评价方法的逻辑性是有问题的。笔者建议，应将物有所值的定性评价，从物有所值评价中抽离出来，以此作为对实施方案进行合规性审查的标准。

3. 有关PPP值与PSC值中风险定量分析问题的讨论

第一个要讨论的问题是:《物有所值评价指引》第28条第3项规定将项目全部风险计入PSC值中，是否恰当？笔者认为，在传统模式中，政府方所承担的风险确实比PPP模式中还多，但是还没到完全承担所有风险的地步，有些风险在传统模式中是由承包商承担的，因此将全部风险计入PSC值中，笔者认为并不恰当。

第二个要讨论的问题是：根据《物有所值评价指引》第31条规定：“项目全部风险成本包括可转移给社会资本方的风险承担成本和政府方自留风险的承担成本，参照《政府方和社会资本方合作项目财政承受能力论证指引》（财金〔2015〕21号）第二十一条及有关规定测算。”由此可知，传统模式项目中项目全部风险、社会资本方承担风险和政府方自留风险的计算，参照《财政承受能力论证指引》第21条规定办理，但是《财政承受能力论证指引》第21条只规定如何对PPP项目中政府方自留的风险进行计算，并没有规定项目全部风险与社会资本方承担风险的计算方式，究竟该如何参照，有待进一步讨论。

第三个要讨论的问题是：《财政承受能力论证指引》第 21 条所规定的比例法、情景分析法及概率法等风险定量分析方法，其中有许多测算的参数缺乏客观合理的依据，因此建议可以将两份《指引》中有关风险定量分析的规定删除，而将风险定性分析方法放在 PPP 项目合规性审查中，作为实施方案审查标准内容的一部分。

4. 有关 PPP 值与财政承受能力支出的比较

依据《物有所值评价指引》第 27 条前段的规定："PPP 项目值等同于 PPP 项目全生命周期内股权投资、运营补贴、风险承担和配套投入等各项财政支出责任的现值"，可知 PPP 值与财政承受能力支出的差别似乎在于，前者是现值而后者是终值，但是笔者认为这样比较可能还有不足之处：首先，物有所值评价与财政承受能力论证的制度目的并不相同：财政承受能力论证的目的是要确定各期政府方的 PPP 相关财政支出，是否超过一般公共预算的 10%，而物有所值论证的目的是要确定项目采用 PPP 模式后，是否能节省成本，因此两者在内涵上尚有其他不同之处。其次，两者计算的范围不同：财政承受能力论证所关注的是政府方对于 PPP 项目支出了多少预算，因此不管这项支出是否支付给项目公司，都要计入政府方的财政支出责任中，如运营补贴的费用是支付给项目公司，而配套投入的费用却不见得是支付给项目公司的，但是物有所值评价所关注的却是项目公司到底节省了多少成本，因此计算上必须限于项目公司履约范围，必须厘清项目公司的履约范围到底是新建加运营、修建加运营，还是只有运营，不该将与项目公司履约无关的费用计入 PPP 值中，因此《物有所值评价指引》第 27 条前段的规定，将全部费用计入是有些问题的。

最后，两者关注的对象不同：财政承受能力关注的是预算，而物有所值关注的是净成本，这两者的区别在于预算是钱，而净成本是指除了钱以外，还包括国有资产或是资源。可能有人认为《财政承受能力论证指引》规定，应将国有资产进行估价并计入支出中，但是这个规定是有问题的，因为这些估价的金额与一般公共预算支出无关，所以财政承受能力论证计算的对象不该包括国有资产。同时，要附带说明的是，股权投资既不是一般公共预算支出，也不是政府方在PPP项目中的净成本，因此不应列入PPP值以及财政承受能力支出中计算。

	PPP 值	财政承受能力支出
制度目的	项目公司是否可以节省成本	PPP 项目的财政支出，政府方每年的预算是否能够支付
计算范围	项目公司履约的范围	政府方关于 PPP 项目的所有支出，范围大于项目公司履约的范围
关注对象	净成本：预算 + 国有资产，不包括股权投资	预算：不包含国有资产以及股权投资
时间点	各期现值和 / 净现值	各期终值

【图表 5.4】关于 PPP 值与财政承受能力支出观点的比较

5. 有关 PPP 值计算的问题

有关PPP值中运营补贴的计算，基本上是从资金动态的观点出发，以项目公司的建设运营维护成本加上合理的回报计算的，但由于政府方与社会资本方之间的信息不对等，政府方不可能在PPP项目前期阶段就知道，未来项目采取PPP模式，社会资本方将项目全生命周期进行优化后，可以省下多少钱。因此目前项目公司的建设运营以及维护成本是采用可行性研究报告的数据作为计算依据，而这样的计算方法是很难发挥物有所值评价的效果的。笔者建议，可以考虑以PSC值调整（扣除竞争中立调整值）与打折后的数字作为PPP值，并以该PPP值推算项目的投标控制价，如果项目流标可以上调PPP值，但是不管如何调整，原则上PPP值都不应大于PSC值。

6. 关于 PSC 值计算的问题

第一个要讨论的问题是：如果传统模式采用法人责任制，则政府方在项目法人所投入的注册资本或是项目资本金，是否要算入PSC值中？从比较基础分析，如果PPP值计算股权投资，则传统模式PSC也应该要计算股权投资，这样两者的比较基础才相等。笔者认为，虽然《物有所值评价指引》规定股权投资应算入PPP值，但是股权投资不属于预算也不属于净成本，理论上不该算入 PPP 值，同理，PSC 值亦不该计算股权投资。

第二个要讨论的问题是：特许经营使用费收入、权益转让收入（存量资产所有权或经营权的转让收入、政府方转让项目公司股权的股权转让收入）可否计入竞争性中立调整值？根据《物有所值评价指引》第 30 条规定："竞争性中立调整值主要是采用政府方传统投资方式比采用 PPP 模式实施项目少支出的费用，通常包括少支出的土地费用、行政审批费用、有关税费等。"由此规定可知，传统模式无须支出的费用项目，可以计入调整值中，而特许经营使用费收入及权益转让收入属于传统模式无须支出的费用，因此该金额应放在调整值中进行调整。

Part 02

第二篇　主要交易群

第六章　PPP 项目合作主体（一）
——政府方

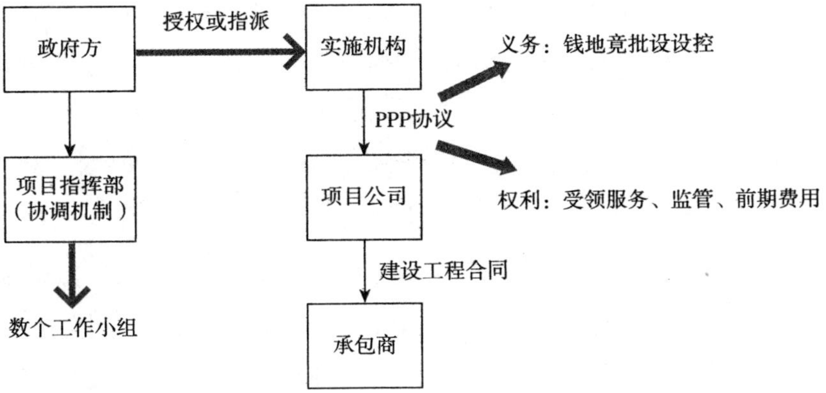

【图表 6.1】以政府方为中心分析交易结构

一、由谁担任 PPP 项目的政府方

本书所称之政府方是泛指负有 PPP 项目管辖职责的人民政府或是人民政府指定或者授权的实施机构。推动 PPP 项目进程的首要事情是必须先确定该项目具体由哪一级和哪一个政府管辖，我们才知道项目最终应由谁负责审批，PPP 项目的主管政府一般需符合两个条件：第一，必须是县级以上的人民政府；[①] 第二，根据 PPP 合同，负有付费并编列预算义务的人民政府，也就是“谁付费、谁过预算、谁管辖、谁审批”。我们需特别讨论的是，产业园区的管理委员会可否担任 PPP 项目的政府方？笔者认为产业园区的管

① 参照《特许经营管理办法》第 9 条、《PPP 操作指南》第 10 条

理委员会在法律上的地位属于人民政府的派出机构，本身并不是人民政府，再加上管理委员会没有人民代表大会，无法通过预算案，因此理论上管理委员会不符合上述两个条件，并不属于PPP项目的政府方，但是实践中管理委员会的职权与财务相对独立，颇有“准政府”的性质，因此建议未来立法规定管理委员会比照人民政府办理，也就是准许管理委员会担任PPP项目的政府方。

确定了PPP项目管辖的人民政府之后，还必须进一步确定由人民政府的哪个部门主管，也就是确定PPP项目的实施机构，实施机构的任务主要是代表政府方和项目公司签订PPP合同，并且履行PPP合同中所约定的权利及义务，至于应该由谁担任实施机构相关文件规定不一。[①]笔者一般建议由人民政府指定或是授权的行业主管部门担任实施机构，原因在于如果由其他部门担任实施机构，容易造成PPP合同的实施机构与行业监管部门各自为政，合同监管与行业监管无法整合犹如双头马车，项目公司将无所适从。另外要讨论的问题是，政府方可否指定国有企业或是融资平台公司作为PPP项目的实施机构？根据《第三批示范项目评审标准》的规定，国有企业或融资平台公司不得作为政府方签署PPP项目合同，由此可知《标准》只规定不可以代表政府方签署PPP项目合同，如果代表政府方签署其他合同，解释上应不在禁止之列，例如由融资平台公司作为政府方对项目公司的出资代表，与社会资本方签署股东协议。

二、实施机构的类型

从PPP项目交易结构的设计上，实施机构可以区分为单一实施机构与多数实施机构，项目的数量（单个项目或是多个项目）以及行业主管部门的主管范围决定具体的项目该采用何种类型的实施机构，具体内容说明如下。

（一）单一实施机构

所谓单一实施机构是指PPP项目交易结构中只有一个实施机构，单一

① 参照《特许经营管理办法》第9条、《PPP操作指南》第10条

实施机构适用于项目的情况主要可以分为以下几种类型进行说明。

1. 类型一：单一项目或同类子项目 + 单一行业主管部门

单一项目（例如一个体育馆的项目、一条公路的项目），或是数个同类子项目（例如 A 城区的污水处理厂与 B 城区的污水处理厂，两个子项目打包成一个项目），可以由这一个行业主管部门作为 PPP 项目的实施机构。

2. 类型二：单一项目 + 多个行业主管部门

有的单一项目涉及多个行业主管部门，可以由多个部门组成一个临时的任务编组担任项目的实施机构，或是由多个部门共同委托由其中某一部门担任项目的实施机构，例如地下管廊项目中供水、热力、电力、通信、广播、电视、燃气、排水等管线的主管部门都不相同，因此可以由地下管廊项目中所涉及的多个行业主管部门共同组成地下管廊业主委员会[①]担任实施机构，或是统一由住房城乡建设部门[②]担任实施机构。

（二）多数实施机构

所谓多数实施机构是指 PPP 项目交易结构中有一个以上的实施机构，多数实施机构适用于项目的情况主要可以分为以下几种类型进行说明。

1. 类型三：单一项目 + 主次要实施机构

单一项目中如果设置了两个（或更多）实施机构，通常由政府方指定或授权的行业主管部门作为主要实施机构，再由主要实施机构指定或是授权另一个机构担任次要实施机构。主要实施机构与项目公司签订母约，次要实施机购与项目公司（或是社会资本方）签订子约。PPP 协议是母约，由主要实施机构按照母约内容履行。其中由主要实施机构将原属于母约中的权利与义务分配一部分到另一个独立的合同里，该合同叫作子约，可能是政府购买服务协议、股东协议、租赁合同、购电合同等，由次要实施机构依据子约内容履行。例如垃圾发电的项目，项目公司与主要实施机构住建局签订 PPP 协议，项目公司与次要实施机构电力公司签订购电协议，住建局将 PPP 协议中的购电义务以及监管发电是否达标的权利分配给了电力公司，并将该权

① 参照《城市地下综合管廊建设》

② 参照《地下管线建设管理意见》

利义务约定于购电协议中由电力公司履行。

此外，根据《传统基础设施领域PPP工作导则》第8条后段的规定："鼓励地方政府采用资本金注入方式投资传统基础设施PPP项目，并明确政府出资人代表，参与项目准备及实施工作。"以及第16条第1款的规定："社会资本方可依法设立项目公司。政府指定了出资人代表的，项目公司由政府出资人代表与社会资本方共同成立。项目公司应按照PPP合同中的股东协议、公司章程等设立。"这里规定的政府方出资人代表在性质上属于次要实施机构，由其与社会资本方签订股东协议（子约），并且分配了实施机构出资的义务。

要特别讨论的是，国有企业以及平台公司可否担任次要实施机构？根据《第三批示范项目评审标准》的规定，国有企业或融资平台公司不得作为政府方签署PPP项目合同。我们可知国企和融资平台公司不得作为主要实施机构签订母约，但是未禁止国有企业或融资平台公司作为次要实施机构代表政府方与项目公司（或社会资本方）签订子约，子约并非PPP协议。我们需注意的是，融资平台公司符合《推广PPP模式的通知》的条件下，可以担任社会资本方，但是依据前述的说明，亦可担任次要实施机构，因此在设计交易结构时，融资平台公司的定位容易发生混淆。一般而言，如果融资平台公司是次要实施机构，须经主要实施机构指定或是授权；如果融资平台公司是社会资本方，则须经过采购程序选定，因此融资平台公司只能担当一种角色，不是次要实施机构，就是社会资本方，不可能两者兼具。

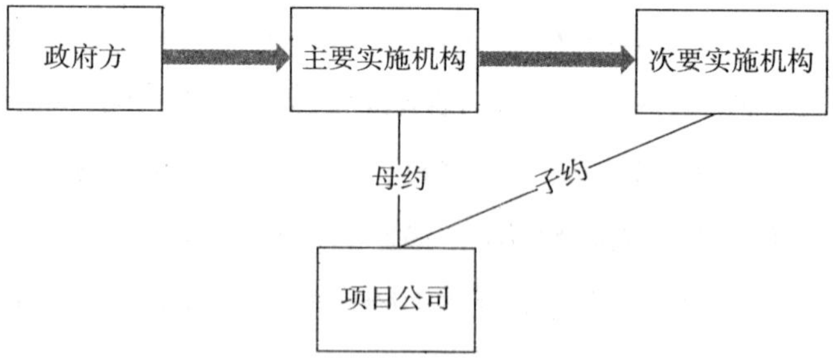

【图表6.2】主要实施机构与次要实施机构交易结构图（1）

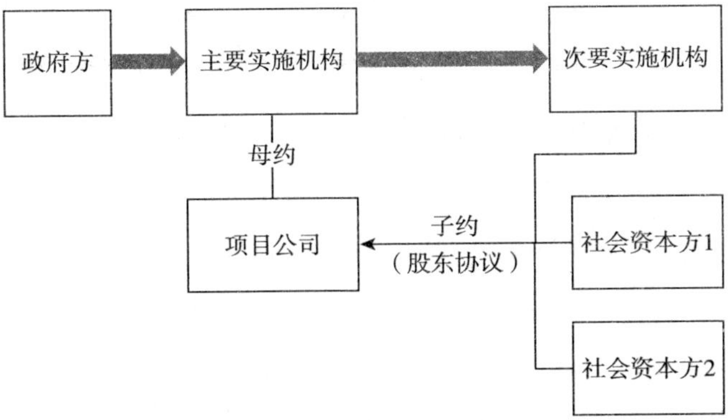

【图表 6.3】主要实施机构与次要实施机构交易结构图（2）

2. 类型四：多个子项目 + 多数平行实施机构

绝大部分的情况是项目进入采购程序后，采购人通常由项目的实施机构担任，但是也有可能发生采购人不是实施机构的情形，例如项目中如果有多个子项目，这些子项目彼此之间可能各自独立，也可能彼此之间互有联系[①]，而如果这些子项目的行业主管部门皆不相同，此时可以考虑针对每个子项目，由各自的行业主管部门以实施机构的身份，分别与项目公司签订 PPP 协议，实施机构之间不区分主次，属于平行或是平等的关系，但是可以由一个部门统一办理采购，也就是“统一采购，分别签约”的原则。例如：某一 PPP 项目中包含了学校子项目以及体育馆子项目，学校子项目由教育局主管，体育馆子项目由体育局主管，因此可以选定由财政局担任采购人，针对项目统一办理采购，选任社会资本方并成立项目公司后，由项目公司与实施机构教育局签订学校 PPP 协议，由项目公司与实施机构体育局签订体育馆 PPP 协议。

三、实施机构的义务

实施机构代表政府方与项目公司签订 PPP 协议后，依约应承担的合同义务一般可以用七个字概括，这七个字分别为“钱地竞批设设控”，具体内

① 例如污水处理厂项目中的再生水，作为供暖项目的供暖水的来源，供暖水又作为某新区公园项目湖泊的景观水，三个项目彼此之间互有联系。

容说明如下。

（一）钱

实施机构应依据PPP协议的约定，对项目公司投资参股（如果有），或是对符合付费条件的项目公司支付款项，或是对项目公司投入的资源（如果有）。而政府依约支付款项既是PPP协议中政府的首要义务，也是PPP项目成败的关键因素，这不但涉及项目公司可否获得回报，而且也涉及银行的贷款可否获得偿还，因此如何确保实施机构正常付款，是很多投资人以及银行所关心的问题。目前在制度上有以下几个措施，可以规制政府依约付款，分别是：

1. 纳入中期财政规划

根据《财政管理办法》第18条的规定："行业主管部门应当根据预算管理要求，将PPP项目合同中约定的政府跨年度财政支出责任纳入中期财政规划，经财政部门审核汇总后，报本级人民政府审核，保障政府在项目全生命周期内的履约能力。"由此规定可知，PPP项目跨年度财政支出责任的管理，可以分为以下三个环节：

第一，针对PPP合同中，跨年度财政支出责任；

第二，财政部门将其纳入中期财政规划；

第三，经财政部门汇总后，报本级人民政府核准。

2. 报本级人大审议预算

根据《财政管理办法》第19条的规定："本级人民政府同意纳入中期财政规划的PPP项目，由行业主管部门按照预算编制程序和要求，将合同中符合预算管理要求的下一年度财政资金收支纳入预算管理，报请财政部门审核后纳入预算草案，经本级政府同意后报本级人民代表大会审议。"以及第20条的规定："行业主管部门应按照预算编制要求，编报PPP项目收支预算：（一）收支测算。每年7月底之前，行业主管部门应按照当年PPP项目合同约定，结合本年度预算执行情况、支出绩效评价结果等，测算下一年度应纳入预算的PPP项目收支数额；（二）支出编制。行业主管部门应将需要从预算中安排的PPP项目支出责任，按照相关政府收支分类科目、预算支出标准和要求，列入支出预算；（三）收入编制。行业主管部门应将政府在 PPP 项目中获得的收入列入预算；（四）报送要求。行业主管部门应将包括所有 PPP 项目全部收支在内的预算，按照统一的时间要求报同级财政部门。”根据上述规定可知，PPP 项目的预算管理，可以分为以下五个环节：

第一，按照当年 PPP 合同约定；

第二，行业主管部门（实施机构）每年 7 月底之前，测算下一年度的收支；

第三，行业主管部门将 PPP 项目的收支编入预算；

第四，行业主管部门将预算报送同级财政部门审核后纳入预算草案；

第五，预算草案经本级政府同意后报人民代表大会审议。

3. 结算扣款机制

根据《财政管理办法（征求意见稿）》第 32 条的规定：“【建立结算扣款机制】上级财政部门应当督促下级财政部门严格履行 PPP 合同。没有及时足额向社会资本方支付政府付费或者提供补贴的，按照合同约定依法办理。经法院判决后仍不执行的，由上级财政直接从相关资金中代扣，并支付至项目公司或社会资本方。”由此规定可知，有关实施机构没有及时足额支付的措施，可以分为以下三个环节：

第一，没有及时足额向社会资本方支付政府付费或者提供补贴的；

第二，经法院判决后仍不执行的；

第三，由上级财政直接从相关资金中代扣，并支付至项目公司或社会资本方。

上述第二个环节的规定是值得商榷的，在政府付费或者补贴的 PPP 项目中，如果实施机构不及时足额支付费用或者提供补贴，很可能导致项目公司的现金流断裂，因此如何督促实施机构及时承担付费的责任，对于项目的顺利推进很重要。由于 PPP 协议的争议很复杂，涉及的专业领域也相当多，仅凭法院判决解决政府付款问题，恐怕旷日费时，因此本书建议，可以在省级 PPP 主管部门中，设置一个解决 PPP 争议的调解机制，由双方当事人从省级专家名单中挑选出合适的专家数名，协助双方调解争议并达成和解共识，或是由专家依调解机制赋予的职权出具调解建议，上级财政可以依据和解结论或是调解建议对项目公司拨付款项。

很可惜的是，正式出台的《财政管理办法》中将扣款机制整个删除，这无疑削弱了政府对项目公司支付责任的保障力度。

4. 政务失信记录

根据2016年12月22日国务院下发《关于加强政务诚信建设的指导意见》（国发〔2016〕76号）的规定建立政务信用管理体系，具体内容为各级人民政府和公务员在履职过程中，因违法违规、失信违约被司法判决、行政处罚、纪律处分、问责处理等信息纳入政务失信记录，并且将记录汇集至"信用中国"网站。

各级人民政府存在政务失信记录的，要根据失信行为对经济社会发展造成的损失情况和社会影响程度，对具体失信情况书面说明原因并限期加以整改，依规取消相关政府部门参加各类荣誉评选资格，予以公开通报批评，对造成政务失信行为的主要负责人依法依规追究责任。对存在政务失信记录的公务员，按照相关规定采取限制评优评先等处理措施。

建立健全信用信息异议、投诉制度，探索扩展公务员失信记录信用修复渠道和方式。建立自我纠错、主动自新的关爱机制，公务员在政务失信行为发生后主动挽回损失、消除不良影响或者有效阻止危害结果发生的，可从轻或免于实施失信惩戒措施。

强化政府有关部门责任，建立政府和社会资本合作失信违约记录。明确政府方和社会资本方合作项目政府方责任人及其在项目筹备、招标投标、政府采购、融资、实施等阶段的诚信职责，建立项目责任回溯机制，将项目守信履约情况与实施成效纳入项目政府方责任人信用记录。

（二）地

政府方依约有提供土地给项目公司使用的义务，这里所称的地可以分为几种情况解释：第一，如果是新建项目，这里的地指的是项目用地；第二，如果是存量项目，这里的地指的是存量资产；第三，如果是"项目＋物业"模式，这里的地包括物业土地，也就是在PPP协议或是股东协议双方约定的前提下，实施机构可以将物业土地以作价入股的方式，提供给项目公司使用。

由于土地涉及征地、拆迁与安置等事宜，该事项涉及政府公权力，只能由政府方完成，因此一般在 PPP 协议中约定，或是解释上认为，应由政府方完成征地拆迁后，再将项目用地提供给项目公司进场施工。虽然政府方有完成征地拆迁并提供场地的义务，但是征地拆迁的费用由谁负担，应于 PPP 协议中约明。这里要特别讨论的是，如果双方约定由项目公司承担征地拆迁费用，并且在 PPP 协议中约定了一个承担的金额，而政府方实际征地拆迁的费用高于约定的金额，请问超过的费用应由谁承担？笔者认为，如果双方约定超出的费用由项目公司承担，则项目公司应有权向政府提出对超出部分的费用通过政府补贴的方式在合约中进行调整，因为此部分的费用的成本增加并非项目公司的因素所造成，项目公司有权要求补偿。

最后要讨论的问题是，在物有所值评估的计算中，政府方的征地拆迁费用该不该计入 PPP 值中？笔者认为只能将和项目公司履约范围有关的费用计入 PPP 值中，具体的理由本书于第五章已经说明，此处不再赘述，而征地拆迁属于政府方的义务与项目公司履约无关，因此该费用不应计入 PPP 值中。退一步言之，就算是要计入 PPP 值中，由于在传统模式与 PPP 模式中，征地拆迁的费用发生的时间点基本上应该是相同的，因此两种模式的计算中会相互抵销，该费用对于物有所值的评估亦无差异。

（三）竞

政府方依约有排除竞争的义务，所谓政府排除竞争可以从以下三个方面展开讨论：第一，双方约定政府方排除竞争，一般是针对使用者付费的项目，排除竞争的目的是为了确保使用者对项目公司的付费金额可以稳定，不会因为竞争而受影响，使用者对项目公司的付费金额稳定后，政府也不需要付再多款项，因此排除竞争的条款是有利于双方的；第二，政府方于合同中承诺排除竞争，其排除的方式是政府方同意自己不和项目公司竞争，但是政府方并不能保证第三人不和项目公司竞争。所谓政府方同意自己不和项目公司竞争，是指政府方自己不从事相同或是类似的公共服务与项目公司进行竞争，同时还包括政府方不以补贴第三人方式，导致第三人从事相同或是类似的公共服务项目来和项目公司竞争，但是如果第三人不通过政府补贴自行提供公共服务，并对项目公司造成竞争，则不在政府方承诺排除的范围；第三，排除竞争义务与特许经营是两个不同的概念，不该混为一谈，有关什么是特许经营，为何本书认为不应该再使用特许经营概念，理由于本书第二章已经说明，在此不再赘述。

（四）批

政府方依约应完成 PPP 项目的审批。至于政府方应完成的审批范围，和 PPP 模式中是否采用工程总承包方案一或是方案二（方案一与方案二的具体内容请见本书第四章说明）还是施工总承包有关，具体内容整理如下表所示。

	政府方应完成的审批	项目公司应完成的审批
工程总承包 + 方案一	城市规划、立项可研、用地审批、方案设计、PPP 一方案两报告	初步设计、施工图设计、报建程序
工程总承包 + 方案二	城市规划、立项可研、用地审批、方案设计、初步设计、PPP 一方案两报告	施工图设计、报建程序
施工总承包	城市规划、立项可研、用地审批、方案设计、初步设计、施工图设计、报建程序、PPP 一方案两报告	无

【图表 6.4】政府方与项目公司应完成的审批事项

（五）设

政府方依约应完成一定的设计内容，并于建设期对项目公司所完成的设计进行审查。政府方应完成具体的设计深度和 PPP 模式是否采用工程总承包方案一或是方案二（方案一与方案二的具体内容请见本书第四章说明）还是施工总承包有关。如果项目采用“PPP+ 工程总承包 + 方案一”，则政府方的设计深度应达到方案设计的深度；如果项目采用“PPP+ 工程总承包 + 方案二”，则政府方的设计深度应达到初步设计的深度；如果项目采用“PPP+ 施工总承包”，则政府方的设计深度应达到施工图设计的深度。

（六）设

这里的“设”指的是相关设施，通常在 PPP 协议中涉及相关设施的约定，有两种情形，具体内容如下。

1. 政府方承诺将相关设施连接到项目资产

所谓政府方承诺连接相关设施，常见的例子有：政府方承诺项目公司，当污水处理厂竣工验收合格后，政府方如期如质将连接的管网铺设完成，并接通至污水处理厂等。如果政府方无法如期完成设施地连接，导致项目资产无法运营，政府方要负担违约责任。

2. 政府方承诺将相关设施提供给项目公司经营

政府方承诺将相关设施提供给项目公司经营，实践中常用于“BOT+TOT”的模式，例如：北京地铁四号线的项目中，土木工程 A 部分由政府方投资兴建，机电车辆 B 部分由项目公司投资运营，但是 AB 两部分由项目公司同时运营，是很典型的“BOT+TOT”模式。政府方以 TOT 模式提供给项目公司运营的相关设施，通常政府方的提供方式是以无偿的或是低价有偿的方法提供给项目公司运营使用。

（七）控

所谓“控”指的是可控的法律变更，《PPP 合同指南》中所定义法律变更的“法律”是广义的法律，包括政策、法规、规章等。《PPP 合同指南》将法律变更区分为可控的法律变更与不可控的法律变更，可控的法律变更中的法律是指本级人民政府或是人民代表大会变更的法律，而不可控的法律变更中的法律是指上级人民政府或是人民代表大会变更的法律。不可控的法律变更属于政府方应承担的合同风险，可控的法律变更属于政府方的合同义务，因为 PPP 项目属于长期投资，本级政府有义务维持投资法制环境的稳定，如果本级政府变更法律导致 PPP 项目无法运作下去，政府方应负担违约责任。

四、实施机构的权利

实施机构在 PPP 协议中所享有的权利，主要的有：实施机构自己受领或指定不特定的第三人（一般是民众）受领项目公司所提供的服务，收取项目公司需要支付的前期费用以及对项目和项目公司进行监管，其中又以监管为最重要且最核心的合约权利，具体内容说明如下。

（一）对项目监管

实施机构应对于项目建设期的进度、质量，以及运营期的运营服务进行监管，其中又以运营服务的监管最为重要，监管的手段包括建设期逾期违约金、建设期保函、隐蔽工程的查验、工程竣工验收、运营期有绩效考核办法、运营期保函、运营期大修查验、保修保函、停止付款、扣款、奖励，等等。

（二）对项目公司监管

对项目公司监管一般涉及以下四个方面。

1. 对人监管

所谓对人监管指的是对项目公司的主要股东进行监管，至于如何界定谁是主要股东，一般指的是对于项目的推进有主要影响力的人，在中标联合体中，有钱、有经验、有能力的股东是实施机构主要管制的对象，而实施机构管制主要股东的原因在于，希望主要股东要真实地运作项目，而不只是挂名投标而已。因此一般采购文件或是 PPP 合同中约定，主要股东必须对项目公司控股、限制主要股东股权转让[①]、限制主要股东股权质押、主要股东必须取得经营权等四项要求。

换一个角度，从社会资本方的立场而言，政府方要求社会资本方控股的项目，但是某些项目中社会资本方也不想控股，他们不想因为控股而合并报表，因此在实践中社会资本方会引入 PPP 基金对项目公司控股，那么在这种情况下作为政府方该不该同意引入基金？笔者认为由于现在很多 PPP 基金都是“明股实债”的基金，从基金的交易结构中可以看出，实质上关系是社会资本方对优先级投资人借款，常见的做法是社会资本方作为基金劣后

① 《传统基础设施领域 PPP 工作导则》第 16 条第 2 款的规定：“项目公司负责按 PPP 项目合同承担设计、融资、建设、运营等责任，自主经营，自负盈亏。除 PPP 项目合同另有约定外，项目公司的股权及经营权未经政府同意不得变更。”

级投资人，银行理财产品作为优先级投资人，优先级投资人享有固定回报，或是劣后级投资人对优先级有类似保底的承诺，此基金投入的金额可以认定为社会资本方的投入金额，因此基金控股可以视为引入基金的社会资本方控股。此外，有的社会资本方需要通过股权转让、股权回购等方式退出投资，作为政府方该不该同意？笔者认为在工程已经竣工验收，并且确保项目正常运营的前提下，政府方可以同意社会资本方通过股权转让、股权回购等方式退出投资，但是笔者也要强调的是，在合作期到期前，接手项目的不该是政府方。

2. 对钱监管

根据《财政管理办法》第 24 条的规定："行业主管部门应当会同各级财政部门做好项目全生命周期成本监测工作。每年一季度前，项目公司（或社会资本方）应向行业主管部门和财政部门报送上一年度经第三方审计的财务报告及项目建设运营成本说明材料。项目成本信息要通过 PPP 综合信息平台对外公示，接受社会监督。"该条是有关实施机构对于项目成本监测的规定，其中最主要的目的在于监管项目公司的钱必须专款专用于项目，并且禁止项目公司转投资其他项目。至于实施机构的监管手段，一般是通过项目公司所提送的财务报告进行监管，笔者认为实施机构以财务报表进行控管，是不容易达到监管效果的，笔者一般建议实施机构与银行合作，由银行进行全项目资金流的控管会比较有效，至于具体如何合作，本书将在后续的章节中深入地讨论。

3. 对资产监管

由于 PPP 项目合作期到期后，项目公司必须将项目资产移交给实施机构，也就是说项目资产最终是要回到实施机构的手上，因此实施机构为了确保自己的权利，一般会限制项目公司在未经实施机构同意的情况下，不得任意地转让、处分、出租、设定担保给第三人。

4. 对项目公司治理的监管

实践中常见对于项目公司治理的监管手段包括实施机构的代表可以出席或是列席股东会、董事会；对于重大事项的决议有否决权；对于董事、监事、高级管理人员、公司章程的变动拥有知情权等。

五、项目指挥部

由于PPP项目的投资金额高、项目范围大，项目上经常发生跨部门配合的事宜，因此需要成立项目指挥部以达到跨部门的横向协调、统一事权、跳脱部门利益进行决策的目的。一般笔者建议项目指挥部下可以成立数个工作小组，每个工作小组的权责与实施机构在PPP合同中具体的权利义务一一相对应，这样安排各组的权责比较清楚，例如付费小组、征地拆迁小组、项目审批小组、设计审查小组、相关设施移交小组、合同管理小组、建设期监管小组、运营期监管小组、项目公司监管小组等。笔者不建议使用住建局小组、财政局小组、交通局小组、环保局小组等方式设置小组，这样编组就不需要成立指挥部，回到原本的政府组织运作即可。

PPP项目可否顺利推动，与项目指挥部的运作是否顺利息息相关，而项目指挥部是否可以运作顺利，与项目指挥部指挥官层级的高低有关，以及各个工作小组的组长或是指挥部指挥官是否有奖惩权力有关。此外，项目指挥部和PPP中心是不一样的两种组织，两者区别如下表所示。

	项目指挥部	PPP中心
设置	由人民政府直接管理	设置于财政部门
任务	跨部门的横向协调、统一事权、跳脱部门利益进行决策	主要工作为财政承受能力与物有所值的评审
数量	一项目成立一个指挥部，数个项目成立数个指挥部	一个市县只设一个PPP中心

【图表6.5】项目指挥部与PPP中心的比较

第七章　PPP 项目合作主体（二）——社会资本方

一、前言

本书所称的社会资本方泛指 PPP 项目的项目公司或是社会资本。关于社会资本方所涉及的问题，可以区分为外部关系和内部关系两部分，外部关系则着重于政府方与项目公司之间相关问题的讨论，而内部关系则着重于项目公司内部股权融资以及股权结构相关问题的讨论，本章所讨论的内容以外部关系为主，内部关系将在后续的章节中进一步讨论。

二、由谁担任社会资本方

（一）社会资本方的资格

根据《PPP 合同指南》对社会资本的规定，我们可知社会资本是指依法设立且有效存续的具有法人资格的企业，包括民营企业、国有企业、外国企业和外商投资企业。至于社会资本针对具体项目的投标资格，基本上都规定在 PPP 项目的采购文件中，虽然不同的项目有不同的要求，但是总的分析可以归纳为三个字“好、富、多”，也就是“能力好、有财力、经验多”。这三个字说起来很轻松，达标却不容易，主要的原因是 PPP 项目周期长、规模大，有钱的没建设能力，有建设能力的没有运营能力，有运营能力的又没钱，所以必须由有各种优势的社会资本组成联合体参与投标，才有可能达到要求。

（二）联合体资质如何认定

关于联合体的资质该如何认定的问题，笔者认为有两个因素须要考虑：一是要防止资质低的竞争者借用资质高的竞争者的名义投标；二是要考虑 PPP 项目通常是由团队投标，很少有单一竞争者什么资质都具备，在这个前提下该如何认定团队资质，是很值得讨论的，本书拟从解释论和立法论两个角度，说明此问题。

1. 解释论角度

根据《政府采购法实施条例》第 22 条第 1 款的规定："联合体中有同类资质的供应商按照联合体分工承担相同工作的，应当按照资质等级较低的供应商确定资质等级。"由此规定可知，如果联合体资质的认定按资质等级低的供应商确定资质，必须符合以下两个条件：第一，同类资质的供应商；第二，按联合体分工承担相同的工作。如果不符合以上两个条件，联合体资质的认定，解释上不需按资质等级低的供应商确认联合体资质。因此，从正面解释，如果具有同类资质的竞争者（供应商），其联合体分工相同，按资质低的确定联合体的资质，从反面解释，如果不是同类资质的竞争者或是同类资质的竞争者，但其联合体分工不同，就不以资质低的社会资本方认定联合体资质。例如：联合体中 A 承包商具有甲级资质、B 承包商具有乙级资质，由于 AB 属于同类的竞争者，当两者分工相同，则联合体中以资质低的社会资本方认定联合体的资质，亦即联合体的资质以 B 承包商的乙级资质作为联合体的资质，又例如：联合体中 A 承包商具有甲级施工资质，B 运营商具有物业一级资质，由于 AB 不属于同类的竞争者，我们不会因为 B 运营商不具施工资质从而认定联合体不具有施工资质，联合体的施工资质应根据 A 承包商认定具有甲级施工资质。

2. 立法论角度

笔者认为从立法论的观点，不需要规定同类竞争者以资质低的认定联合体资质，相反地，我们应该开放各方社会资本合作参与投标，尤其是大的复杂的 PPP 项目，至于如何防范借用资质的问题，笔者建议在采购文件中要求主要投资人，或是各类竞争者中资质最高的投资人，投资项目公司的投资额必须达到一定的比例，钱投得越多所承担的投资风险也就越大，这些投资人为了控管风险自然会管理项目，而不敢任意地出借资质，因此建议未来立法可以放宽联合体的认定标准。

（三）融资平台公司可否担任社会资本方

根据《PPP 操作指南》第 2 条的规定，本级政府所属融资平台公司不能担任社会资本方。换言之，如果不是本级政府的 PPP 项目，融资平台公司是可以担任社会资本方的，但是这个规定后来被国务院办公厅出台的文件给修正了。根据《推广 PPP 模式的通知》规定："大力推动融资平台公司与政府脱钩，进行市场化改制，健全完善公司治理结构，对已经建立现代企业制度、实现市场化运营的，在其承担的地方政府债务已纳入政府财政预算、得到妥善处置并明确公告今后不再承担地方政府举债融资职能的前提下，可作为社会资本参与当地政府和社会资本合作项目，通过与政府签订合同方式，明确责权利关系。严禁融资平台公司通过保底承诺等方式参与政府和社会资本合作项目，进行变相融资。"由此可知，如果融资平台公司作为社会资本方参与当地政府的 PPP 项目，必须符合以下三个条件：第一，融资平台公司与政府脱钩健全治理；第二，公告不再承担地方政府举债融资职能；第三，承担政府债务已纳入政府财政预算，并得到妥善处置。由上述这三个条件内容，我们可知，《推广 PPP 模式的通知》比起《PPP 操作指南》第 2 条的规定更为放宽。

（四）国有企业可否担任社会资本方

根据《PPP 操作指南》第 2 条的规定，本级政府控股的国有企业不能担任社会资本方，换言之，如果不是本级政府的 PPP 项目，国有企业可以担任社会资本方。此处要特别说明的是，国有企业如果符合前述《推广 PPP 模式的通知》的三个条件，可否作为社会资本方参与当地政府的 PPP 项目？笔者认为，融资平台公司与政府方的关系是最为紧密的，国有企业与政府方关系的紧密程度次于融资平台公司，既然政策上允许融资平台公司在符合上述三个条件下，可以参与本级政府的 PPP 项目，那么举重以明轻，理论上国有企业在符合同样条件的情况下，更应该可以参与本级政府的 PPP 项目。

（五）基金投资项目公司，应认定为社会资本方或是融资方

实践中常见投资人以股东身份引进基金投资项目公司，则该基金应认定为社会资本方还是融资方？如果基金是社会资本方，则基金须以联合体成员的身份参与投标，如果基金是融资方，就不需要参与投标。根据《推广PPP模式的通知》的规定：“中央财政出资引导设立中国政府和社会资本合作融资支持基金，作为社会资本方参与项目，提高项目融资的可获得性。”该规定似乎认为基金是社会资本方，但笔者认为基于以下理由，不应该认定基金是社会资本方：第一，一般在PPP项目投标阶段基金尚未成立，因此基金在这个阶段不存在投标主体，无法投标；第二，为了吸引更多资金参与PPP项目，将基金认定为融资方可能更为合适。

三、项目公司成立与投资问题的讨论

（一）PPP项目是否一定要成立项目公司

根据《PPP合同指南》的规定：“本指南所称社会资本方是指与政府方签署PPP项目合同的社会资本或项目公司。”以及《特许经营管理办法》第16条的规定：“实施机构应当在招标或谈判文件中载明是否要求成立特许经营项目公司。”由上述规定可知，并没有要求PPP项目必须成立项目公司，因此具体的项目是否该成立项目公司，应考虑以下因素：第一，成立项目公司有双向风险阻隔的效果，既可以阻隔来自社会资本方公司的风险，进而保护项目，某种程度也可以阻隔来自项目的风险，保护社会资本方公司，因此大的项目，一般会考虑成立项目公司；第二，基于合理避税的原因，也会考虑成立项目公司，例如在BOOT的项目中，合作期间项目资产的产权归属于项目公司，合作期到期项目公司无偿移交资产，一般有两种途径：第一种方式是将项目资产的产权从项目公司转让到实施机构；第二种方式是社会资本方将把项目公司的股权全部无偿地转让给实施机构。而笔者通常建议采用第二种方式（股权转让）移交会比第一种方式（资产转让）移交好，可以避开不动产转让的税捐，而如果要采用第二种方式移交，则必须成立项目公司；第三，基于银行的要求，银行办理项目融资为了对项目进行专款专用的控管，或是要求社会资本方必须投资一定的项目资本金，贷款条件中经常要求必须成立项目公司；第四，如果项目参与的社会资本方众多，成立项目公司相当于提供了一个合作平台，各方可以在这个平台上协调分配各自的利益，对项目的推进有相当的助益。

（二）政府方是否一定要投资项目公司

根据《PPP 合同指南》的规定：“项目公司可以由社会资本（可以是一家企业，也可以是多家企业组成的联合体）出资设立，也可以由政府和社会资本共同出资设立。但政府在项目公司中的持股比例应当低于 50%，且不具有实际控制力及管理权。”由此规定可知，项目公司可以由社会资本方成立，也可以由政府方与社会资本方共同成立，如果政府方投资项目公司，为了不合并报表，则规定政府方不能控股以及控制项目公司。因此政策上没有要求 PPP 项目政府方一定要投资项目公司，既然没有强制要求政府方一定要投资项目公司，那么在具体项目上政府方是否该对项目进行投资呢？这是笔者经常被咨询到的问题，有关这个问题，我们可以从以下几个方面讨论。

1. 补贴项目公司

政府方如果是基于补贴的原因投资项目公司，通常会在股东协议中约定政府方不分红或是少分红，因为如果政府方的出资代表投资项目公司，按照同股同权的方式分配利润，相当于政府方付费给项目公司，项目公司再分红给政府方，不仅增加了政府方的支出，也达不到补贴的效果。即便政府方以放弃分红的方式补贴项目公司，但是笔者认为 PPP 项目中政府方补贴项目公司的手段很多，没有理由非要政府方以投资项目公司并放弃分红的方式进行补贴。

2. 监管项目公司

还有一种说法是政府方投资项目公司后，政府方可以以项目公司股东的身份更好地实现知情权，并进而监管项目公司。笔者认为，政府方在项目公司中是少数股东，如果股东协议中没有约定政府方特权，政府方通过同股同权的形式，对项目公司的决策起不到控制的作用；如果股东协议中约定了政府方特权，政府方又会过度涉入项目公司的运营，其实政府方真要实现知情权、真要监管项目公司，政府方是不需要投资项目公司，在 PPP 协议中约定政府监管的手段已足矣。

3. 基于增信的考量

有的融资方在项目公司的贷款条件中要求，政府方必须投资项目公司，融资方才给项目公司贷款，原因是融资方认为政府方投资项目公司，成为项目公司的股东后，认为项目公司有了政府方的成分，融资方办理融资比较有信心，项目公司如果欠债不还，政府方不会弃之不理，当然这不是法律上客观的理由，这是心理上主观的理由。如果为了满足融资方对于项目的还款信心，使得项目公司获得贷款，以便项目顺利进展，则政府方可能需要投资项目公司起到安慰融资方的心理效果。

4. 基于融资的协助

笔者认为前述的三个理由，都不是政府方投资项目公司最主要的理由，政府方投资项目公司最主要的理由在于：社会资本方投资大型 PPP 项目，可能会存在股权融资负担过重，政府方投资项目公司可以减轻社会资本方股权融资的负担，有助于撬动融资方贷款给项目公司。因此，笔者建议在大型 PPP 项目中，政府方对项目公司进行股权投资。

四、社会资本方与项目公司的签约程序

（一）概述

如前所述，PPP 项目不一定要成立项目公司，因此设计交易结构时，可以直接由社会资本方与实施机构签约，也可以由中标的社会资本方组成项目公司后，再由项目公司与实施机构签约，由于实践中以成立项目公司签约的方式居多，因此以下的内容将以成立项目公司为前提进行讨论。

由于社会资本方中标的时候，项目公司尚未成立，那么签约的程序该如何进行？目前实践中存在着两种说法：第一说法认为，由中标的社会资本方与实施机构签订正式的 PPP 协议，待项目公司成立后，再由项目公司与实施机构签订承继 PPP 协议的补充协议；第二种说法认为，先由中标的社会资本方与实施机构签订初步协议，待项目公司成立后，再由项目公司与实施机构签订正式的 PPP 协议。本书认为采用第一种说法进行签约会存在以下问题：由于社会资本方与项目公司的权利义务不同，但用此种签约方式会

导致两者的权利义务发生混淆，并且当项目公司筹集股本金发生困难时，会发生依然由社会资本方代替项目公司履约的情况。试问从政府方立场出发，在社会资本方无法筹得注册资本的情况下，还放心让资金短缺的社会资方本继续履约吗？因此本书认为应采取第二种方式为宜。

根据上述第二种签约方式，以下将分别从签约初步协议和签约 PPP 协议两个阶段说明。

（二）签约初步协议阶段

如果是成立项目公司的 PPP 项目，社会资本方中标的时候项目公司还没有成立，应先由社会资本方与实施机构签订初步协议，初步协议的内容可以概括成“两金 + 四步骤 + 一同意 + 一协商”，说明如下。

1. 两金

两金指的是当社会资本方中标后，先交签约保证金，双方完成初步协议的签订后，再由实施机构退还投标保证金，签约保证金担保的对象主要是社会资本方于初步协议中所承担的义务，至于签约保证金何时退还，笔者认为当社会资本方完成项目公司注册资本金的出资程序时，即可按比例退还。

2. 四步骤

所谓四步骤指的是：步骤一，由社会资本方与实施机构签订股东协议[①]；步骤二，通过公司章程 + 一协商；步骤三，成立项目公司；步骤四，由项目公司与实施机构签署 PPP 协议。具体内容说明如下。

步骤一，签订股东协议，是指如果是政府方投资项目公司的 PPP 项目，则股东协议应作为采购文件的一部分，社会资本方与实施机构签署初步协议时，同时签订股东协议。由于实施机构在股东会中是少数股东，在股东会里要通过对实施机构有利的公司章程是有困难的，实施机构只能通过股东协议影响公司章程的内容，因此，实施机构应通过股东协议约束社会资本方，

---

① 笔者认为最正确的名称应该是发起人协议，因为此时公司都还没成立，属于公司发起阶段，因此称呼投资人为发起人是比较恰当的，但是《公司法》中使用了股东协议，为避免混淆，因此本书使用股东协议。

作出对自己有利的决策，将原只希望放在公司章程中的条款，同时也放到股东协议中，并要求社会资本方于股东会中通过有该条款的公司章程。在此要附带说明的是，如果社会资本方打算引入基金，应于股东协议签订前成立基金，基金成立后以股东的身份签订股东协议。

步骤二，通过公司章程，也就是依照公司法所要求的法定程序，召开股东会通过公司章程。这里要特别讨论的是，公司章程是否可以成为采购文件的一部分？本书认为是不可以的，因为公司章程必须依据公司法规定的程序召开股东会后，才能成立生效，并不会因为双方签署而生效，因此公司章程不得作为采购文件的一部分。此外，公司章程通过后，请问股东协议是否失去其效力？笔者认为这要看股东协议里的具体规定，可以约定失效，也可以约定继续有效，并不当然一定失效。

步骤三，成立项目公司，有关项目公司的成立中最关键的问题在于，注册资本的资金是否如期到位，社会资本方于股东协议中所承诺的资金如期到位，则可以进入到签约程序。由于最新的公司法已经取消了验资程序，因此实施机构可以在股东协议中要求，由实施机构委托的注册会计师进行验资程序。在此要特别说明的是，如果项目资本金采取“小股＋大债”模式，则项目公司成立后尚需与股东签订借款协议。

步骤四，签署PPP协议，如果公司章程通过的内容，符合股东协议以及协商的要求，且社会资本方于股东协议中所承诺的资金到位，则实施机构可以和项目公司签订正式的PPP协议。

3. 一同意

所谓一同意是指，实施机构要求如果社会资本方于合作期间转让股权，应该经实施机构同意。为何将此条款约定在初步协议里，而不约定在PPP协议中，最主要的原因在于限制股权转让的对象是社会资本方，而不是项目公司，社会资本方并不签署PPP协议，因此才约定在初步协议中。

4. 一协商

所谓一协商是指，社会资本方召开股东会之前，应将公司章程的草案内容提交给实施机构协商，实施机构核对公司章程草案中是否有股东协议所要求的条款内容，双方经协商确定公司章程草案内容后，再由社会资本方于股东会中通过公司章程。

（三）签署 PPP 协议阶段

所谓签署 PPP 协议阶段是指，当章程通过出资到位后，由实施机构与项目公司签署 PPP 协议，签署子约（如果有），并完成项目公司的前置义务[①]。笔者要特别强调的是不光是完成签约，还必须完成前置义务。所谓完成前置义务是指项目公司签约后必须完成的义务，是效力很强的义务，否则实施机构可以提前终止 PPP 合同。这些前置义务包括：缴交履约保函、支付前期费用、完成报建程序、完成融资交割程序。项目公司成立代表股权融资落地，完成融资交割程序代表债权融资落地，两个环节完成后，代表整个项目资金基本落地，因此 PPP 协议进入到履约的阶段。

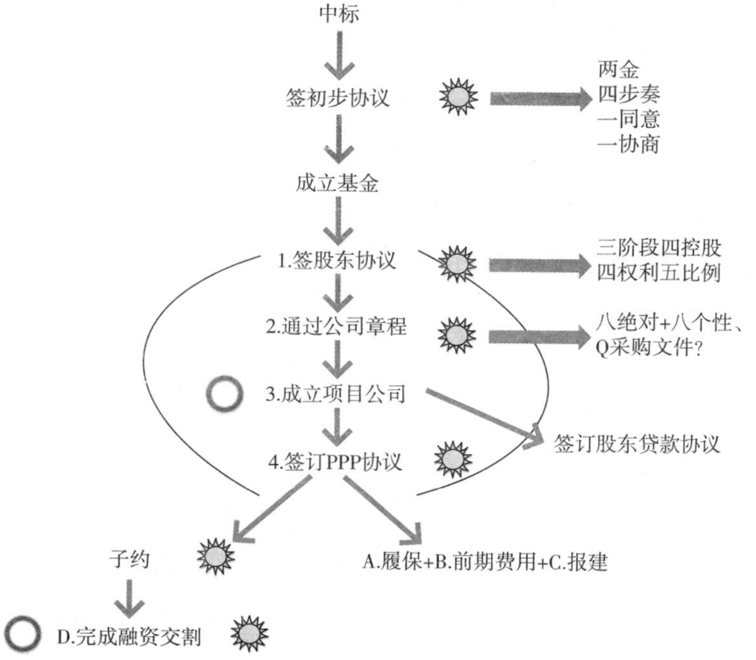

【图表 7.1】社会资本方与项目公司的签约程序

① 《PPP 合同指南》的用语是“前提条件”，笔者认为用“前置义务”更为合适。

五、社会资本方与项目公司的合同义务

在成立项目公司的PPP项目里，社会资本方与项目公司的合同义务是不相同的，具体内容比较如下表。

	社会资本方的义务	项目公司的义务
义务依据	初步协议、股东协议	PPP协议
主要义务	出资、签约、通过实施机构认可的公司章程	前置义务、投资、建设运营、维护、移交等义务

【图表7.2】社会资本方与项目公司的义务比较

第八章　PPP 项目合作客体（一）——项目运作方式

第一节　概述

从法学方法的角度分析法律关系时，基本上以权利义务为核心，分析权利的主体、权利的客体以及权利的变动。本书在分析 PPP 项目法律关系时也采取了相同的分析方法，将 PPP 项目的合作关系区分成合作的主体与合作的客体，而 PPP 项目的合作关系又与 PPP 项目合同有着密不可分的关系，因此我们可以如此推论，PPP 项目的合作客体其实就是 PPP 项目合同的客体。如何分析 PPP 项目合同的客体呢？理论上，分析合同应先分析合同要素，合同要素决定了合同的性质与类型，因此 PPP 项目合同要素是我们在分析 PPP 项目合同法律关系时最为关键的问题。那么什么是 PPP 项目合同要素呢？PPP 项目合同的要素指的是社会资本方对实施机构提供公共服务，由实施机构和使用者共同对社会资本方支付费用，或者单独由实施机构或者使用者分别对社会资本方支付费用，因此“提供公共服务”与“支付费用”应属 PPP 合同的必要之点。

本章所谈的项目运作方式，指的是提供公共服务的方式，具体分析可以区分为服务阶段与产权归属两部分。服务阶段又可分为三种，分别是“建设期 + 运营期”“运营期”“改建期 + 运营期”；产权归属又可分为两种，一个是运营期间项目资产所有权归属于实施机构，另一个是项目资产所有权归属于项目公司。因此我们可以排列组合出以下六种公共服务的运作方式，而本章节说明的顺序基本上也是按照以下的分类进行编排的。

	建设期 + 运营期	运营期	改建期 + 运营期
项目资产所有权归属于实施机构	BOT 模式	O&M 模式 MC 模式	X
项目资产所有权归属于项目公司	BOOT 模式	TOT 模式	ROT 模式

【图表 8.1】项目运作方式（公共服务运作方式）的类型

此外，根据《传统基础设施领域 PPP 工作导则》第 3 条的规定："政府和社会资本合作模式主要包括特许经营和政府购买服务两类。新建项目优先采用建设—运营—移交（BOT）、建设—拥有—运营—移交（BOOT）、设计—建设—融资—运营—移交（DBFOT）、建设—拥有—运营（BOO）等方式。存量项目优先采用改建—运营—移交（ROT）方式。同时，各地区可根据当地实际情况及项目特点，积极探索、大胆创新，灵活运用多种方式，切实提高项目运作效率。"由此可知，项目运作方式除了 BOT、BOOT、DBFOT、BOO、ROT 之外，允许在这五种模式之外根据项目实际的需要创新其他模式。

第二节　项目资产所有权归属问题的讨论

PPP 模式所提供的公共服务与项目资产存在着紧密的关系，例如：项目公司提供污水处理的公共服务，而提供污水处理服务的前提是必须有污水处理厂，因此讨论公共服务时，不可避免地要讨论项目资产，其中所涉及的问题包括土地使用权以及项目资产所有权归属的问题，具体内容说明如下。

一、土地使用权的归属

（一）项目土地

所谓项目土地指的是提供公共服务的项目资产所使用的土地，性质上属于公益用途的土地。根据《土地管理法》第 54 条的规定："建设单位使用国有土地，应当以出让等有偿使用方式取得；但是，下列建设用地，经县级以上人民政府依法批准，可以以划拨方式取得：（一）国家机关用地和军事用地（第一项）；（二）城市基础设施用地和公益事业用地（第二项）；（三）国家重点扶持的能源、交通、水利等基础设施用地（第三项）；（四）法律、行政法规规定的其他用地（第四项）。”由此可知，只要符合规定作为公益用途的土地即可划拨取得。

以下有两个问题需要展开说明，第一个问题是，实践中某些地方的国土局主张只有政府部门、事业单位、国企才可以取得划拨土地，项目公司不能取得划拨土地。笔者认为这样的主张是没有法律依据的，《土地管理法》只限定了土地的用途，并没有限定取得土地的主体，这些地方国土局的说法增加了法律没有的限制。第二个问题是，国土资源局颁布了《划拨用地目录》，并规定只有符合《划拨用地目录》的土地才能划拨提供。笔者认为《划拨用地目录》限缩了《土地管理法》第 54 条的适用范围，《划拨用地目录》的规定原本是要明确公益性质的土地范围，但是由于《划拨用地目录》内容采取列举的方式容易挂一漏万，所以发生实践中有的公益用途土地符合《划拨用地目录》，有的不符合《划拨用地目录》的情形。基于以上原因，笔者将公益用途的土地区分为符合《划拨用地目录》和不符合《划拨用地目录》两种情形进行说明。

1. 符合《划拨用地目录》

根据《加快推动第三批示范的通知》的规定：“符合《划拨用地目录》的，可以划拨方式供应。”由此可知，项目土地符合《划拨用地目录》的可以以划拨方式提供土地给项目公司，并没有限定只能将土地提供给政府方。

2. 不符合《划拨用地目录》

根据《加快推动第三批示范的通知》的规定：“不符合《划拨用地目录》的，除公共租赁住房和政府投资建设不以营利为目的、具有公益性质的农产品批发市场用地可以作价出资方式供应外，其余土地均应以出让或租赁方式供应，及时足额收取土地有偿使用收入。”由此可知，项目土地不符合《划拨用地目录》的，有两种提供方式：第一种是采取作价出资的方式提供土地，如果不以营利为目的，或是具有公益性质的项目用地，实施机构可以作价出资的方式提供土地；第二种是采取有偿使用的方式提供土地，其他类型的土地应以出让或出租的方式供应。

有关作价出资的方式，根据《产业用地指引》第8条第3款的规定："根据《国务院办公厅关于加强鲜活农产品流通体系建设的意见》（国办发〔2011〕59号）和《关于加快发展公共租赁住房的指导意见》（建保〔2010〕87号，经国务院同意），现阶段仅政府投资建设不以营利为目的、具有公益性质的农产品批发市场和公共租赁住房两类项目用地可以作价出资（入股）方式使用新供建设用地。作价出资（入股）土地应当以市、县人民政府作为出资人，制定作价出资或者入股方案，经市、县人民政府批准后实施。"由此可知，作价出资的方式为：第一，以市、县人民政府作为出资人；第二，制订方案；第三，经市、县人民政府批准。

有关采取出租方式供应土地，根据《产业用地指引》第8条第1款和第2款的规定："各类产业用地均可采取长期租赁、先租后让、租让结合方式使用土地。（第1款）以长期租赁方式使用土地的，应按照《规范国有土地租赁若干意见》（国土资发〔1999〕222号）执行，租赁期限按照《合同法》规定，不得超过二十年。（第2款）"可兹适用。

（二）物业土地

1. 经招拍挂程序取得

所谓的物业土地是指，在PPP项目采用"项目＋物业"模式下，物业部分所使用的土地。根据《出让国有建设用地使用权规定》第4条第1款的规定："工业、商业、旅游、娱乐和商品住宅等经营性用地以及同一宗地有两个以上意向用地者的，应当以招标、拍卖或者挂牌方式出让。"由此可知，取得经营性用地应当经过招拍挂的程序，而物业土地属于经营性土地，因此物业土地应通过招拍挂程序供应土地。

2. 如何解决脱钩问题

在此要特别说明的是，物业土地经过竞争性程序出让，参加程序的人可以是项目公司也可以是其他人，当最后取得物业土地的人不是项目公司而是其他人时，项目与物业就发生脱钩的情形，就将导致"项目＋物业"模式无法运作，所以这类项目的操作如何既符合招拍挂的规定，又不会发生项目的社会资本方与物业用地的竞拍者不是同一个主体的情形，是“项目＋物业”模式可否顺利运作的关键。

根据《加快推动第三批示范项目的通知》的规定“依法需要以招标拍卖挂牌方式供应土地使用权的宗地或地块，在市、县国土资源主管部门编制供地方案、签订宗地出让（出租）合同、开展用地供后监管的前提下，可将通过竞争方式确定项目投资方和用地者的环节合并实施”以及《传统基础设施领域 PPP 工作导则》第 13 条第 3 款的规定“各地要积极创造条件，采用多种方式保障 PPP 项目建设用地。如果项目建设用地涉及土地招拍挂，鼓励相关工作与社会资本方招标、评标等工作同时开展”，由此可知，物业土地如果采用招拍挂程序供应，可与 PPP 采购程序合并实施或同时展开，即可解决项目与物业脱钩的问题。

有关如何合并实施的问题，根据《产业用地指引》第 9 条第 3 款和第 4 款的规定：“根据《国务院办公厅转发财政部发展改革委人民银行关于在公共服务领域推广政府和社会资本合作模式指导意见的通知》（国办发〔2015〕42 号）、《国务院办公厅关于支持铁路建设实施土地综合开发的意见》（国办发〔2014〕37 号）、国土资规〔2015〕10 号文件，下列情形可将通过竞争方式确定项目投资主体和用地者的环节合并实施：（一）采用政府和社会资本合作方式实施项目建设时，相关用地需要有偿使用的；（二）通过招标方式确定新建铁路项目投资主体和土地综合开发权中标人的；（三）政府将收回和征收的历史遗留损毁土地复垦并用于旅游项目建设的。（第 3 款）以合并竞争方式确定项目投资主体和用地者的，市、县国土资源主管部门应依法独立履行编制供地方案、签订供应合同和实施用地供后监管等法定职责。（第 4 款）”由此可知，PPP 项目有偿使用土地、新建铁路综合开发项目、毁损土地复垦用于旅游用地，可以通过竞争方式合并实施投资主体与用地者，未来如何具体操作，有待进一步的研究。

3.“项目＋物业”模式的特性

此外，采用“项目＋物业”模式的特性是物业必须有超额收益，才能以多余的收益填补项目的资金缺口。某种程度上来说，物业的超额收益与物业土地的价格、建筑面积的多寡以及项目的规划可以带来的人潮有关。物业土地的价格越低，物业产生超额收益的可能性越高，因此政府方与社会资本方在此项目的谈判过程中，物业土地的价格一直是谈判的关键。由于现在《加快推动第三批示范项目的通知》规定物业土地不能作价入股，只能通过招拍挂程序供应土地，等于阻断了项目公司低价取得土地的可能，因此未来的操作方式，很可能是项目公司缴交物业的土地出让金给政府方，政府方将土地出让金以补贴的方式，通过预算程序返还给项目公司，项目公司再用补贴款来补足项目资金缺口的一部分，也就是实施机构以可行性缺口补助的方式，回补项目公司。

二、项目资产所有权的归属

如果项目土地划拨给项目公司，项目公司在划拨的土地上兴建房子，产权归属于项目公司应无争议。但是，如果项目土地划拨给实施机构，实施机构将土地无偿提供给项目公司使用，或是通过出租的方式将土地提供给项目公司使用，那么在PPP项目合作期间内，项目公司所兴建的项目资产（建筑物或是构筑物）的所有权是属于实施机构还是项目公司是接下来要讨论的问题。根据《财政管理办法》第32条前段的规定："项目实施机构与项目应当根据法律法规和PPP项目合同约定确定项目公司资产权属。"似乎认为双方当事人通过合同约定房屋所有权的归属[①]。但是如果双方当事人在合约中没有约定，该如何认定项目资产所有权的归属，目前有以下几种说法。

（一）甲说：房随地走

根据《物权法》第142条的规定："建设用地使用权人建造的建筑物、构筑物及其附属设施的所有权属于建设用地使用权人。"此即房随地走原则的规定，该规定分为两个部分：第一，建设用地使用权人建造的建筑物、构

① 笔者对此观点是存疑的，原因在于物的原始取得应符合《物权法》中物权的公示原则，债权合同中对于产权归属的约定，应认为是双方对于继受取得的债权约定，但是此种观点目前是多属说，因此本书暂时以此为前提讨论之。

筑物及其附属设施；第二，建筑物、构筑物及其附属设施的所有权归属于建设用地使用权人。由此可知，房随地走原则适用的前提是建造人同时是土地使用权人，因此在建造人不是土地使用权人时，应无该规定的适用。

此外，项目资产是项目公司投资兴建的，实施机构对于项目资产的兴建没有投资任何的费用，如果以房随地走原则就此认定项目资产归属于实施机构是否公平？而且项目公司是在租来的土地上兴建项目资产，对于项目土地是有合法的使用权源，合法使用土地的结果却导致自身资产的损失，从利益平衡的角度来看是否恰当，这是值得深思的。

（二）乙说：谁立项谁拥有

所谓谁立项谁拥有是指，项目由谁担任立项人，项目资产的所有权就归属于谁。本书认为以此为原则判断项目资产所有权归属是没有依据的，因为有关项目资产所有权归属的认定应以《物权法》作为依据，但是《物权法》对于项目资产的所有权并没有“谁立项谁拥有”的规定。目前出现这种说法的主要原因在于，传统模式都是将土地划拨给立项人，由于立项人拥有土地，从而将项目资产归属于拥有土地使用权的立项人，因此关键在于拥有土地使用权的人是谁，而无关乎立项人。

（三）丙说：谁投资建造谁拥有

根据《物权法》第 30 条的规定：“因合法建造、拆除房屋等事实行为设立或者消灭物权的，自事实行为成就时发生效力。”由此规定可知，建造房屋的事实行为取得项目资产所有权，此为物权原始取得的规定，也是物权公示原则的具体规定。因此，本书采用项目公司投资兴建项目资产，应由项目公司取得项目资产的所有权。本书采丙说。

三、“公共资产使用权”概念的提出

从社会资本方的立场，讨论项目资产所有权是否归属于项目公司，主要是基于以下三方面的需要：第一，项目资产所有权如果归属于项目公司，项目公司可以将资产提供给银行作为担保品；第二，社会资本方通过与项目公司合并财报，达到扩大公司规模进行上市的目的，因此项目资产的所有权归属于项目公司，社会资本方才能达到扩大规模的目的；第三，从会计做账的角度出发，项目公司的投资应做成项目公司的固定资产，否则投资的费用将无法入账。

从实施机构的角度，讨论项目资产所有权的归属，还有其他相关的问题需要注意：第一，PPP项目资产的性质大部分属于“公物”，例如桥梁、道路等等，也就是设定为公众使用具有公共利益的资产，法律上称为公物。为了保障公共利益，公物在法律上是不能流通、不能交易也不能处分的，因此即便将所有权归属于项目公司，项目公司也不能抵押给银行担保[①]；第二，即便对于少数项目资产性质不属于公物的PPP项目，例如保障性住房、公租房等等，但是在PPP合作期到期后，项目资产所有权最终还是要转让给实施机构，因此在合作期间实施机构一般会通过合同限制项目公司对项目资产可以任意地转让与处分；第三，如果将所有权归属于项目公司之后，未来合作期到期所有权转让给实施机构，还会产生土地使用权转让、项目资产所有权转让所产生的税费，以及产权登记的相关问题。

基于上述的讨论，本书衡量双方利益建议立法规定，在项目资产为公物的前提下，项目资产的所有权以及项目土地的使用权可以规定属于实施机构，而实施机构可以设定“公共资产使用权”给项目公司。本书建议立法规定“公共资产使用权”的内容包括：第一，性质上属于有一定期限的用益物权，期限到期后政府可以单方涂销登记；第二，不能转让、处分以及设定担保的用益物权；第三，TOT、ROT以及BOT的项目资产，实施机构可以专属设定使用权给项目公司使用；第四，实施机构可以根据PPP合同设定用益物权，不需要经过国有资产转让的程序。

此立法建议的好处在于：第一，如果“公共资产使用权”属于用益物权，可以无形资产方式计入项目公司会计账，不会出现项目公司投资无法入账的情形；第二，用益物权期限到期后，实施机构即可收单方回该物权，不会产生项目资产所有权转让所产生的税费以及复杂的产权登记问题；第三，

① 《物权法》第184条规定：“下列财产不得抵押：……（三）学校、幼儿园、医院等以公益为目的的事业单位、社会团体的教育设施、医疗卫生设施和其他社会公益设施；……”可兹参照。

由于项目公司使用的是项目资产，不会使用到土地，可以避开繁杂的土地管制规定；第四，不需要经过国有资产转让管制的程序，可以避开国有资产有偿使用的要求以及进入平台公开交易的限制；第五，项目资产所有权登记在实施机构名下，不会有国有资产流失的疑虑。

第三节　“建设期＋运营期”的项目运作方式

PPP 模式中采用“建设期＋运营期”项目运作方式通常采用 BOT 模式或者 BOOT 模式，两种模式都需要项目公司提供项目资产的兴建以及运营服务，差别在于合作期间项目资产所有权的归属，BOT 模式下项目资产所有权归属于实施机构[①]，而 BOOT 模式下项目资产所有权归属于项目公司，两种模式除了所有权归属不同之外，其余部分并无太大的差异，因此本书拟先讨论 BOT 模式。如果没有特别说明的，基本上 BOT 模式的内容同样适用于 BOOT 模式，而本书最后讨论 BOOT 模式时，只针对项目资产所有权所涉及的问题进行分析。

此外，根据《特许经营管理办法》第 6 条第 1 款的规定：“基础设施和公用事业特许经营期限应当根据行业特点、所提供公共产品或服务需求、项目生命周期、投资回收期等综合因素确定，最长不超过 30 年。”解释上可以认为 PPP 项目的运营期最长不超过 30 年。BOT 模式可以细分为四个阶段，分别是准备期、建设期、运营期、保修期，各阶段的内容具体说明如下。

一、BOT 模式的准备期

（一）期间起讫

BOT 模式的准备期是指，项目公司与实施机构签订正式的 PPP 合同开始起算准备期，直至实施机构通知项目公司现场开工为止。

---

① 因此本书建议 BOT 模式，实施机构应该设定公共资产使用权给项目公司使用。

（二）实施机构于准备期内的合同义务

实施机构应为现场开工提供条件，其中包括实施机构应完成拆迁并提供场地、提供一定深度的设计图纸、完成相关的审批。有关前述实施机构的三项义务，本书于第六章中已有说明，在此不再赘述。

（三）项目公司于准备期的合同义务

项目公司依约应缴交建设期履约保函，缴交前期费用、特许经营费用以及权益转让费用，完成融资交割并向实施机构完成备案，并且完成报建程序。此四项义务属于项目公司的前置义务，所谓前置义务是指项目公司必须在合同约定的期间内完成的义务，期间长短一般不会超过准备期。如果项目公司没有完成前置义务，实施机构有权以项目公司有重大违约事由为由，单方提前终止合同。因此前置义务代表的是实施机构很重视的义务，也是项目公司履约的前义务，如果项目公司没有完成，实施机构有权另外找人来实施该项目。

此处要特别说明的是有关项目公司完成融资交割义务的问题，根据《传统基础设施领域 PPP 工作导则》第 18 条第 1 款的规定："PPP 项目融资责任由项目公司或社会资本方承担，当地政府及其相关部门不应为项目公司或社会资本方的融资提供担保。项目公司或社会资本方未按照 PPP 项目合同约定完成融资的，政府方可依法提出履约要求，必要时可提出终止 PPP 项目合同。"该条款对项目公司应完成融资交割义务与违法融资交割义务的效力进行了规定。由于资金是项目的血液，没有资金项目就无法顺利运作，因此我们在讨论项目公司的融资交割时，通常与项目公司的成立一起进行讨论，两者都要落实社会资本方资金是否到位的问题，监管项目公司的资金是否到位是实施机构的首要任务。项目公司依初步协议及股东协议成立，社会资本方按期出资，代表股权融资已经落地，如果股权融资没有落地，实施机构有权拒绝签署正式的 PPP 协议；而项目公司完成融资交割程序代表债权融资落地，如果债权融资没有落地，实施机构有权终止 PPP 合同，重新办理采购。

二、BOT 模式的建设期

（一）期间起讫

1. 开工日

BOT 模式建设期的开工日分为预定开工日与实际开工日，预定开工日是指建设期开始起算的日期，实际开工日是项目公司外包的承包商实际进场施工的日期。预定开工日的认定标准一般按照 PPP 合同的约定来认定，而常见的约定方式通常是由实施机构发出开工通知，以通知所载明的进场日期作为预定开工日，而实际开工日的认定标准，一般以项目公司所提交的开工报告所记载的日期为准。

开工可能发生的违约事由包括实施机构没有完成征地拆迁，迟迟不肯发布开工通知，或是实施机构虽然发出开工通知但是现场没有完成拆迁，承包商无法进场施工，或是实施机构发出开工通知，项目公司或是承包商迟迟没有进场施工等违约事由。

2. 竣工日

竣工日分为预定竣工日与实际竣工日，预定竣工日是指建设期到期的日期，一般包括合同约定的建设期以及依约可以顺延的工期，关于实际竣工日的认定，目前有两种约定方式：第一种是目前最常见的约定方式，以实施、机构验收合格的日期作为实际竣工日，这种约定方式将实施机构验收工程的时间也计入到了建设期中，而实践中常见实施机构延迟办理验收的情形，由于实施机构迟延验收原因导致建设期延长对于项目公司是不公平的；第二种是当实施机构验收合格时，实际竣工日的认定溯及项目公司申请验收时，这种约定方式没有将实施机构验收工程的时间计入建设期中，对项目公司而言是比较公平的。

关于竣工的标准可分为基本竣工与实质竣工，所谓基本竣工是指工程做到可以投产的程度就可以申请验收，而实质竣工是指工程竣工程度，除了做到可以投产的程度外，还必须完成收尾工作。根据《PPP 项目合同指南》的规定：“（二）开始运营的条件。1. 一般条件……（2）项目的建设已经基本竣工（除一些不影响运营的部分）并且已经达到满足项目目的的水平……”由此可知，《PPP 项目合同指南》的竣工标准是采取基本竣工原则，本书也认为采取此原则有助于项目尽早运营投产提早产生现金流流入，将可以提早返还银行贷款，降低资金成本。

（二）实施机构于建设期内的合同义务

实施机构在建设期有三个主要的义务，分别是工程重点监管、工程竣工验收、完成设计审查，具体内容说明如下。

1. 工程重点监管

PPP 项目中实施机构不是建设单位，而是由项目公司担任建设单位，因此监理单位应该由项目公司聘请，并且由监理单位依法进行全过程监理。由于受到传统模式的影响，政府方习惯自己聘请监理机构，并对项目进行监理，但是实施机构与承包商并没有合同关系，实施机构自己监理工程将缺乏合同依据。何况 PPP 项目实施机构监管的重点在运营而不在建设，因此本书建议实施机构可以另外聘请总工程师对项目公司进行重点监管即可。

2. 工程竣工验收

工程竣工后，实施机构应在合同期限内组织验收，如果采取“PPP+ 工程总承包”模式，该模式的验收程序一般包括竣工试验和试运行两个环节，必须两个环节都通过才算验收合格。此处要特别说明的是，在验收阶段实施机构该如何办理结算程序？目前有两种说法。

甲说认为，工程竣工后要按照定额约定的下浮率以及实际工程数量办理结算，并按照最终审计结算的金额，套入实施机构的财务模组中，重新计算 PPP 项目中政府付费的金额。笔者认为甲说存在以下三个问题：第一，根据利益共享、风险共担的原则，结算数量的风险由实施机构单方承担，将违反 PPP 风险分配的原则；第二，由于财务模组不是合同文件，结算金额套入实施机构单方编制的财务模组，如此计算出来的政府付费金额不具有合同约束力；第三，当按结算金额所测算出政府付费的金额高于当初财政承受能力论证的金额时，程序上将无所适从。

乙说认为，PPP 合同的结算方式可以分为两个部分办理结算，分为原合同范围工程和变更范围的工程两部分。原合同范围的工程应依合同约定的总价办理结算，不计算工程量，结算金额不套入财务模组重新计算政府付费金额，而是作为项目资产入账的依据；变更范围的工程依实际工程数量及定额约定下浮率办理结算，依据变更部分结算的金额，由实施机构单独给予补贴，而不再调整原合同政府付费的金额。笔者认为乙说修正了甲说前述的问题，应属可采。

3. 完成设计审查

如果采取“PPP+ 工程总承包”模式（或称为 DBFOT 模式），则项目公司应根据实施机构所颁布的图纸，完成施工图设计的深度，并将施工图纸交由实施机构审查，审查合格后再由项目公司按图施工。通常工程总承包模式下实施机构审查图纸，很容易发生“隐藏性变更”[①] 的问题，作为项目公司应该熟悉设计规范，才能保护自己的权利。此外，按照目前国内的做法，一般要求在工程报建程序之前必须完成施工图的审查，主管部门才会发放施工许可证，但是工程总承包模式的精神是“设计施工重叠进行”。因此笔者建议未来在“PPP+ 工程总承包”模式下，应允许主管部门以实施机构所颁布的图纸，发布施工许可证，无须等到施工图完成。

（三）项目公司于建设期内的合同义务

项目公司在建设期间的义务主要包括完成设计工作并如期如质完成工程，由于项目公司本身不具有相应的施工资质，因此项目公司必须外包给有资质的承包商，由承包商代项目公司完成工作，有关义务的内容说明如下。

1. 完成设计工作

如果采用“PPP+ 工程总承包”模式，项目公司应委托设计院或是有工程总承包资质的承包商完成项目的设计工作，应完成的设计范围本书于第四章已有说明，此处不再赘述。

2. 如期如质完成工程

根据《传统基础设施领域 PPP 工作导则》第 18 条第 2 款的规定：“PPP

---

① 所谓隐藏性变更是指，业主在审图程序中发出修图的指示，但是修图指示的内容已经达到工程变更的程度，业主不发出变更指示的目的在于，避免自己承担变更费用。

项目建设应符合工程建设管理的相关规定。工程建设成本、质量、进度等风险应由项目公司或社会资本方承担。政府方及政府相关部门应根据 PPP 项目合同及有关规定，对项目公司或社会资本方履行 PPP 项目建设责任进行监督。”由此可知，项目公司应通过承包商，由承包商依据 PPP 合同所约定的质量与期间完成工程。如果由于承包商导致实际竣工日落后于预定竣工日，也就是项目公司逾期竣工。一般 PPP 合同会针对逾期竣工约定逾期违约金，逾期问题涉及顺延工期的认定（顺延事由是否影响关键线路）、违约金性质（是损害赔偿预定性还是惩罚性）与违约金金额是否过高等问题，这些问题均值得关注。

三、BOT 模式的运营期

（一）期间起讫

1. 运营期开始日

运营开始日可以分为预定运营开始日与实际运营开始日，所谓预定运营开始日是指运营期开始起算的日期，一般是指已经具备运营条件的日期，具体包括项目已经竣工验收合格，项目运营所需的审批许可手续已经办理等；所谓实际运营开始日是指项目公司实际开始提供服务的日期，如果运营期已经开始起算，而项目公司又迟迟不肯提供服务，即实际运营开始日落后于预定运营开始日，则项目公司构成违约，应负担违约责任。

2. 运营期到期日

运营到期日可以分为预定运营到期日与实际运营到期日，所谓预定运营到期日是指运营期到期的日期，其中包括合同约定的期间以及依约可以顺延的期间；所谓实际运营到期日是指项目公司完成项目资产移交日期，通常在预定运营结束日前一年，即进入移交阶段，实施机构与项目公司应于一年内完成所有项目资产移交的事宜。如果实际运营到期日落后于预定运营到期日，代表项目公司未于运营期内完成移交义务，应负担违约责任。

（二）实施机构于运营期内的合同义务

实施机构在运营期内最主要的义务是办理绩效考核以及支付服务费，

所谓办理绩效考核是指实施机构考核项目公司于运营期内所提供的服务是否达到 PPP 合同所约定的服务标准，如果服务达标就依约付费；如果服务不达标就需依约扣款或是暂停付款。

（三）项目公司于运营期内的合同义务

项目公司运营期最主要的义务是提供公共服务，以及合作期间到期后完成项目资产的移交，具体内容说明如下。

1. 提供公共服务

关于项目公司所提供的公共服务类型，具体说明如下。

（1）完整服务与部分服务

所谓完整的服务是指项目公司在项目上提供所有的运营服务，其中包括对用户直接提供服务、向用户收取费用、附属设施的运营、项目设施的养护等等。所谓部分的服务是指项目公司在项目上提供部分的运营服务，至于具体包含哪些内容要依具体的情况而定。

（2）经营性服务与非经营性服务

所谓经营性服务指的是可以向使用者收费的服务，这种服务的特性就是一种可以个体化的服务，也就是可以计算具体服务数量的一种服务，例如高速公路可以计算通过的车流量、污水处理厂可以计算实际处理的污水数量等等。由于可以计算服务数量，因此服务费的计算方式一般采取单价计费。非经营性服务指的是无法向使用者收费的一种服务，这种服务的特性是无法计算服务数量，或是即便可以计算数量，但是计算数量对项目服务的意义并不大，例如设施的维护工作，通常这种服务的计费方式一般采取总价计费。

（3）核心服务与非核心服务

所谓核心服务是指满足使用者需求最重要的服务，例如学校项目的教学服务、医院项目的医疗服务等。非核心服务是指核心服务以外的服务，例如学校项目的宿舍运营、学生食堂运营、医院项目的保安、保洁等服务。

2. 项目资产移交

根据《财政管理办法》第 33 条第 2 款的规定："项目合作期满移交的，政府和社会资本双方应按合同约定共同做好移交工作，确保移交过渡期内公共服务的持续稳定供给。项目合同期满前，项目实施机构或政府指定的其他机构应组建项目移交工作组，对移交资产进行性能测试、资产评估和登记入账，项目资产不符合合同约定移交标准的，社会资本应采取补救措施或赔偿损失。”以及《传统基础设施领域 PPP 工作导则》第 21 条的规定：“对于 PPP 项目合同约定期满移交的项目，政府应与项目公司或社会资本方在合作期结束前一段时间（过渡期）共同组织成立移交工作组，启动移交准备工作。（第 1 款）移交工作组按照 PPP 项目合同约定的移交标准，组织进行资产评估和性能测试，保证项目处于良好运营和维护状态。项目公司应按 PPP 项目合同要求及有关规定完成移交工作并办理移交手续。（第 2 款）”这是有关项目移交的具体规定。

PPP 合同一般约定于预定运营到期日前一年进入移交期，项目公司于移交期的义务是要完成项目的恢复性大修，经实施机构查验合格达到“良好运营状况”后，项目公司开始办理移交，并于预定运营到期日前完成移交。由于合同约定合作期间最后一年大修，因此建议合作期间的长短应考虑大修的周期。至于移交方式可否采取有偿移交，也就是在 PPP 合同中约定，当项目公司完成移交任务后，实施机构可否支付一笔费用？如果可以是否构成回购？笔者认为当项目公司承担了运营责任，并且不存在表内融资的问题时，解释上应无理由限制双方当事人于合同中约定有偿移交模式。

四、BOT 模式的保修期

BOT 模式的保修期自项目完成移交开始起算，至合同约定期限到期为止，项目公司应提交保修保函，并担保保修期内项目公司所移交的项目资产发生瑕疵时，项目公司将返工修缮。在此需要特别说明的是，BOT 模式的保修义务与传统模式的保修义务是不一样的，传统模式的保修期是工程竣工后开始起算，保修的对象是新品，而 BOT 模式的保修期是从运营期结束后开始算，保修的对象是良好运营状态的旧品。

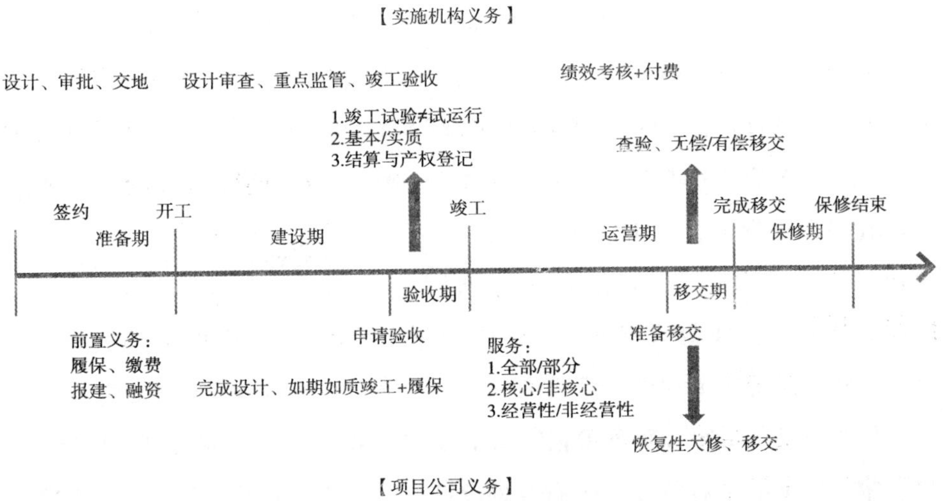

【图表 8.2】BOT 项目运作方式

五、BOOT 模式相关问题的讨论

BOOT 模式和 BOT 模式的项目运作方式大体相同，不同的地方主要在于项目资产产权归属部分的操作。在准备期，BOOT 项目受到传统模式的影响，很可能需要变更立项人，由原先实施机构变更为项目公司作为立项人，并且将项目土地的使用权划拨给项目公司。在建设期，项目工程验收合格后，将项目资产的所有权登记在项目公司的名下，并且以固定资产的方式入账。

运营期到期后，项目公司两种移交项目资产的方式：一种是资产转让；一种是股权转让。所谓资产转让是指将项目资产所有权，以及土地使用权由项目公司转让给实施机构或是其指定的第三方；所谓股权转让是指将社会资本方对于项目公司的股权无偿转让给实施机构，由实施机构成为项目公司的唯一股东，而项目资产又归属于项目公司，因此达到项目移交的效果。实践中常看到以股权转让的方式替代资产转让，这样的好处在于可以避开不动产销售的税捐。在此需特别说明的是：第一，如果采取股权转让的方式办理移交，应该采用投资各方内部收益率作为财务测算时的指标，才能体现出将项目公司的公积金以及注册资本一并移交时对收益的影响；第二，股权转让要征收“财产转让所得”所得税，此时如果土地发生涨价，税捐要如何处理，是值得关心的问题。

此外要特别讨论的是，国有社会资本如何以股权转让的方式移交项目？根据《国有资产交易管理办法》第31条第1项的规定：“以下情形的产权转让可以采取非公开协议转让方式：（一）涉及主业处于关系国家安全、国民经济命脉的重要行业和关键领域企业的重组整合，对受让方有特殊要求，企业产权需要在国有及国有控股企业之间转让的，经国资监管机构批准，可以采取非公开协议转让方式……”由此规定可知符合以下四个条件，可以协议转让：第一，国有经济命脉的重要行业；第二，对受让方有特殊要求；第三，企业产权需要在国有及国有控股企业之间转让；第四，经国资监管机构批准。笔者认为大部分的PPP项目很难符合这四项条件。因此本书认为PPP项目中如果涉及国有资产转让，解释上应认为PPP的相关规定是国有资产管理的特别规定，应根据PPP相关规定进行处理。

第四节 “运营期”及“改建期+运营期”的项目运作方式

PPP模式中采用“运营期”项目运作方式的有TOT、O&M及MC模式，此三种模式都需要项目公司于运营期提供运营服务，三者之间的差别在于运营期项目资产所有权的归属，TOT模式项目资产的产权归属于项目公司，O&M及MC模式项目资产的产权归属于实施机构。PPP模式中采用“改建期+运营期”项目运作方式的是ROT模式，运营期内项目资产的产权归属于项目公司。关于以上四种运作模式的具体内容说明如下。

一、TOT模式的项目运作方式

（一）概述

所谓TOT模式，是指实施机构将存量资产移交给项目公司，运营期间由项目公司运营，待合作到期后，再由项目公司将存量资产移交回实施机构的一种模式。实施机构将存量资产移交给项目公司，这是TOT模式中的第一个T，本书称为第一次移交；当合作到期后，项目公司将存量资产移交回实施机构名下，这就是TOT模式的第二个T，本书称为第二次移交。TOT模式可以细分为三个阶段，分别是准备期、运营期与保修期，具体内容说明如下。

（二）准备期

1. 期限计算与第一次移交的方式

所谓准备期是指实施机构与项目公司签订正式的TOT协议开始起算，至存量资产完成第一次移交为止。第一次移交的方式理论上分为三种：第一，实施机构将存量资产的所有权转让给项目公司，并将存量资产的占有移交给项目公司；第二，实施机构将特许经营权授权给项目公司，并将存量资产的占有移交给项目公司；第三，实施机构将存量资产项目责任法人的股权转让给社会资本方，由社会资本方成为项目责任法人唯一的股东，由于项目资产归属于项目责任法人，因此达到移交的效果。

有关这三种移交方式的优劣分析如下：第三种移交方式，如果在责任法人负债的情况下（负债的可能性相当高），此种移交方式会把责任法人的负债一并移转，这将导致法律关趋于复杂，财务测算难度将增高，且对社会资本方而言，将无关的债务移转给社会资本方承担，对社会资本方也不公平，因此本书不推荐采用此种方式移交。第一种移交方式，将存量资产的所有权进行转让，可能需要将项目土地的使用权一并转让，因而产生不动产销售的税捐，再加上产权转让手续较为烦琐，因此本书也不推荐采用此种方式。第二种移交方式，没有第一种以及第三种的缺点，是目前实践中比较常用的方式，但是笔者认为，特许经营的概念问题甚多，本书已于第二章中说明，此不赘述。因此笔者从立法论的角度建议，第一次移交时，除了将存量资产的占有由实施机构移交给项目公司外，实施机构同时可以设定“公共资产使用权”给项目公司，待运营期到期后，再由项目公司移交存量资产占有，并且由实施机构收回权利的设定即可。

2. 国有资产转让的问题

前述三种移交方式，基本上都涉及国有资产转让的问题，根据《国有资产转让办法》《关于企业国有产权转让有关事项的通知》以及《国有资产交易管理办法》的规定，为防止国有资产流失，一般要求交易资产必须进行资产评估、政府审批、公开交易、产权交易机构进行交易等程序，而这些要求可能发生与PPP程序相互冲突的情形。最明显的是，如果要求TOT模式的存量资产一定要进入产权交易机构进行交易，这将导致PPP程序所选出来的社会资本方，与公开交易拍得资产的一方，可能是不同的两个人，这将导致TOT模式无法运行。

根据《推广PPP模式的通知》的规定“存量公共服务项目转型为政府和社会资本合作项目过程中，应依法进行资产评估，合理确定价值，防止公共资产流失和贱卖”以及《财政管理办法》第30条规定“存量PPP项目中涉及存量国有资产、股权转让的，应由项目实施机构会同行业主管部门和财政部门按照国有资产管理相关办法，依法进行资产评估，防止国有资产流失”，由此可知，PPP项目存量资产交易应进行资产评估，但规定中不要求进入资产交易机构进行交易，因而某种程度上解决了社会资本方与资产拍得方脱钩的情形。

笔者建议未来立法规定，PPP相关法规应为国有资产管理法规进行特别的规定，无须经过资产评估，也不要求必须有偿使用，主要的原因在于：第一，从成本的角度观之，如果PPP项目国有资产要求有偿使用，有偿使用的费用也会成为PPP项目成本的一部分，最后会转嫁给政府方，由政府方支付费用，因此国有资产提供给项目公司无偿使用，政府方购买服务的费用反而会相应地减少，不会增加，至于政府方的权益是否因此而受损，应该观察的是政府方的整体支出，而不是只局限于国有资产是否有偿使用；第二，从物有所值评价的角度观之，笔者主张PPP值的计算应该以项目公司的履约范围为计算对象，此于本书第五章中已有说明，此不赘述。存量资产的兴建不是项目公司的履约范围，要求存量资产的兴建费用由项目公司承担，其实已有变相融资的嫌疑，宜谨慎为之。至于无偿使用资产是否发生国有资产流失的疑虑？笔者认为，只要国有资产所有权把握在政府方的手上，授予特许经营权或是设定公共资产使用权，是不会导致国有资产流失的。

3. 第一次移交的程序

（1）移交前提

实施机构办理第一次移交前，项目公司应完成前置义务，并且做好运营准备。前置义务包括项目公司应完成缴交保函、支付相关费用、融资交割备案等，做好运营准备的事项包括项目公司应提交运营计划与人员安置计划。实施机构在移交前也应该完成移交资产清册的编制。

（2）移交标的

人员与资产（动产、不动产与无形资产）等。

（3）移交文件

移交的文件包括人员清册以及资产清册。人员清册的内容包括姓名、职务、工资、年资、年龄等。资产清册的内容包括品名、编号、购置时间、购置金额、折旧年限、使用手册、合同文件、保修文件、相关文件等。

（4）移交手续

产权转让手续、授予或是设定权利。

（5）查验程序

项目公司对于实施机构所交付的存量资产，应办理查验，以确认实施机构所交付的资产是否符合 PPP 合同的质量要求。实践中有很多实施机构为了规避查验责任，会在 PPP 合同中规定存量资产以“现况”移交。所谓以现况移交资产的意思是，如果资产现况是好的，实施机构就移交好的资产；如果资产现况是坏的，实施机构就移交坏的资产。因此项目公司可能会增加一笔修缮的费用，应予注意。

（三）运营期与保修期

TOT 模式的运营期是从第一次移交起算，至第二次移交为止。TOT 模式的保修期是从第二次移交起算，至 PPP 合同约定的保修期限到期为止。实施机构与项目公司在运营期与保修期的义务与 BOT 合同中的义务基本相同，项目公司应于运营期提供服务、重置设备并移交资产，而实施机构负责绩效考核、付费与办理移交查验。在此需特别说明的是第二次移交的程序，其内容包括：

1. 移交准备

项目公司进行第二次移交前，应完成项目资产的恢复性大修，并经实施机构查验合格后，缴交保修函，并完成人员安置等移交准备工作。

2. 移交标的

动产、不动产、无形资产、重置的资产、一定期间的备品。

3. 移交标准

移交的资产可以良好运营，项目资产没有权利瑕疵，没有遗留环境问题。

4. 移交文件

项目公司移交的文件包括：资产清册（内容包括品名、编号、购置时间、购置金额、折旧年限、使用手册、合同文件、保修文件、相关文件）、备品清单与项目公司档案。

5. 移交手续

产权转让手续、收回授权或是权利设定。

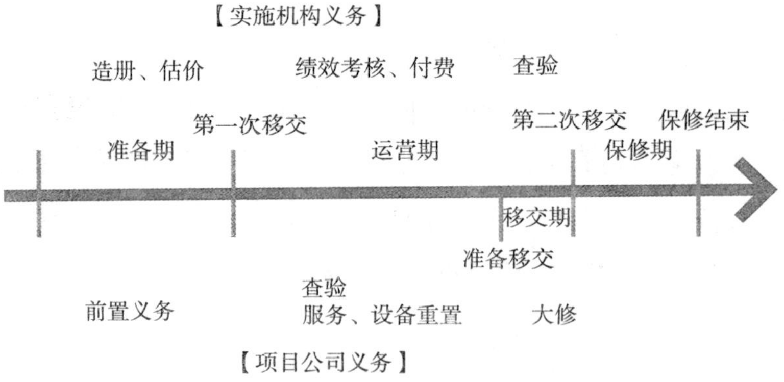

【图表 8.3】TOT 项目运作方式

二、O&M、MC 模式的项目运作方式

根据《PPP 操作指南》的规定：“委托运营（Operations & Maintenance，O&M），是指政府将存量公共资产的运营维护职责委托给社会资本或项目公司，社会资本或项目公司不负责用户服务的政府和社会资本合作项目运作方式。政府保留资产所有权，只向社会资本或项目公司支付委托运营费。合同期限一般不超过 8 年。”此外，“管理合同（Management Contract，MC），是指政府将存量公共资产的运营、维护及用户服务职责授权给社会资本或项目公司的项目运作方式。政府保留资产所有权，只向社会资本或项目公司支付管理费。管理合同通常作为转让—运营—移交的过渡方式，合同期限一般不超过 3 年。”由此可知，O&M 模式项目公司负责项目的运营维护，但是不负责用户服务，MC 模式项目公司不仅负责项目的运营维护，同时也要负责用户服务，因此除了两者在运营期的运营范围不同外，其余部分没有太大的区别。

O&M 与 MC 模式和 TOT 模式，除了产权的归属不同之外，其余部分并无太大的不同，一样可以分为准备期、运营期与保修期，一样有第一次移交以及第二次移交。在此需特别说明的是有关运营期间的问题，上述规定 O&M 模式一般不超过 8 年，MC 模式一般不超过 3 年，请问这是否属于强制性规定？笔者认为没有对期限进行限制的必要性，应属于非强制性规定。由于目前政策上要求 TOT 模式的存量资产必须有偿使用，因此如果遇到像北京地铁四号线项目采用 A+B 模式的，B 部分采用 BOT 模式，而 A 部分可以采用延长版的 O&M 模式，这样的好处在于可以避开 TOT 模式下，存量资产必须有偿使用的规定。

三、ROT 模式的项目运作方式

所谓 ROT 模式是指在 TOT 的基础上进行扩增与改建的一种模式，因此在运营期间，项目资产的产权归属于项目公司。ROT 模式可以细分为四个阶段，分别是准备期、改建期、运营期与保修期。除实施机构应完成改建部

分的设计工作，项目公司根据改建图纸施工外，ROT 模式中的其余运作方式均与 BOOT 模式基本相同，因此本书不再赘述。

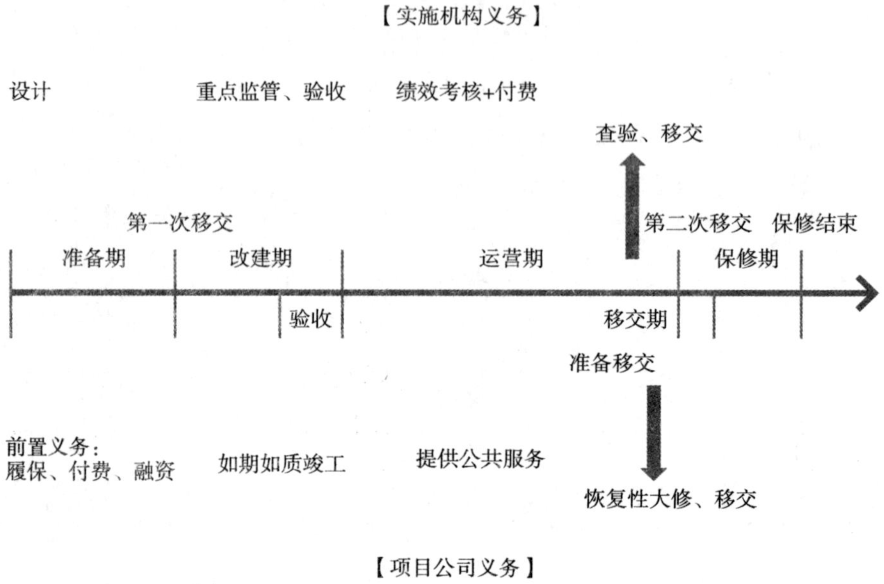

【图表 8.4】ROT 项目运作方式

第九章　PPP 项目合作客体（二）——付费机制

第一节　付费机制的定性分析

一、概述

当项目公司或是社会资本方依据初步协议、股东协议以及 PPP 协议，完成项目的投融资以及提供公共服务之后，实施机构就要针对项目公司所提供的服务进行绩效考核，并就通过绩效考核的服务办理付费。项目公司如何在通过绩效考核之后，可以获得稳定而合理的现金流，是整个付费机制的核心问题。它除了涉及社会资本方可否获得合理的投资回报之外，还涉及对融资机构能否提供有保障的双重还款来源。因此，本章的讨论将分为两节：第一节是付款机制的定性分析，重点放在合同的付费条件如何设计的问题；第二节是付款机制的定量分析，重点放在付费金额如何计算以及财务测算涉及的相关问题。

二、付费主体

关于 PPP 项目由谁付款，可以区分为由政府付费、使用者付费，以及复合型的付费方式。复合型的付费方式也就是政府和使用者各承担一部分费用的付费方式。具体的项目应由谁来付费，必须看项目本身有没有经营性的收入。如果项目完全没有经营性收入，则应采用政府付费模式；如果项目有经营性的收入，不需要政府补贴金钱的[①]，则采用使用者付费模式；如果项目有经营性的收入，还需要政府补贴金钱的，则应采用复合型的付费模式。关于这三种付费对象所涉及的问题，具体说明如下。

（一）使用者付费

所谓使用者付费，也就是由项目公司对使用者提供服务，并且向使用者收取费用的一种模式，适用于有经营性的收入，不需要政府补贴金钱的项目。关于使用者付费模式的特性以及类型，具体说明下。

1. 特性

使用者付费的第一个特性是项目所提供的服务是个体化的服务，也就是说可以计算使用者使用了多少数量的服务，例如污水处理项目每天处理了几吨的污水，或是高速公路的项目有几台车经过收费站等等，由于付费的金额与服务数量的多寡有关，因此需要计算个别的使用者使用了多少的服务数量。由于服务数量的多寡是使用者付费项目中一个不可控制的风险，因此在前期论证阶段必须进行调研，确认是否有稳定的使用量，以此降低项目的风险。

使用者付费的第二个特性是使用者付费不是政府方付费，因此政府方和项目公司之间所签订的 PPP 协议中基本上不会涉及付费的问题，政府方也不会和项目公司签订政府购买服务协议。同时使用者也不可能与项目公司签订购买服务协议，导致项目未来的现金流没有合同的保障，因此项目公司除了必须独自承担使用者是否付费的风险外，相较于政府方付费的项目，可融资性也会比较低。

使用者付费的第三个特性是付费价格需要经过政府审议以及听证会的程序，由于 PPP 项目所提供的服务是公共服务，因此向使用者收费的金额，不能完全由市场决定，政府方有义务保障社会大众可以负担得起公共服务的收费。同时，根据《价格法》的规定，对于使用者收费项目的价格制定需要经过政府审议以及听证会的程序。

---

① 不需要政府补贴金钱不代表不需要政府补贴资源。

2. 类型

由于过去项目较多地采用传统模式的关系，许多公共服务都是由政府运营，为了让使用者收费可以专款专用以及循环使用，因此相关行业管理法规中规定，对使用者收费的金额必须纳入政府性基金预算中。PPP 项目有继续沿用这种规定的趋势，为了符合《预算法》中收支两条线的基本规定，因此操作中出现使用者付费的金额必须先进入国库，再由政府方通过预算程序拨付给项目公司，有点类似于政府方代收代付的性质，本书称这种类似于政府方代收代付的使用者付费模式为间接使用者付费模式，而不需要通过政府方代收代付的使用者付费模式，本书称为直接使用者付费模式，这两种使用者付费模式的实质区别在于付款的程序不同。

间接使用者付费模式的特性除了上述提到的必须经过预算程序才能拨付给项目公司之外，由政府方代替项目公司向使用者收费，也是该模式的特性之一，因此如果使用者该付费而没有付费，追讨使用者付费的责任则应当由政府方承担。

（二）政府付费

所谓政府付费是指，由项目公司依据 PPP 协议的要求提供服务后，由政府方支付费用的一种模式，这种模式通常用于非经营性的项目，计费方式可以是单价计费也可以是总价计费。而政府付费与间接使用者付费两者之间的差别在于，如果采用单价计费，前者所使用的计价方式是影子票价，不需要经过《价格法》中规定的价格审议以及听证会的程序，而后者所使用的计费单价是票价，需要经过《价格法》中规定的价格审议以及听证会的程序；前者政府方不需要对使用者收费，后者政府方需要对使用者收费。

（三）复合型付费

所谓复合型的付费模式指的是政府方与使用者各支付一部分服务费用的一种模式。因此计价方式有两种：第一种是使用者与政府方都按单价计费，即使用者以票价单价乘上使用数量的金额，加上政府方用影子票价乘上使用数量的金额；第二种是使用者按单价计费，政府方按总价计费，即使用者用票价单价乘上使用数量的金额，加上政府方依约定应支付的总价金额。采用复合型付费模式通常是政府方对使用者付费后项目的资金缺口进行付费。

三、付费标的

关于付费标的可以分为支付金钱、支付资源以及复合型支付方式。所谓支付金钱就是付费主体以支付货币的方式对项目公司付费的一种付款类型。所谓支付资源就是付费主体对项目公司支付除货币以外可以产生收益的资源，常见用于支付的资源包括门票、广告、土地、物业等等。一般支付金钱的类型可以用于政府付费或者使用者付费的项目，但是支付资源的类型只能用于政府付费的项目。所谓复合型的支付方式，是指既支付资源又支付金钱的一种付费模式。

关于支付资源的类型，有以下三个特色可以展开说明：第一，支付金钱的类型可于项目公司提供服务后才由付费主体支付费用，因此付费条件可以和绩效考核捆绑，但是支付资源的类型通常在签订 PPP 协议后，或是项目进入运营期后，政府方就必须支付资源，因此支付条件和绩效考核无法进行捆绑；第二，政府方支付的资源虽然是可以产生收益的资源，或是成本比较便宜的资源，但并不是直接产生收益的资源。换言之，项目公司必须在政府提供资源的基础上，再投资成本与管理才有可能产生收益，因此最终是否产生收益的风险基本上是由项目公司承担；第三，支付资源的项目，其投资规模会比没有支付资源的项目规模来得大，原因在于在政府支付资源的基础上，项目公司还要再投入成本，因此在操作上要小心两者间投资资金相互影响的问题。笔者建议应于 PPP 协议中约定，项目公司所投入的成本应根据项目和资源分别计账，以便于追踪资源的成本投入是否影响了项目本身。

最后本书要讨论一下付费机制类型的问题，根据《PPP 操作指南》的规定将付费机制分为使用者付费、政府付费以及可行性缺口补助，本书认为这样的分类方式是有问题的，原因在于：第一，进行概念分类时，在方法上分类的标准必须前后一致，但是《PPP 操作指南》所提出的“可行性缺口补助”概念到底是针对付款主体所做的分类，还是针对付款标的所做的分类，在分类上不甚清楚；第二，如果说“可行性缺口补助”的概念，是针对付款标的所做的分类，很容易让人误会为政府付费模式政府方只能支付金钱不能支付资源，但事实上不存在这样的限制；第三，本书认为关于“可行性缺口补助”的概念，应定位为对付款主体进行的分类较为适宜，性质上属于复合型的付费模式，也就是政府付费与使用者付费的一种混合模式。

四、计费方式

PPP项目的计费方式可以分为单价计费和总价计费两种方式。所谓单价计费是指通过服务数量乘以单价来计算付费金额的一种计价方式；所谓总价计费是指不计算服务数量，通过每一付费周期中PPP合同中所约定的总价金额来计算付费金额的一种方式。

（一）单价计费

根据前述单价计费的定义可知，单价计费可以分为服务数量与服务单价两个组成部分，服务数量是指项目公司实际提供的服务数量，由于实践中实际的服务数量具有不可控制性，与项目公司自身的管理并无直接的关系，因此属于单价计价中需要合理分配的风险，关于服务数量风险的分配方式一般采用分层级的付费机制，本书会在后续内容中说明分层付费机制的具体内容。此外，由于PPP项目合作期间较长，实际服务的成本很可能会随物价的起伏而产生波动，因此在PPP合同中会约定调价机制，本书将于后续章节中说明具体调价机制如何设计。

有关服务单价可以分为票价与影子票价，所谓票价是指计算使用者付费金额的单价，而影子票价是指计算政府付费金额的单价，两者的差别在于前者受《价格法》的规制，而后者不受《价格法》的规制。关于付费主体、付费标的以及计费方式等类型的组合，可以通过下述图表进行说明。

	金钱		资源	复合型支付（金钱+资源）	
	单价	总价	资源	单价	总价
使用者付费	票价	X	X	X	X
政府付费	影子票价	总价	资源	影子票价+资源	总价+资源
复合型付费	票价+影子票价	票价+总价	票价+资源	票价+影子票价+资源	票价+总价+资源

【图表9.1】付费主体、付费标的以及计费方式等类型的付费组合

（二）总价计费

本书的总价计费是指每一计价周期的总价，并不是 PPP 合同的总价，而根据前述总价计费的定义可知，总价计费一般用于无法计算服务数量，或是计算服务数量不经济不实际的项目上，由于总价计费不需计算服务数量，因此项目公司不需要承担上述服务数量的风险。但是每一计价周期的服务总价，仍会遭受物价波动的风险，因此在 PPP 合同中仍需约定调价机制，具体内容本书将于后续章节中进行说明。

《PPP 操作指南》中规定了一种计费方式称为可用性付费，所谓可用性付费是指政府方不考虑实际使用数量而根据项目公司提供项目资产或是设备达到可以使用的状态来付费的模式。在这种计费模式中提及两个概念，一个是"可用"，另一个是"不以实际使用数量计费"；所谓"可用"从项目公司提供服务的标准或是从政府方的角度来解释，应认为是指服务绩效考核的标准，甚至可以说是付费的条件；"不以实际使用数量计费"解释上应该理解为总价计费。实践中，有项目采用"可用性付费 + 绩效付费"，并安排将工程结算的总金额，代入知道现值求年金的公式中（见图表 9.2），以计算可用性付费金额；再将运营成本以绩效付费的方式计算款项。笔者认为这种安排是有问题的，因为这种计算方式将建设成本与运营成本剥离计算，而关于建设成本计费的部分，无可避免地以工程竣工作为付款条件，如此将与 BT 模式无异，不可采用；但是如果将工程变更结算的金额套入此公式加以计算，是可以接受的。

$$A = P\frac{i(1+i)^n}{(1+i)^n - 1}$$

A 值是年金，P 值是现值

【图表 9.2】知道现值求年金公式

此外，根据《PPP 操作指南》的规定，将政府付费分为可用性付费、使用量付费以及绩效付费三种，本书认为这样的分类方式是有欠妥当的，原因在于：第一，在进行概念分类时，分类的标准必须前后一致，但是《PPP 操作指南》所提出上述分类的分类标准是以计费方式所做的分类，还是以付费条件所做的分类，在分类上不甚清楚；第二，如果以付费条件作为分类标准，则可用性付费中所谈的可用性，其实属于绩效付费方式中的一种绩效考核方式，可用性付费与绩效付费两者皆属于付费条件的概念，但是使用量付费涉及的是计费的类型，与付费条件无关，所以使用量付费模式不可避免地还是要进行绩效考核；第三，如果以计费方式作为分类标准，则使用量付费指的是单价计费，可用性付费指的是总价付费，但是绩效付费却与计费方式无关。综上所述，采取可用性付费、使用量付费以及绩效付费这样的分类方式，混淆了计费的方式与付费的条件，应予注意。

五、计价控制

PPP 项目付费机制的核心思想是，当项目公司所提供的服务通过了政府方的绩效考核之后，政府方应支付合理与稳定的现金流，由于强调的是合理的现金流，所以政府方希望项目的实际回报率维持在一个合理的区间，不会让项目公司赚取暴利，也不会让项目公司血本无归；由于关注的是稳定的现金流，所以政府支付的款项足以覆盖银行的还款以及社会资方的回报，不会出现某一期政府方方不付款导致项目没有还款来源的问题，所以如何控制付款现金流的合理与稳定，是设计付款机制时应该要考虑的问题，有关计价的控制机制，可以区分为事前控制与事后控制两个部分。

（一）事前控制

所谓事前控制是指当政府方进行前期论证程序，针对项目进行财务测算时，发现项目的内部收益率偏高，可能导致社会资本方获取暴利，因此政府方可以在 PPP 项目中约定项目公司缴交项目权利金，以防止社会资本方获取暴利。在安排交易结构时，可以通过某些环节控制项目公司获取暴利，例如项目的收益率太高，政府方可以减少付费金额或是减少资源补贴即可，因此只有在付费金额无法调整或是补贴资源无法减少的情况下，才会考虑在合同中安排项目公司缴交项目权利金。但是笔者要特别强调的是，项目权利金不是项目公司获取经营权、特许经营权或是其他权利的对价，它单纯就是一个防止项目公司赚取暴利的机制，有的项目可能需要，有的项目不见得需要，有的项目金额多，有的项目金额少，必须要看项目条件而定。

（二）事后控制

所谓事后控制指的是在项目履约阶段，可能发生非项目公司自身的因素导致项目获取超额收益或导致项目严重亏损，因此在产生超额收益或者发生严重亏损时，在PPP协议中约定一个事后控制的机制，来合理分配计价风险。最常见的例子就是单纯的政府购买服务PPP项目以单价计费，可能因为实际使用数量高于预期，项目公司因而获得超额收益，也可能因为实际使用量低于预期，因而项目公司发生严重亏损，所以实践中可以在合同中约定一个分层次的付费机制（见图表9.3），机制内容在方案中设定三个数量，分别是满载数量、预计数量与保底数量，作为分配实际使用数量所导致的计价风险，具体内容包括：

1. 第一层计价风险分配区间

保底数量以下的区间是第一层计价风险分配的区间，当实际使用量低于或等于保底数量时，政府方会以保底数量计算服务费，因此某种程度承担了实际使用量不足所导致的计价风险，依保底数量所计算的现金流应达到足以覆盖债权融资还款金额的程度。

2. 第二层计价风险分配区间

保底数量与预计数量的区间是第二层计价风险分配的区间，当实际使用量高于保底数量但未超过预计数量时，政府方会以实际使用量计算服务费，以全项目预计内部收益率达到6%~8%作为按预计数量计算服务费的标准为宜，因此第二层所对应的计价风险就是让项目公司获得合理的内部收益。国际上有的PPP项目，会在保底数量与预计数量之间再安排一条数量线，作为偿还夹层融资款项的风险分配区间，值得国内借鉴。

3. 第三层计价风险分配区间

预计数量与满载数量的区间是第三层风险分配的区间，当实际使用量高于预计数量时，项目公司的实际内部收益率可能高于预计内部收益率，此时代表项目公司发生超额收益，因此针对超额收益的部分，政府方依据PPP合同有权请求分配超额收益。具体的分配方式是以政府方减少付费的方式，达到分配高额收益的效果，也就是对实际使用量超过预计数量的部分，通过进行政府付费的单价打折，来计算超额部分的服务费用。

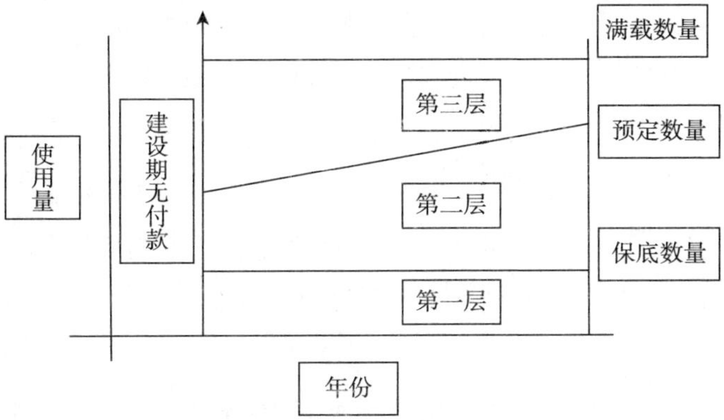

【图表 9.3】分层级付费机制

六、调价公式

由于 PPP 项目合作期间长，遇到物价波动的机会相当高，所以 PPP 合同中通常会设制一个调价公式，作为调整价格的依据。目前实践中常用的调价公式（请见图表 9.4），是将需要调价个别成本要素的总金额，摊提到各计价单位中，用以计算各计价单位中各个成本要素所占的金额，乘上调价系数，得出调价后的单计或是总价。由于这种计算方式没有考虑资金的时间价值，是静态的计算方式，不是精确的调价方法，但由于目前找不到更为简便又不失精准的调价方法，因此静态的计算方式成为目前通行的做法。

$$P = a + b\frac{L_n}{L_0} + c\frac{E_n}{E_0} + d\frac{M_n}{M_0} + \cdots$$

“P”指的是计价单位；在总价计价项目中，指的是各计价周期中的总价；在单价计价项目中，指的是计费的单价。

“*a*”是固定系数，代表计价中不予调整的部分。

“b”“c”“d”……代表的是各成本要素在计价单位中所占的金额。

“Ln”“En”“Mn”……代表的是计价周期第 n 期的成本指数或参考价格。

“Lo”“Eo”“Mo”……代表的是 PPP 合同签约日的成本指数或参考价格。

【图表 9.4】调价公式

七、付费条件

（一）项目绩效运营监控

根据《财政管理办法》第25条的规定："各级财政部门应当会同行业主管部门开展PPP项目绩效运行监控，对绩效目标运行情况进行跟踪管理和定期检查，确保阶段性目标与资金支付相匹配，开展中期绩效评估，最终促进实现项目绩效目标。监控中发现绩效运行与原定绩效目标偏离时，应及时采取措施予以纠正。"由此可知，绩效运营监控包括了跟踪管理、定期检查与中期绩效评估，如发现运营偏离目标要及时予以纠正。

（二）绩效评价

《传统基础设施领域PPP工作导则》第19条第1款的规定："PPP项目合同中应包含PPP项目运营服务绩效标准。项目实施机构应会同行业主管部门，根据PPP项目合同约定，定期对项目运营服务进行绩效评价，绩效评价结果应作为项目公司或社会资本方取得项目回报的依据。"以及《财政管理办法》第27条的规定："各级财政部门应当会同行业主管部门在PPP项目全生命周期内，按照事先约定的绩效目标，对项目产出、实际效果、成本收益、可持续性等方面进行绩效评价，也可委托第三方专业机构提出评价意见。"以及第28条的规定："各级财政部门应依据绩效评价结果合理安排财政预算资金。（第1款）对于绩效评价达标的项目，财政部门应当按照合同约定，向项目公司或社会资本方及时足额安排相关支出。（第2款）对于绩效评价不达标的项目，财政部门应当按照合同约定扣减相应费用或补贴支出。（第3款）"由此可知，实施机构应进行绩效评价，如评价达标，应及时足额拨付相关款项；如评价未达标，则应扣减相应的费用。

第二节　付费机制的定量分析——谈财务分析的几个基本概念

一、概述

有关付费机制的定量分析，重点将放在对财务分析相关问题的讨论上。虽然在 PPP 项目中，财务分析的计算方式和所使用的财务指标基本相同，但是由于不同的参与者有不同的需求，导致他们对于财务分析的要求也不尽相同。从政府方的立场，会想要了解政府在整个项目周期中，总共要支出多少钱，政府支付的金额有没有多给，以及政府到底是否负担得起；从社会资本方的立场，会想要了解整个项目到底投资了多少钱，项目全周期获取的利润总共是多少，以及所投资的项目是否是赚钱的项目；从融资方的立场，想要了解整个项目可以获得多少的贷款利息，贷款的利率高不高，以及政府方所支付的金额是否足以偿还融资方的贷款。这些问题都围绕着几个重要的财务指标，分别是净现值、内部收益率以及偿债备付率，而这些财务指标的计算都是以资金的时间价值作为前提所计算的，因此这些概念本章将予以介绍。

二、静态计算与动态计算

投资项目进行财务分析时，有两种常见的分析方法：一种是静态的计算，另一种是动态的计算，这两种计算方式最主要的区别在于，静态计算不考虑资金的时间价值，而动态计算考虑资金的时间价值。所谓资金的时间价值是指资金投入生产过程所获得的回报，或是使用资金所应付出的成本，由于衡量资金的时间价值是以复利方式计算，所以给人直观上有“钱生钱”或是“钱滚钱”的感觉。

由于 PPP 项目合作期间长，因此在进行财务测算时，基本上要考虑资金的时间价值。当 PPP 项目进行财务分析时，原则上采取动态的计算方式，例外的情况下才采取静态的计算。这例外的情况包括，调价公式的计算（见图表 9.4），以及提前终止合同损害赔偿的计算，此两种情况采用静态的原因在于，如果采用动态计算，计算方式将非常复杂，为了化繁为简，才采用静态的计算方式。

由于动态的计算方式考虑资金的时间价值，所以计算方式以项目的现金流作为计算基础，而没有固定资产折旧摊提的问题；又由于以项目的现金流作为计算的基础，所以计算前正确安排项目的现金流入与流出，就显得特别重要；而项目现金流入与流出安排的依据，应通过项目实施方案或是项目交易结构来确定财务分析的边界。因此在分析顺序上，应先设计交易结构，再根据交易结构安排现金流出与流入，最后进行财务测算。

	静态计算	动态计算
时间价值	不考虑	考虑
现金流	计算不以现金流为基础	计算以现金流为基础
回报计算	单利	复利
不同时间点的金额	可以相加	不可以相加

【图表 9.5】静态与动态计算的比较

三、净现值

所谓净现值是指计算项目周期内，各期净现金流量现值的和。由于动态的计算方式考虑资金的时间价值，而不同时间点的资金、时间价值都不相同，因此不能直接相加，必须折现成同一时间的现值才能相加。

以 PPP 项目为例，合作期间为 10 年，假设方案一：政府方每年支出 1 亿；方案二：政府方第一年支出 5.5 亿，后 9 年每年支出 5000 万；方案三：政府方前 9 年每年支出 5000 万，第 10 年支出 5.5 亿，请问我们可不可将这三个方案中政府 10 年间的支出进行相加，并且说政府方在这三个方案的支出中都是 10 个亿，政府方的总支出金额是相同的？答案当然是不可以。因为对政府 10 年支出的金额简单相加，是没有考虑资金的时间价值的。如果考虑资金的时间价值，以折现率 4.9% 来计算净现值，则方案一的净现值为 7.76 亿，方案二的净现值为 8.65 亿，方案三的净现值为 6.98 亿，从政府方总支出的角度分析，方案三对政府是比较有利。

从政府方的立场使用净现值，应以政府方每年支出的金额作为计算的基础，计算出来的净现值就是考虑资金的时间价值后，政府方在项目全周期所支出的总金额。如果从项目公司的立场来使用净现值，应以项目公司每年的净现金流（或许可以说成是净利，但不是税法上的利润）作为计算的基础，计算出来的净利就是考虑资金的时间价值后，项目公司获得的净利总额。

年份	1	2	3	4	5	6	7	8	9	10	净现值
方案一	1	1	1	1	1	1	1	1	1	1	7.76
方案二	5.5	0.5	0.5	0.5	0.5	0.5	0.5	0.5	0.5	0.5	8.65
方案三	0.5	0.5	0.5	0.5	0.5	0.5	0.5	0.5	0.5	5.5	6.98

【图表 9.6】净现值案例

四、内部收益率

（一）内部收益率的意义

有关内部收益率的意义可以从两方面来说明：如果从现值的角度来讨论，内部收益率指的是项目全生命周期净现值为零时的折现率；如果从终值的角度来讨论，内部收益率指的是投资金额在项目全生命周期中的平均收益率。在比较政府支出金额是否过多，或是衡量项目公司回报率大小的时候，PPP 项目一般会使用内部收益率作为财务衡量的指标，但是内部收益率在计算时也有它的限制与缺点。

（二）内部收益率的限制与缺点

关于内部收益率计算上的限制，如果是一般的项目，由于项目现金流分布规律，项目现金流在前阶段为负后阶段为正，可以正确计算项目的内部收益率，但是如果发生项目的现金流分布不规律的情形，前阶段为负现金流，后阶段为正现金流，再后阶段又为负现金流时，则此时项目的内部收益率将存在多个解，内部收益率失去了衡量投资收益高低的意义，这是内部收益率在计算上的限制。

此外，关于内部收益率的缺点，可以从两个角度分析：从现值的角度分析，对于项目中期所投入资金的折现率，在计算内部收益率时，是以项目的收益率作为折现率，这代表从始期到中期这段时间，投资人将中期投资的资金先进行了投资，并认定该先期投资的收益率与本项目的收益率相同，请问这样的认定是否合理？从终值的角度分析，对于项目中期所取回的资金，其再投资的收益率，被认定为和原项目的内收益率相同，请问这样的认定是否合理？

答案当然是不合理，因为中期投入资金的前期投资收益率，与中期取回资金的再投资收益率，都不属于原项目的投资，彼此之间的收益率当然不可以直接画上等号，因此针对中期投入资金的折现率，或是中期取回资金的再投资收益率，应该要重新认定一个合理的利率，学理上称这种调整的计算方式为“修正的内部收益率”，本书认为“修正的内部收益率”比较能够忠实地体现项目真实的收益率，因此建议应以“修正的内部收益率”作为财务分析的基础。

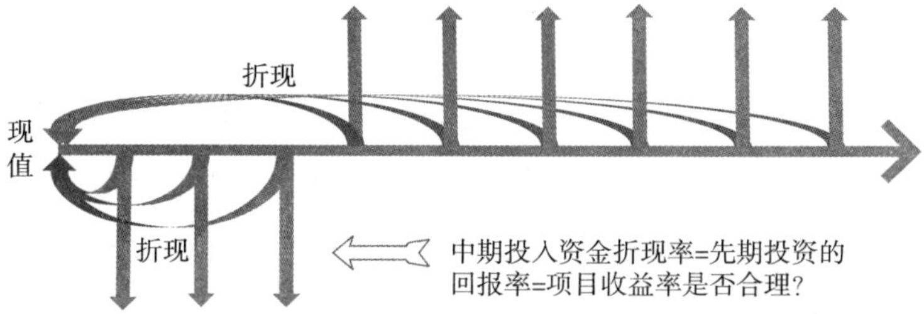

【图表 9.7】从现值的角度，分析内部收益率的缺陷

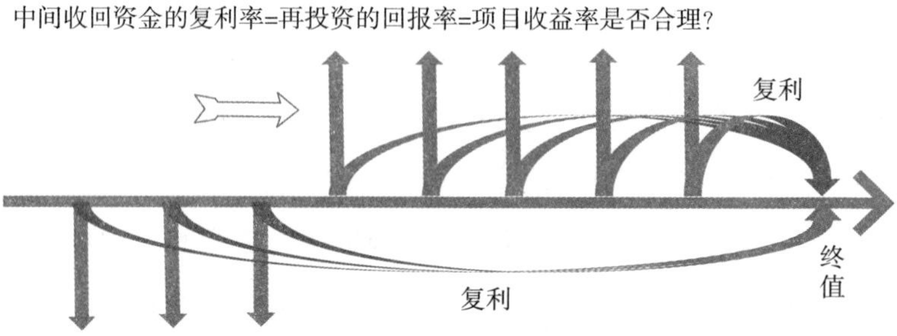

【图表 9.8】从终值的角度，分析内部收益率的缺陷

（三）有关收益分析的一个案例

在进入关于内部收益率的讨论之前，笔者拟讨论一个假设的案例，分析一下投资项目的收益所涉及的问题。假设有个投资人王总，他想投资牛

肉面连锁店，总投资金额是 500 万：问题一，如果王总自己掏出了自有资金 500 万，投资牛肉面连锁店，请问在什么条件下王总愿意投资？问题二，如果王总跟银行贷款 500 万，投资牛肉面连锁店，请问在什么条件下王总愿意投资？问题三，如果王总自有资金 100 万，银行贷款 400 万投资牛肉面店，请问在什么条件下王总愿意投资？

有关问题一的答案是，因为投资牛肉面连锁店的风险大于银行存款的风险，因此投资项目的收益率，必须大于银行的存款利率，该项目才值得投资，如果投资项目的收益率，小于银行的存款利率，王总会放弃投资，将钱存到银行。有关问题二的答案是，由于投资牛肉面连锁店的风险大于银行贷款的风险，所以投资牛肉面连锁店的收益率必须大于银行的贷款利率，该项目才值得投资，如果投资牛肉面连锁店的收益率小于银行的贷款利率，王总会选择把贷款的钱再转贷出去[①]，不会投资牛肉面连锁店。有关问题三的答案是，投资项目的收益必须大于银行的贷款利率，项目才值得投资，如果项目的收益率低于银行的贷款，王总会放弃投资，而且不管是自有资金或是债权融资都应该有回报。从上述三个问题的讨论，我们可以得到一个结论，投资项目不管是股权融资或是债权融资，都应该要有足够的收益，项目才值得投资。

（四）内部收益率的类型

内部收益率可以区分为全项目内部收益率、注册资本内部收益率，以及投资人内部收益率，各种收益率的意义、区别与功能，具体说明如下。

1. 全项目内部收益率

所谓全项目内部收益率，是以项目总投资的角度，通过安排项目的现金流入与流出来计算内部收益率。现金流入有项目财务收益、销项税、回收固定资产余额、回收流动资金，现金流出有建设投资、流动资金投资、经营成本、进项税、增值税、调整所得税等[②]。

全项目内部收益率又称为融资前内部收益率，也就是不考虑融资的问

① 这当然是单纯从经济角度的分析，没有考虑转贷可能涉及的刑责。

② 李明哲著，《投资项目经济评价问答》，55 页，中国计划出版社 2011 年版。

题，不区分股权融资或是债权融资，以总投资金额计算内部收益率。在全项目现金流量表中，没有还本付息的现金流出，计算所得税时没有计入利息，因此称为调整所得税[①]。一般而言，当全项目内部收益率大于中长期的贷款利率 4.9% 时，项目值得投资，如果全项目内部收益率小于中长期的贷款利率 4.9% 时，项目不值得投资。可能有人会问，为何以全项目内部收益率大于中长期的贷款利率 4.9% 作为指标，而不是以注册资本内部收益率大于中长期的贷款利率 4.9% 作为指标？这是因为不管是股权融资还是债权融资，都要给予回报，因此应以全项目内部收益率作为指标。

2. 注册资本内部收益率

所谓注册资本内部收益率，是从注册资本的角度，通过安排项目的现金流入与流出来计算内部收益率。现金流入有项目财务收益、销项税、回收固定资产余额、回收流动资金，现金流出有项目资本金、长期借款偿还、流动资金借款偿还、财务费用、经营成本、进项税、增值税、所得税等[②]。为何在注册资本的现金流量表中，没有债权融资的现金流入与流出？这是因为安排现金流时，假设债权融资的现金流入与流出在同一期间，相互抵销的结果可以忽略不计，因此如果具体的项目债权融资的现金流入与流出不在同一期间，则债权融资的现金流应该排入现金流量表中。

关于注册资本内部收益率与全项目内部收益率的关系是，当全项目内部收益率大于中长期的贷款利率 4.9% 时，则注册资本内部收益率应大于全项目内部收益率，这是因为计算内部收益时，债权融资的收益转移至由股权融资计算的关系。当全项目内部收益率小于中长期的贷款利率 4.9% 时，则注册资本内部收益率应小于全项目内部收益率。

---

① 债务融资前财务分析是不考虑使用债务资金，也不会发生债款利息，也就是说计算应纳所得税，不应扣除财务费用（参照李明哲著，《投资项目经济评价问答》，63 页，中国计划出版社 2011 年版）。《建设项目经济评价方法与参数》（第三版）中，表 B9 项目现金流流量表与表 B10 项目资本金现金流量表中的现金流出进行比较，会发现表 B10 有序号 2.2 借款本金偿还、序号 2.3 借款利息支付，但是表 B9 没有这些现金流出 [参照国家发改委与建设部发布，《建设项目经济评价方法与参数》（第三版），51~52 页，中国计划出版社 2006 年版]，由此可知计算项目资本金内部收益率是不计算借款现金流出。

② 李明哲著，《投资项目经济评价问答》，68 页，中国计划出版社 2011 年版。

政府方与社会资本方谈判时，一般以全项目内部收益率的高低作为谈判依据，而不会以注册资本内部收益率的高低作为谈判依据，原因在于：第一，不同的社会资本方自身条件皆不相同，其融资成本也因人而异，不同的社会资本方计算出来的注册资本也不会相同，因此在进行项目谈判时，政府方不需考虑社会资本方的融资条件，直接以全项目内部收益率的高低作为谈判依据即可；第二，投资内部收益率是高还是低，投资是否符合“风险与收益相匹配”的原则[①]，一般是通过和其他投资标的进行比较，常见比较的投资标的有中长期的贷款利率、国债利率等。由于全项目内部收益率计算时，不考虑贷款成本，因此便于与其他投资标的进行比较，而注册资本内部收益率虽然可以表现项目公司的内部收益率，却无法横向与其他投资标的比较，因此笔者建议以全项目内部收益率作为项目是否投资的指标，或是作为政府的补贴是否合理的指标。

3. 投资人内部收益率

所谓投资人内部收益率，是从投资人投资金额的角度，通过安排项目的现金流入与流出来计算内部收益率。现金流入有利润分配、资产处置收益分配、租赁费收入、技术转让或使用收入、其他现金流等，现金流出有实缴资本、租赁资产支出和其他现金流出等[②]。

在一般情况下，政府方与社会资本方谈判时以全项目内部收益率的高低作为谈判的对象，但是在政府方投资项目公司，并且放弃分红，或是 BOOT 项目合作期到期，社会资本方以股权转让的方式，办理项目移交的，笔者建议应以投资人内部收益率作为财务指标，只有通过投资人内部收益率才能计算出放弃分红或是移交公司资产对于投资人收益率的影响。

五、偿债备付率

所谓偿债备付率是指贷款偿还期内，计算用于还本付息的资金与应负

---

① 原则的内容请见本书第十二章的介绍。

② 李明哲著，《投资项目经济评价问答》，70 页，中国计划出版社 2011 年版。

还本付息的比例，用于表示计算还本付息的资金偿还借款本息的保障程度。贷款银行一般要求非经营性的 PPP 项目偿债备付率应大于 1，准经营性的 PPP 项目偿债备付率应大于 1.1，经营性的 PPP 项目偿债备付率应大于 1.2，可资参考。

第十章　PPP项目合作客体（三）——风险分配与提前退场机制

第一节　风险分配

一、风险的概念

法律上对于风险概念的界定和管理上对于风险概念的界定是不相同的。法律上将风险问题定性为不可抗力、情势变更或是危险负担，通过法律与合同中有关不可抗力、情势变更与危险负担所规定的机制，达到风险分配的效果，笔者称为具有法律意义的风险分配机制。

在此界定下的风险是具有法律意义的风险，该风险下的事项与合同义务无关。如果属于合同义务范畴的事项，一方当事人没有履行合同义务，则该方应负担违约责任，不属于法律上风险分配机制所处理的对象。至于合同当事人依约应该负担哪些义务，学理上区分为明示义务与默示义务两种。所谓明示义务是指，合同有明文约定的义务；合同没有明文约定，需通过诚信原则或是合同目的性解释，认定双方当事人有默示的合意，基于此一合意所称产生的义务，称为默示义务。当事人间如果违反了默示义务，应负担违约责任。由于默示义务非合同所明定，又需经过解释才能得其内容，因此在操作上具有相当的不确定性。

为何本书从法律的角度，严格区分具有法律意义的风险分配责任和违约责任？这是因为两者在法律与合约上的效果是截然不同的，如果是违约责任，违约人要负担损害赔偿的责任，而损害的承担需遵从“损害填补原则”，也就是损害多少就要填补多少；如果是法律上的风险分配，基本上是依据诚信与公平原则，分配双方的损害补偿责任，所以不存在损害完全填补的问题。

管理对于风险的界定，包含了上述的默示义务以及一部分的明示义务[①]，比法律界定的范围要大得多。笔者认为管理上面对风险的问题，更多的是从“风险全过程动态管理”来分析，也就是区分为风险识别、风险评估与风险应对等三个环节来处理，但是法律对于风险的讨论，更加关注于风险责任的分配。实践中经常看到有的实施方案，不对管理风险与法律风险的界定范围和目的的差异进行区分，很容易混淆“违约责任”与“风险分配责任”，这是应该要多加注意的。此外，虽然在管理学或是经济学的领域中，对于风险有许多定量的分析方法，这些分析方法在具体的实操中，目前仍有许多困难有待克服，本书在第五章已有讨论，此不赘述。

二、风险分配的方式

根据《PPP操作指南》的规定：“原则上，项目设计、建造、财务和运营维护等商业风险由社会资本承担，法律、政策和最低需求等风险由政府承担，不可抗力等风险由政府和社会资本合理共担。”由此可知，第一，这里所称的风险比法律所关注的风险范围要大，项目设计、建造、财务和运营维护等风险属于社会资本方的义务，最低需求风险属于政府方的义务，只有法律、政策以及不可抗力风险才是法律意义上的风险；第二，该规定将风险分配区分为三种分配方式，分别是由社会资本方所承担的风险责任、由政府方所承担的风险责任以及由双方共同承担的风险责任。

《PPP合同指南》针对前述的“法律变更”与“不可抗力”，做出了更细致的区分与约定。《PPP合同指南》将“法律变更”区分为“政府方可控

① 把明示义务放入风险范畴中讨论，最常见的例子就是政府不付费所产生的风险应如何对应的讨论，政府付费义务一般在合同中有明文约定，属于政府在合同中的明示义务，政府如果应付费而不付费，依约应负担违约责任，因此在法律性质上不属于具有法律意义的风险。但是很多管理方面的文献将“政府不付费的风险”纳入风险的范畴讨论。

的法律变更”以及“政府方不可控的法律变更”，并且规定“政府方可控的法律变更”定性为政府方的义务，如违反此义务，政府方应负担违约责任，“政府方不可控的法律变更”属于“不可抗力”或是“政治不可抗力”，如果约定为不可抗力，风险由双方共担，如果约定为政治不可抗力由政府方承担。此外，关于“不可抗力”概念，《PPP 合同指南》将其区分为“政治的不可抗力”与“自然的不可抗力”，政治上的不可抗力风险由政府方承担，自然的不可抗力由双方共同承担，因此项目公司在政治上不可抗力可以获得的补偿比其他的不可抗力来得多。从前述的讨论中可知，《PPP 合同指南》区隔了义务与风险，风险中又区分了由政府方承担的风险与双方共担的风险，本书认为这是将概念界定清楚的规定。

义务与不可抗力	责任内容
政府方的义务（包括可控的法律变更）	违约责任、损害赔偿责任、损害完全填补，损害范围包含利润
政治的不可抗力（可能包括不可控的法律变更）	政府方承担；项目公司可以获得的补偿[①]比其他的不可抗力要多，甚至可能包含利润
自然的不可抗力	双方共同承担，损害公平补偿，补偿范围不包含利润

【图表 10.1】政府方义务与不可抗力责任的比较

第二节　提前退场机制

一、提前终止的事由以及效力

PPP 相关政策法规经常提到 PPP 项目要建立一个“可进可出”的制度，所谓可进可出的制度是指，PPP 制度要能够选出合适的社会资本方，并且剔除不合适的社会资本方，这里的剔除包含了两部分：第一部分是将不合适的社会资本方，剔出 PPP 项目库的名单；第二部分是对不合适的社会资本方，提前终止 PPP 合约，提前终止是 PPP 合同中非常重要的一环。由于许多

① 请注意赔偿与补偿在法律上的意义是不同的，赔偿是依据完全填补原则，补偿是依据诚信与公平原则。

PPP 项目急着推出，在对交易结构进行设计时并没有深思熟虑，未来很有可能发生项目无法继续执行的情形，因此笔者相信未来将有一连串的解约问题需要处理，所以各位应该要重视提前终止的问题。一般 PPP 合同中规定提前终止合约的事由可以分为三类，其内容与相应的效果具体说明如下。

（一）第一类事由

所谓第一类提前终止 PPP 合约的事由，是指政府违约、政府方任意提前终止合约以及政治的不可抗力，这三项事由如果导致合同目的无法实现，社会资本方有权提前终止合同，并且有权请求损害赔偿，赔偿范围包含社会资本方支出的所有合理成本与预期利润。政府方完成赔偿后可以取回项目资产。

（二）第二类事由

所谓第二类提前终止 PPP 合约的事由，是指社会资本方违约，导致合同目的无法实现，政府方有权提前终止合同，请求损害赔偿，并且有权回购项目资产，回购的价金可以和损害赔偿的金额相互抵销。需要说明的是，为何在第二类事由中政府方有权回购项目资产，但是在第一类事由政府方却无权回购项目资产？这是因为在第一类事由中，项目资产的回购是政府方的义务，并非政府方的权利，而且所谓“回购的价金”应定性为损害赔偿，所以社会资本方向政府方请求损害赔偿，应包括项目资产的成本。

第一类事由的项目资产成本赔偿与第二类事由的回购项目资产，两者的差别在于请求权基础不同，前者是损害赔偿请求权，后者是合约的买回请求权，两者金额的计算也不相同，前者是赔偿所有为项目资产支出的合理成本，而后者是依据合同的约定金额，可能依据市场价值计算或是账面价值计算。

（三）第三类事由

所谓第三类提前终止 PPP 合约的事由，是指发生自然的不可抗力事由，其中包括了自然灾害与社会事件，这些事由导致合同目的无法实现，任何一方有权提前终止合约，并且请求公平地补偿损害。所谓补偿的范围一般都比赔偿的范围来得小，至于多小这要依据诚信与公平原则结合个案来衡量，一般都不包含利润在内，并且要扣除保险赔偿的金额。

提前终止事由	提前终止效力
第一类事由： 政府违约、政府方任意提前终止合约以及政治的不可抗力	1. 社会资本方有权提前终止合同 2. 社会资本方有权请求损害赔偿，赔偿范围包含社会资本方支出的所有合理成本与预期利润 3. 政府方完成赔偿后可以取回项目资产
第二类事由： 社会资本方违约	1. 政府方有权提前终止合同 2. 政府方有权请求损害赔偿 3. 政府方有权回购项目资产 4. 回购的价金可以和损害赔偿的金额相互抵销
第三类事由： 自然的不可抗力	1. 任何一方有权提前终止合约，并且请求公平地补偿损害。 2. 补偿的范围一般都比赔偿的范围来得小，一般都不包含利润在内，并且要扣除保险赔偿的金额

【图表 10.2】提前终止事由与效力

二、有关运营期提前终止 PPP 项目相关问题的讨论

如果 PPP 项目是在建设期提前终止，由于政府方还没开始付费，计算项目公司的损害金额，并且确定如何赔偿或是补偿，是比较单纯的事；但是如果 PPP 项目是在运营期提前终止，政府方已经开始付费，如何计算损害的金额，会是一件很不容易的事，原因在于：第一，运营期政府方已经开始付费，政府方所付费的金额中，有多少已经填补了建设的成本，有多少已经填补了运营的成本，有多少是支付投资回报，这些数据是无法清楚区分的；第二，如果要考虑资金的时间价值，损害赔偿资金的时间价值的计算，将是个不容易处理的问题，再加上如果合约双方进行了诉讼，该诉讼案件到了法院，法官能否明白资金的时间价值，也是不确定的事情。

比较折中简化的做法是，将项目公司已经支出的合理成本，扣除政府方已经支付的款项，再加上合理的预期利润，作为政府方赔偿的金额，虽然如此计算的金额很不精确，却是比较容易操作的方法。

三、强制接管

政策法规中有关“强制接管”的用语，规定并不一致，有的称为“临

时接管[①]”，有的称为“政府方介入权”，本书之所以称为“强制接管”，因为本书认为这项权利是公法上的权利，不是私法上的权利，政府方接管项目资产可以使用强制力，所以如果发生了强制接管的事由，政府方不需要通过民事诉讼程序，可以使用强制力单方排除干扰，接管项目资产。通常强制接管的事由和提前终止 PPP 合约的事由是一致的，也就是当发生了提前终止 PPP 合约的事由时，政府方也有权利单方接管项目资产，所以强制接管制度经常与提前终止 PPP 合约约定配套出现。但是笔者要特别强调的是，强制接管是公法上的权利，提前终止是私法上的权利，两者法律关系并不相同。

赋予政府方有强制接管权利的政策理由，是因为政府方有义务确保公共服务持续不中断，所以为保护公共利益，赋予政府方可以单方接管项目资产的权利，以确保公共服务不受合同提前终止的影响而停止服务。但是笔者也要特别强调，项目资产是社会资本方合法投资兴建的，强制接管人民合法投资所形成资产将对人民造成莫大的侵害，因此政府方行使该项权利必须非常节制。政府方绝对不可以因为自身付不出款项，任意终止合约，并且强制接管项目资产，此种行为将与盗匪无异，严重违反依法治国原则，有违人民对政府的期待。

至于如何节制此项权利，根据《立法法》第 8 条的规定“下列事项只能制定法律：……（七）对非国有财产的征收、征用……”以及第 9 条前段的规定：“本法第八条规定的事项尚未制定法律的，全国人民代表大会及其常务会议有权做出决定，授权国务院可以根据实际需要，对其中的部分事项先制定行政法规”，由此可知，有关强制接管的事由与行使权利的程序，性质上属于非国有资产的征用，应以法律或是行政法规进行规制，因此本书建议应针对“强制接管”的执行细节，特别制定法律或是行政法规，如 PPP 项目的政府方需行使强制接管时，应严格按照相关法律以及行政法规的要求行使

---

① 《传统基础设施领域 PPP 工作导则》第 20 条规定：“在 PPP 项目合作期限内，如出现重大违约或者不可抗力导致项目运营持续恶化，危及公共安全或重大公共利益时，政府要及时采取应对措施，必要时可指定项目实施机构等临时接管项目，切实保障公共安全和重大公共利益，直至项目恢复正常运营。不能恢复正常运营的，要提前终止，并按 PPP 合同约定妥善做好后续工作。”

权利。

四、直接介入协议与提前终止

所谓直接介入协议，是指当政府方、社会资本方、融资方，三方签署如果发生提前终止 PPP 合约的事由，政府方有权要求融资方介入项目公司等条款的协议。所谓“介入”是指，当项目公司的经营发生困难时，在政府方启动提前终止合约程序之前，政府方可以根据直接介入协议，要求融资方拯救项目公司，而拯救的方式一般分为两种：第一种是由融资方委托专业第三方接管项目公司；第二种是由融资方直接注资项目公司。如果经过融资机构介入后，项目公司仍无法正常运营，再由政府方提前终止 PPP 协议。

当然，政府方要求融资方签订直接介入协议，融资方也会提出几个相应的交换条件，第一，政府方支付项目公司款项时，必须全额支付至专户中，没有融资方的同意不得任意变动付款账户；第二，未来如果发生提前终止 PPP 合同的事由时，政府方如果要回购项目资产，回购的款项政府方必须直接支付给融资机构，不能支付给项目公司；第三，如果社会资本方违反融资协议的义务，视为社会资本方违反 PPP 合同，政府方应启动提前终止程序，并且回购项目资产。

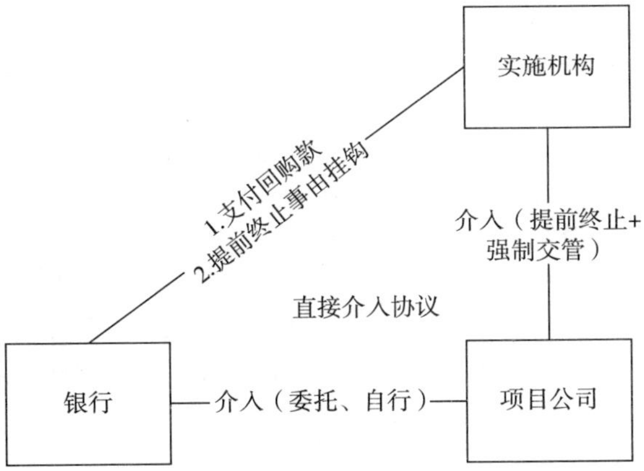

【图表 10.3】直接介入协议三方关系图

因此，完整的提前终止程序应该是这样：当项目发生了社会资本方违约的事由时，政府方应依约催告社会资本方改善，如果社会资本方改善无效果，那么政府方将通知融资方对项目公司行使介入权，如果融资方对项目公司行使的介入权无效果，那么只能由政府方发动提前终止PPP合约的程序，政府方收购项目资产时，应根据三方直接接管协议，将款项支付给融资方。

第十一章　PPP项目社会资本方的选择

一、概述

PPP模式的社会资本方的选择程序，有三个基本的指导原则必须遵从：第一，要能选出“能力好、有财力、经验多”的社会资本方；第二，程序必须公平、公正、公开，不能排除特定人或是对特定人有歧视；第三，要能通过竞争性程序，让政府方得到市场上相对好的商业条件。社会资本方的选择程序，基本上就是围绕着这三个指导原则所设计的。

关于PPP项目社会资本方的选择程序，应依据《政府采购法》还是《招标投标法》的规定？有关这个问题应区分为两种情形讨论，第一种是公共服务领域，第二种是传统基础设施领域。在公共服务领域，应根据《政府采购法》以及相关规定办理采购程序，选择社会资本方应无太大争议；但是在传统基础设施领域，根据《传统基础设施领域PPP工作导则》第13条第1款的规定：“依法通过公开招标、邀请招标、两阶段招标、竞争性谈判等方式，公平择优选择具有相应投资能力、管理经验、专业水平、融资实力以及信用状况良好的社会资本方作为合作伙伴。其中，拟由社会资本方自行承担工程项目勘查、设计、施工、监理以及与工程建设有关的重要设备、材料等采购的，必须按照《招标投标法》的规定，通过招标方式选择社会资本方。”由此可知，该规定区分为社会资本方自行建设或是社会资本方发包给第三人建设两种情形。如果是社会资本方自己建设，则选择社会资本方的程序应依据《招标投标法》办理；但是如果是社会资本方发包给第三人建设，通过反面推断，社会资本方的选择程序似乎可以适用《政府采购法》或《招标投标法》。

笔者认为PPP模式的核心在于购买服务，而不是购买工程，因此PPP项目的社会资本方选择程序，应适用《政府采购法》的规定，而不需区分是公共服务领域还是传统基础设施领域。此外，PPP项目审批时，已经过财政承受能力论证，本书建议财政评审程序应与财政承受能力论证合并实施，因此进行社会资本方选择程序之前，不需要再经过财政评审程序。

《PPP采购办法》《竞争性磋商采购办法》与《招标投标法》的相关用语及程序规定有许多不同之处，实践中经常看到有的机构将传统模式的招标文件，稍作修改，即作为PPP项目中选择社会资本方的采购或招标文件，因此文件内容所编写的用语、程序，经常发生与法律法规所规定的内容相脱节的情形。编写采购或招标文件用语与法规规定一致，这是最基本的要求，本书整理对比相关用语如下表所示，以供参考。

	《PPP采购办法》	《竞争性磋商采购办法》	《招标投标法》
【主体】	项目实施机构（采购人）	采购人	招标人
	评审小组	竞争性磋商小组	评标委员会
	谈判工作组		
	社会资本方（供应商）	供应商	投标人
	竞争者		潜在投标人
		实质响应供应商	
	候选社会资本方	成交候选供应商	候选中标人
	预中标、成交社会资本方		
	中标或成交社会资本方方	成交供应商	中标人
	采购代理机构	采购代理机构	招标代理机构
【文件】	采购公告	竞争性磋商公告	招标公告
	采购邀请	采购邀请	招标邀请书
	竞争者须知		
	采购文件	竞争性磋商文件	招标文件
	响应文件	响应文件	投标文件

续表

	《PPP 采购办法》	《竞争性磋商采购办法》	《招标投标法》
【程序】	采购程序	竞争性磋商采购程序	招投标程序
	提交响应文件截止时间	提交响应文件截止时间	提交投标文件截止时间
	参加采购活动的保证金	磋商保证金	投标保证金
	谈判备忘录		
	中标、成交通知书	成交通知书	中标通知书
	中标、成交公告	成交结果公告	

【图表 11.1】社会资本方选择程序用语比较表

二、选择类型

有关选择社会资本方的方式有六种类型，分别是公开招标、邀请招标、竞争性谈判、竞争性磋商、两阶段招标①、单一来源采购等。这六种类型可以进一步区分为竞争性选择程序②与非竞争性选择程序，或是招标程序与非标程序③；竞争性选择程序包括公开招标、竞争性磋商、竞争性谈判、两阶段招标等；非竞争性选择程序包括邀请招标、单一来源采购；招标程序包括公开招标、邀请招标；非标程序包括竞争性谈判、竞争性磋商、两阶段招标、单一来源采购。以下针对这六种选择类型说明如下。

（一）公开招标

1. 适用条件

根据《政府采购法实施条例》第 23 条的规定："采购人采购公开招标数额标准以上的货物或者服务，符合政府采购法第二十九条、第三十条、第

① 《传统基础设施领域 PPP 工作导则》第 13 条第 1 款前段："依法通过公开招标、邀请招标、两阶段招标、竞争性谈判等方式，公平择优选择具有相应投资能力、管理经验、专业水平、融资实力以及信用状况良好的社会资本方作为合作伙伴。"

② 《财政管理办法》第 11 条："项目实施机构应当优先采用公开招标、竞争性谈判、竞争性磋商等竞争性方式采购社会资本方，鼓励社会资本积极参与、充分竞争。根据项目需求必须采用单一来源采购方式的，应当严格符合法定条件，并经上级政府采购主管部门批准。"

③ 《非标管理办法》第 2 条第 2 款："本办法所称非招标采购方式，是指竞争性谈判、单一来源采购和询价采购方式。"

三十一条、第三十二条规定情形或者有需要执行政府采购政策等特殊情况的，经设区的市级以上人民政府财政部门批准，可以依法采用公开招标以外的采购方式。”以及《招标投标法实施条例》第8条第1款的规定：“国有资金占控股或者主导地位的依法必须进行招标的项目，应当公开招标。”由此可知，数额达标的采购项目或是国有资金主导的招标项目，除邀请招标（第29条）、竞争性谈判（第30条）、单一来源采购（第31条）、询价方式（第32条）或特殊情况可以采用公开招标以外的选择方式外，原则上应采用公开招标。

2. 招标方式

根据《招标投标法》第10条第2款的规定：“公开招标，是指招标人以招标公告的方式邀请不特定的法人或者其他组织投标。”由此可知，所谓“公开”是以“公告方式”邀请符合投标资格的“不特定人”。

（二）邀请招标

1. 适用条件

根据《政府采购法》第29条的规定：“符合下列情形之一的货物或者服务，可以依照本法采用邀请招标方式采购：（一）具有特殊性，只能从有限范围的供应商处采购的；（二）采用公开招标方式的费用占政府采购项目总价值的比例过大的。”以及《招标投标法实施条例》第8条的规定：“国有资金占控股或者主导地位的依法必须进行招标的项目，应当公开招标；但有下列情形之一的，可以邀请招标：（一）技术复杂、有特殊要求或者受自然环境限制，只有少量潜在投标人可供选择；（二）采用公开招标方式的费用占项目合同金额的比例过大。”由此可知，少数供应商或是投标人可以提供的服务、货物或是工程，可以采取邀请招标，并且根据前述《政府采购法实施条例》第23条的规定，经设区的市级以上人民政府财政部门批准。

2. 招标方式

根据《招标投标法》第10条第3款的规定：“邀请招标，是指招标人以投标邀请书的方式邀请特定的法人或者其他组织投标。”以及第17条第1款的规定：“招标人采用邀请招标方式的，应当向三个以上具备承担招标项目的能力、资信良好的特定的法人或者其他组织发出投标邀请书。”由此可知，所谓的“邀请”是以“投标邀请书”的方式，邀请三个以上符合投标资格的“特定人”。

（三）竞争性磋商

1. 适用条件

根据《竞争性磋商采购办法》第 3 条的规定：“符合下列情形的项目，可以采用竞争性磋商方式开展采购：（一）政府购买服务项目；（二）技术复杂或者性质特殊，不能确定详细规格或者具体要求的；（三）因艺术品采购、专利、专有技术或者服务的时间、数量事先不能确定等原因不能事先计算出价格总额的；（四）市场竞争不充分的科研项目，以及需要扶持的科技成果转化项目；（五）按照招标投标法及其实施条例必须进行招标的工程建设项目以外的工程建设项目。”由此可知，项目边际条件不确定，需要通过磋商程序予以确定的项目，可以采用竞争性磋商。

根据《竞争性磋商采购办法》第 4 条的规定：“达到公开招标数额标准的货物、服务采购项目，拟采用竞争性磋商采购方式的，采购人应当在采购活动开始前，报经主管预算单位同意后，依法向设区的市、自治州以上人民政府财政部门申请批准。”由此可知，达到公开招标数额的项目，拟采用竞争性磋商程序进行采购的，应向设区的市、自治州以上人民政府财政部门申请批准。

2. 进行方式

根据《竞争性磋商采购办法》第 6 条第 1 款的规定：“采购人、采购代理机构应当通过发布公告、从省级以上财政部门建立的供应商库中随机抽取或者采购人和评审专家分别书面推荐的方式邀请不少于三家符合相应资格条件的供应商参与竞争性磋商采购活动。”由此可知，竞争性磋商可以采用发布公告、抽签邀请或是书面推荐邀请等方式。

（四）竞争性谈判

1. 适用条件

根据《政府采购法》第 30 条的规定：“符合下列情形之一的货物或者

服务，可以依照本法采用竞争性谈判方式采购：（一）招标后没有供应商投标或者没有合格标的或者重新招标未能成立的；（二）技术复杂或者性质特殊，不能确定详细规格或者具体要求的；（三）采用招标所需时间不能满足用户紧急需要的；（四）不能事先计算出价格总额的。”由此可知，没有供应商投标或是边际条件不明确的项目，可以采用竞争性谈判。

根据《非标管理办法》第 4 条的规定：“达到公开招标数额标准的货物、服务采购项目，拟采用非招标采购方式的，采购人应当在采购活动开始前，报经主管预算单位同意后，向设区的市、自治州以上人民政府财政部门申请批准。”由此可知，达到公开招标数额的项目，采用竞争性谈判程序的，应向设区的市、自治州以上人民政府财政部门申请批准。

这里要特别说明的是，竞争性磋商与竞争性谈判，两者间到底存在着什么样的区别？根据《财政部有关负责人就〈政府采购竞争性磋商采购方式管理暂行办法〉〈政府和社会资本合作项目政府采购管理办法〉有关问题答记者问》的内容：“竞争性磋商和竞争性谈判两种采购方式在流程设计和具体规则上既有联系又有区别：在‘明确采购需求’阶段，二者关于采购程序、供应商来源方式、磋商或谈判公告要求、响应文件要求、磋商或谈判小组组成等方面的要求基本一致；在‘竞争报价’阶段，竞争性磋商采用了类似公开招标的‘综合评分法’，区别于竞争性谈判的‘最低价成交’。之所以这样设计，就是为了在需求完整、明确的基础上实现合理报价和公平交易，并避免竞争性谈判最低价成交可能导致的恶性竞争，将政府采购制度功能聚焦到‘物有所值’的价值目标上来，达到‘质量、价格、效率’的统一。”由此可知，竞争性磋商与竞争性谈判的区别在于，前者采取综合评分法，后者采取最低价成交法。

2. 进行方式

根据《非标管理办法》第 12 条的规定：“采购人、采购代理机构应当通过发布公告、从省级以上财政部门建立的供应商库中随机抽取或者采购人和评审专家分别书面推荐的方式邀请不少于三家符合相应资格条件的供应商参与竞争性谈判或者询价采购活动。（第 1 款）……采取采购人和评审专家书面推荐方式选择供应商的，采购人和评审专家应当各自出具书面推荐意见。采购人推荐供应商的比例不得高于推荐供应商总数的 50%。（第 3 款）。”由此可知，竞争性磋商可以采用发布公告或是书面推荐邀请等方式。

（五）两阶段招标

1. 适用条件

根据《招标投标法实施条例》第 30 条第 1 款的规定：“对技术复杂或者无法精确拟定技术规格的项目，招标人可以分两阶段进行招标。”由此可知，边际条件不明的项目，可以采用两阶段招标。

2. 进行方式

根据《招标投标法实施条例》第 30 条的规定：“第一阶段，投标人按照招标公告或者投标邀请书的要求提交不带报价的技术建议，招标人根据投标人提交的技术建议确定技术标准和要求，编制招标文件（第 2 款）。第二阶段，招标人向在第一阶段提交技术建议的投标人提供招标文件，投标人按照招标文件的要求提交包括最终技术方案和投标报价的投标文件（第 3 款）。招标人要求投标人提交投标保证金的，应当在第二阶段提出（第 4 款）。”由此可知，两阶段招标第一阶段提交不带报价的技术方案，第二阶段提交带报价的技术方案，与竞争性谈判内容类似。

（六）单一来源采购

根据《政府采购法》第 31 条的规定：“符合下列情形之一的货物或者服务，可以依照本法采用单一来源方式采购：（一）只能从唯一供应商处采购的；（二）发生了不可预见的紧急情况不能从其他供应商处采购的；（三）必须保证原有采购项目一致性或者服务配套的要求，需要继续从原供应商处添购，且添购资金总额不超过原合同采购金额百分之十的。”由此可知，只有唯一供应商或是投标人可以提供的服务、货物，可以采取单一来源采购，并且根据前述《政府采购法实施条例》第 23 条的规定，经设区的市级以上人民政府财政部门批准。

三、《PPP 采购办法》社会资本方选择程序

对于纳入 PPP 项目开发目录的项目，项目实施机构应根据物有所值评价和财政承受能力论证审核结果完善项目实施方案，报本级人民政府审核。本级人民政府审核同意后，由项目实施机构按照政府采购管理相关规定，依法组织开展社会资本方采购工作。① 采购程序可以分为五个阶段，分别是资格预审程序、文件的编制与提交、采购评审程序、谈判程序、成交中标与签约程序，具体内容说明如下。

（一）资格预审程序

1. 参与资格预审的对象

PPP 项目采购应当实行资格预审。项目实施机构应当根据项目需要准备资格预审文件，发布资格预审公告，邀请社会资本方和与其合作的金融机构参与资格预审，验证项目能否获得社会资本响应和实现充分竞争。②

2. 资格预审公告

资格预审公告应当在省级以上人民政府财政部门指定的政府采购信息发布媒体上发布。资格预审公告应当包括：（1）项目授权主体；（2）项目实施机构；（3）项目名称；（4）采购需求；（5）对社会资本的资格要求；（6）是否允许联合体参与采购活动；（7）是否限定参与竞争的合格社会资本的数量及限定的方法和标准；（8）社会资本提交资格预审申请文件的时间和地点。提交资格预审申请文件的时间自公告发布之日起不得少于 15 个工作日。③

3. 资格预审工作

根据《PPP 采购办法》第 7 条的规定，由项目实施机构代理机构，成立评审小组，负责 PPP 项目采购资格预审工作。此外，根据《PPP 采购办法》第 8 条的规定："项目有三家以上社会资本通过资格预审的，项目实施机构可以继续开展采购文件准备工作；项目通过资格预审的社会资本不足三

① 参照《财政管理办法》第 10 条
② 参照《PPP 采购办法》第 5 条
③ 参照《PPP 采购办法》第 6 条第 2 款

家的，项目实施机构应当在调整资格预审公告内容后重新组织资格预审；项目经重新资格预审后合格社会资本仍不够三家的，可以依法变更采购方式（第 1 款）。资格预审结果应当告知所有参与资格预审的社会资本，并将资格预审的评审报告提交财政部门（政府和社会资本合作中心）备案（第 2 款）。”由此可知资格预审的结果有三种，分别是通过资格预审、重新组织资格预审以及变更采购方式。如果有三家以上的社会资本方通过资格预审，可以进入到下一阶段编制采购文件。

（二）文件的编制与提交

1. 编制采购文件

项目采购文件应当包括：（1）采购邀请；（2）竞争者须知（包括密封、签署、盖章要求等）；（3）竞争者应当提供的资格、资信及业绩证明文件；（4）采购方式；（5）政府对项目实施机构的授权；（6）实施方案的批复和项目相关审批文件；（7）采购程序；（8）响应文件编制要求；（9）提交响应文件截止时间；（10）开启时间及地点；（11）保证金交纳数额和形式；（12）评审方法；（13）评审标准；（14）政府采购政策要求；（15）PPP 项目合同草案及其他法律文本；（16）采购结果确认谈判中项目合同可变的细节；（17）是否允许未参加资格预审的供应商参与竞争并进行资格后审等内容。①

项目实施机构应当在采购文件中要求社会资本方交纳参加采购活动的保证金和履约保证金。社会资本方应当以支票、汇票、本票或者金融机构、担保机构出具的保函等非现金形式交纳保证金。参加采购活动的保证金数额不得超过项目预算金额的 2%。履约保证金的数额不得超过 PPP 项目初始投资总额或者资产评估值的 10%，无固定资产投资或者投资额不大的服务型 PPP 项目，履约保证金的数额不得超过平均 6 个月服务收入额。②

2. 现场考察与召开答疑会

项目实施机构应当组织社会资本方进行现场考察或者召开采购前答疑会，但不得单独或者分别组织只有一个社会资本方参加的现场考察和答疑

① 参照《PPP 采购办法》第 9 条第 1 款前段规定

② 参照《PPP 采购办法》第 21 条规定

会。项目实施机构可以视项目的具体情况，组织对符合条件的社会资本方的资格条件进行考察核实。①

3. 提交响应文件（投标文件）

货物和服务项目实行招标方式采购的，自招标文件开始发出之日起至投标人提交投标文件截止之日止，不得少于20日。②招标文件的提供期限自招标文件开始发出之日起不得少于5个工作日。采购人或者采购代理机构可以对已发出的招标文件进行必要的澄清或者修改。澄清或者修改的内容可能影响投标文件编制的，采购人或者采购代理机构应当在投标截止时间至少15日前，以书面形式通知所有获取招标文件的潜在投标人；不足15日的，采购人或者采购代理机构应当顺延提交投标文件的截止时间。③

（三）采购评审程序

1. 评审小组的组成

项目实施机构、采购代理机构应当成立评审小组，负责PPP项目采购的资格预审和评审工作。评审小组由项目实施机构代表和评审专家共5人以上单数组成，④其中评审专家人数不得少于评审小组成员总数的2/3。评审专家可以由项目实施机构自行选定，但评审专家中至少应当包含1名财务专家和1名法律专家。项目实施机构代表不得以评审专家身份参加项目的评审。⑤

2. 项目评审

评审小组成员应当按照客观、公正、审慎的原则，根据资格预审公告和采购文件规定的程序、方法和标准进行资格预审和独立评审。已进行资格预审的，评审小组在评审阶段可以不再对社会资本方进行资格审查。允许进行资格后审的，由评审小组在响应文件评审环节对社会资本方进行资格审查。评审小组成员应当在资格预审报告和评审报告上签字，对自己的评审意见承担法律责任。对资格预审报告或者评审报告有异议的，应当在报告上签

① 参照《PPP采购办法》第11条规定
② 参照《政府采购法》第35条规定
③ 参照《政府采购法实施条例》第31条规定
④ 参照《政府采购评审专家管理办法》
⑤ 参照《PPP采购办法》第7条规定

署不同意见，并说明理由，否则视为同意资格预审报告和评审报告。①

政府采购招标评标方法分为最低评标价法和综合评分法。最低评标价法，是指投标文件满足招标文件全部实质性要求且投标报价最低的供应商为中标候选人的评标方法。综合评分法，是指投标文件满足招标文件全部实质性要求且按照评审因素的量化指标评审得分最高的供应商为中标候选人的评标方法。技术、服务等标准统一的货物和服务项目，应当采用最低评标价法。采用综合评分法的，评审标准中的分值设置应当与评审因素的量化指标相对应。招标文件中没有规定的评标标准不得作为评审的依据。②

3. 前期投资成本的合理补偿

参加采购评审的社会资本方所提出的技术方案内容最终被全部或部分采纳，但经采购未中选的，财政部门应会同行业主管部门对其前期投入成本予以合理补偿。③

（四）谈判程序

1. 谈判工作组的任务

PPP 项目采购评审结束后，项目实施机构应当成立专门的采购结果确认谈判工作组，负责采购结果确认前的谈判和最终的采购结果确认工作。④

2. 谈判工作组的组成

采购结果确认谈判工作组成员及数量由项目实施机构确定，但应当至少包括财政预算管理部门、行业主管部门代表，以及财务、法律等方面的专家。涉及价格管理、环境保护的 PPP 项目，谈判工作组还应当包括价格管理、环境保护行政执法机关代表。评审小组成员可以作为采购结果确认谈判工作组成员参与采购结果确认谈判。⑤

3. 谈判的方式

采购结果确认谈判工作组应当按照评审报告推荐的候选社会资本方排

---

① 参照《PPP 采购办法》第 12 条第 1 款和第 2 款规定

② 参照《政府采购法实施条例》第 34 条规定

③ 参照《财政管理办法》第 14 条

④ 参照《PPP 采购办法》第 14 条第 1 款规定

⑤ 参照《PPP 采购办法》第 14 条第 2 款规定

名，依次与候选社会资本方及与其合作的金融机构就项目合同中可变的细节问题进行项目合同签署前的确认谈判，率先达成一致的候选社会资本方即为预中标、成交社会资本方。[①]确认谈判不得涉及项目合同中不可谈判的核心条款，不得与排序在前但已终止谈判的社会资本方进行重复谈判。[②]

4. 签署谈判备忘录与公示

项目实施机构应当在预中标、成交社会资本方确定后10个工作日内，与预中标、成交社会资本方签署确认谈判备忘录，并将预中标、成交结果和根据采购文件、响应文件及有关补遗文件和确认谈判备忘录拟定的项目合同文本在省级以上人民政府财政部门指定的政府采购信息发布媒体上进行公示，公示期不得少于5个工作日。项目合同文本应当将预中标、成交社会资本方响应文件中的重要承诺和技术文件等作为附件。项目合同文本涉及国家秘密、商业秘密的内容可以不公示。[③]

（五）成交、中标与签约程序

1. 发出成交、中标通知书与公告

项目实施机构应当在公示期满无异议后2个工作日内，将中标、成交结果在省级以上人民政府财政部门指定的政府采购信息发布媒体上进行公告，同时发出中标、成交通知书。中标、成交结果公告内容应当包括：项目实施机构和采购代理机构的名称、地址和联系方式；项目名称和项目编号；中标或者成交社会资本方的名称、地址、法人代表；中标或者成交标的名称、主要中标或者成交条件（包括但不限于合作期限、服务要求、项目概算、回报机制）等；评审小组和采购结果确认谈判工作组成员名单。[④]

2.PPP 项目合同的审核与批准

采购结果公示结束后、PPP 项目合同正式签订前，项目实施机构应将PPP 项目合同提交行业主管部门、财政部门、法制部门等相关职能部门审核

---

① 参照《PPP 采购办法》第15条规定
② 参照《PPP 采购办法》第16条规定
③ 参照《PPP 采购办法》第17条规定
④ 参照《PPP 采购办法》第18条规定

后，报同级人民政府批准。[①] 项目采购文件中应当明确项目合同必须报请本级人民政府审核同意，在获得同意前项目合同不得生效。[②]

PPP 项目合同审核时，应当对照项目实施方案、物有所值评价报告、财政承受能力论证报告及采购文件，检查合同内容是否发生实质性变更，并重点审核合同是否满足以下要求：（1）合同应当根据实施方案中的风险分配方案，在政府方与社会资本方双方之间合理分配项目风险，并确保应由社会资本方承担的风险实现了有效转移；（2）合同应当约定项目具体产出标准和绩效考核指标，明确项目付费与绩效评价结果挂钩；（3）合同应当综合考虑项目全生命周期内的成本核算范围和成本变动因素，设定项目基准成本；（4）合同应当根据项目基准成本和项目资本金财务内部收益率，参照工程竣工决算合理测算确定项目的补贴或收费定价基准。项目收入基准以外的运营风险由项目公司承担；（5）合同应当合理约定项目补贴或收费定价的调整周期、条件和程序，作为项目合作期限内行业主管部门和财政部门执行补贴或收费定价调整的依据。[③]

3. 正式签约

项目实施机构应当在中标、成交通知书发出后 30 日内，与中标、成交社会资本方签订经本级人民政府审核同意的 PPP 项目合同。需要为 PPP 项目设立专门项目公司的，待项目公司成立后，由项目公司与项目实施机构重新签署 PPP 项目合同，或者签署关于继承 PPP 项目合同的补充合同。[④]

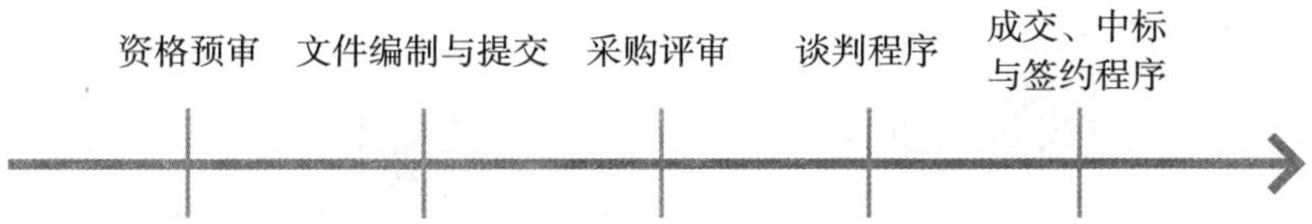

【图表 11.2】《PPP 采购办法》社会资本方选择程序

① 参照《财政管理办法》第 16 条

② 参照《PPP 采购办法》第 18 条规定

③ 参照《财政管理办法》第 17 条

④ 参照《PPP 采购办法》第 19 条规定

四、《竞争性磋商采购办法》社会资本方选择程序

竞争性磋商采购程序可以分为6个阶段，分别是资格预审程序、文件编制与提交、磋商程序、最终报价的提出、评审程序、成交通知与签约程序等。前述《PPP采购办法》中与竞争性磋商程序不相违背的规定，皆可援用，此处不再赘述，具体内容说明如下。

（一）资格预审程序

采用公告方式邀请供应商的，采购人、采购代理机构应当在省级以上人民政府财政部门指定的政府采购信息发布媒体发布竞争性磋商公告。竞争性磋商公告应当包括以下主要内容：（1）采购人、采购代理机构的名称、地点和联系方法；（2）采购项目的名称、数量、简要规格描述或项目基本概况介绍；（3）采购项目的预算；（4）供应商资格条件；（5）获取磋商文件的时间、地点、方式及磋商文件售价；（6）响应文件提交的截止时间、开启时间及地点；7. 采购项目联系人姓名和电话。[①]

（二）文件的编制与提交

1. 编制竞争性磋商文件

竞争性磋商文件（以下简称磋商文件）应当根据采购项目的特点和采购人的实际需求制定，并经采购人书面同意。采购人应当以满足实际需求为原则，不得擅自提高经费预算和资产配置等采购标准。磋商文件不得要求或者标明供应商名称或者特定货物的品牌，不得含有指向特定供应商的技术、服务等条件。[②]

磋商文件应当包括供应商资格条件、采购邀请、采购方式、采购预算、采购需求、政府采购政策要求、评审程序、评审方法、评审标准、价格构成或者报价要求、响应文件编制要求、保证金交纳数额和形式以及不予退还保证金的情形、磋商过程中可能实质性变动的内容、响应文件提交的截止时间、开启时间及地点以及合同草案条款等。[③]

---

① 参照《竞争性磋商采购办法》第7条
② 参照《竞争性磋商采购办法》第8条
③ 参照《竞争性磋商采购办法》第9条

2. 提交首次响应文件与磋商保证金

从磋商文件发出之日起至供应商提交首次响应文件截止之日止不得少于 10 日。磋商文件的发售期限自开始之日起不得少于 5 个工作日。提交首次响应文件截止之日前，采购人、采购代理机构或者磋商小组可以对已发出的磋商文件进行必要的澄清或者修改，澄清或者修改的内容作为磋商文件的组成部分。澄清或者修改的内容可能影响响应文件编制的，采购人、采购代理机构应当在提交首次响应文件截止时间至少 5 日前，以书面形式通知所有获取磋商文件的供应商；不足 5 日的，采购人、采购代理机构应当顺延提交首次响应文件截止时间。①

采购人、采购代理机构可以要求供应商在提交响应文件截止时间之前交纳磋商保证金。磋商保证金应当采用支票、汇票、本票或者金融机构、担保机构出具的保函等非现金形式交纳。磋商保证金数额应当不超过采购项目预算的 2%。供应商未按照磋商文件要求提交磋商保证金的，响应无效。供应商为联合体的，可以由联合体中的一方或者多方共同交纳磋商保证金，其交纳的保证金对联合体各方均具有约束力。②

供应商在提交响应文件截止时间前，可以对所提交的响应文件进行补充、修改或者撤回，并书面通知采购人、采购代理机构。补充、修改的内容作为响应文件的组成部分。补充、修改的内容与响应文件不一致的，以补充、修改的内容为准。③

3. 无效响应的处理

未实质性响应磋商文件的响应文件按无效响应处理，磋商小组应当告知提交响应文件的供应商。④

（三）磋商程序

1. 磋商小组的组成

磋商小组由采购人代表和评审专家共三人以上单数组成，其中评审专

---

① 参照《竞争性磋商采购办法》第 10 条

② 参照《竞争性磋商采购办法》第 12 条

③ 参照《竞争性磋商采购办法》第 13 条第 2 款

④ 参照《竞争性磋商采购办法》第 16 条第 1 款后段

家人数不得少于磋商小组成员总数的2/3。采购人代表不得以评审专家身份参加本部门或本单位采购项目的评审。采购代理机构人员不得参加本机构代理的采购项目的评审。采用竞争性磋商方式的政府采购项目，评审专家应当从政府采购评审专家库内相关专业的专家名单中随机抽取。符合情况特殊、通过随机方式难以确定合适的评审专家的项目，经主管预算单位同意，可以自行选定评审专家。技术复杂、专业性强的采购项目，评审专家中应当包含1名法律专家。①

2. 澄清与说明

磋商小组在对响应文件的有效性、完整性和响应程度进行审查时，可以要求供应商对响应文件中含义不明确、同类问题表述不一致或者有明显文字和计算错误的内容等做出必要的澄清、说明或者更正。供应商的澄清、说明或者更正不得超出响应文件的范围或者改变响应文件的实质性内容。磋商小组要求供应商澄清、说明或者更正响应文件应当以书面形式做出。供应商的澄清、说明或者更正应当由法定代表人或其授权代表签字或者加盖公章。由授权代表签字的，应当附法定代表人授权书。供应商为自然人的，应当由本人签字并附身份证明。②

3. 磋商方式

磋商小组所有成员应当集中与单一供应商分别进行磋商，并给予所有参加磋商的供应商平等的磋商机会。③

4. 磋商文件的实质性变动

在磋商过程中，磋商小组可以根据磋商文件和磋商情况实质性变动采购需求中的技术、服务要求以及合同草案条款，但不得变动磋商文件中的其他内容。实质性变动的内容，须经采购人代表确认。对磋商文件做出的实质性变动是磋商文件的有效组成部分，磋商小组应当及时以书面形式同时通知

① 参照《竞争性磋商采购办法》第14条
② 参照《竞争性磋商采购办法》第18条
③ 参照《竞争性磋商采购办法》第19条

所有参加磋商的供应商。[1]

5. 重新提交响应文件

供应商应当按照磋商文件的变动情况和磋商小组的要求重新提交响应文件，并由其法定代表人或授权代表签字或者加盖公章。由授权代表签字的，应当附法定代表人授权书。供应商为自然人的，应当由本人签字并附身份证明。[2]

（四）最终报价的提出

磋商文件能够详细列明采购标的的技术、服务要求的，磋商结束后，磋商小组应当要求所有实质性响应的供应商在规定时间内提交最后报价，提交最后报价的供应商不得少于三家。磋商文件不能详细列明采购标的的技术、服务要求，需经磋商由供应商提供最终设计方案或解决方案的，磋商结束后，磋商小组应当按照少数服从多数的原则投票推荐三家以上供应商的设计方案或者解决方案，并要求其在规定时间内提交最后报价。[3]

此外，根据财政部《竞争性磋商采购办法的补充通知》的规定："采用竞争性磋商采购方式采购的政府购买服务项目（含政府和社会资本合作项目），在采购过程中符合要求的供应商（社会资本）只有两家的，竞争性磋商采购活动可以继续进行。采购过程中符合要求的供应商（社会资本）只有一家的，采购人（项目实施机构）或者采购代理机构应当终止竞争性磋商采购活动，发布项目终止公告并说明原因，重新开展采购活动。"需要特别讨论的是条文中所称的采购过程，所指的是采购过程中的哪个环节。笔者认为包括提交有效响应文件阶段以及最后报价阶段都有适用的余地。

（五）评审程序

1. 综合评分法

经磋商确定最终采购需求和提交最后报价的供应商后，由磋商小组采用综合评分法对提交最后报价的供应商的响应文件和最后报价进行综合评

---

① 参照《竞争性磋商采购办法》第 20 条第 1 款第 2 款

② 参照《竞争性磋商采购办法》第 20 条第 3 款

③ 参照《竞争性磋商采购办法》第 21 条第 1 款第 2 款

分。综合评分法，是指响应文件满足磋商文件全部实质性要求且按评审因素的量化指标评审得分最高的供应商为成交候选供应商的评审方法。①

2. 价格分的计算

综合评分法货物项目的价格分值占总分值的比重（即权值）为30%至60%，服务项目的价格分值占总分值的比重（即权值）为10%至30%。采购项目中含不同采购对象的，以占项目资金比例最高的采购对象确定其项目属性。有特殊情况需要在上述规定范围外设定价格分权重的，应当经本级人民政府财政部门审核同意。综合评分法中的价格分统一采用低价优先法计算，即满足磋商文件要求且最后报价最低的供应商的价格为磋商基准价，其价格分为满分。其他供应商的价格分统一按照下列公式计算：【磋商报价得分 =（磋商基准价 / 最后磋商报价）× 价格权值 ×100】。项目评审过程中，不得去掉最后报价中的最高报价和最低报价。②

3. 推荐候选供应商

磋商小组应当根据综合评分情况，按照评审得分由高到低顺序推荐成交候选供应商，并编写评审报告。评审得分相同的，按照最后报价由低到高的顺序推荐。评审得分且最后报价相同的，按照技术指标优劣顺序推荐。③

4. 确定成交供应商

采购代理机构应当在评审结束后2个工作日内将评审报告送采购人确认。采购人应当在收到评审报告后5个工作日内，从评审报告提出的成交候选供应商中，按照排序由高到低的原则确定成交供应商，也可以书面授权磋商小组直接确定成交供应商。采购人逾期未确定成交供应商且不提出异议的，视为确定评审报告提出的排序第一的供应商为成交供应商。④

---

① 参照《竞争性磋商采购办法》第23条

② 参照《竞争性磋商采购办法》第24条第3款和第4款

③ 参照《竞争性磋商采购办法》第25条

④ 参照《竞争性磋商采购办法》第28条

（六）成交通知与签约程序

1. 发出成交通知书

采购人或者采购代理机构应当在成交供应商确定后 2 个工作日内，在省级以上财政部门指定的政府采购信息发布媒体上公告成交结果，同时向成交供应商发出成交通知书，并将磋商文件随成交结果同时公告。①

2. 签订正式合同

采购人与成交供应商应当在成交通知书发出之日起 30 日内，按照磋商文件确定的合同文本以及采购标的、规格型号、采购金额、采购数量、技术和服务要求等事项签订政府采购合同。采购人不得向成交供应商提出超出磋商文件以外的任何要求作为签订合同的条件，不得与成交供应商订立背离磋商文件确定的合同文本以及采购标的、规格型号、采购金额、采购数量、技术和服务要求等实质性内容的协议。②

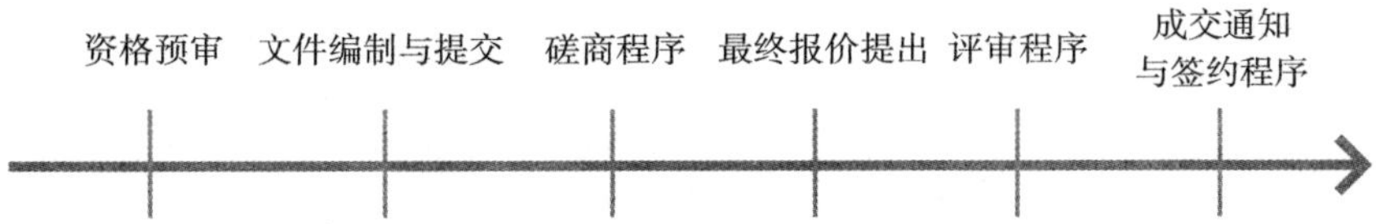

【图表 11.3】《竞争性磋商采购办法》社会资本方选择程序

① 参照《竞争性磋商采购办法》第 29 条第 1 款前段

② 参照《竞争性磋商采购办法》第 30 条

part 03

第三篇　次要交易群

第十二章　结构化融资概述

一、融资的内涵

所谓融资是指某个企业或是项目筹集资金的过程，在这个定义之下，融资的范围包含了投资（股权融资）以及贷款（债权融资），筹资过程中的参与者也包含了投资人与融资机构。因此本书所讨论的融资问题，并不只局限于金融机构的贷款问题（狭义的融资），而是筹资中涉及与融资相关的所有问题（广义的融资）。本书第三章讨论 PPP 交易结构时，将 PPP 交易结构区分为主要交易结构与次要交易结构：主要交易结构所要讨论的，集中于政府向社会资本购买公共服务时，交易内容如何设计的问题，本书于第二篇中已有所说明；次要交易结构所要讨论的，将集中于 PPP 项目的融资交易内容如何设计，并附带讨论履约外包所涉及的相关问题，本书将于第三篇中进行说明。

根据《传统基础设施领域 PPP 工作导则》第 18 条第 1 款前段的规定："PPP 项目融资责任由项目公司或社会资本方承担，当地政府及其相关部门不应为项目公司或社会资本方的融资提供担保。"以及根据《财政管理办法》第 34 条的规定："各级财政部门应当会同行业主管部门加强对 PPP 项目债务的监控。PPP 项目执行过程中形成的负债，属于项目公司的债务，由项目公司独立承担偿付义务。项目期满移交时，项目公司的债务不得移交给政府。"由此可知，融资是项目公司的义务与责任，对此项目公司必须独立负责，政府方不得为项目提供任何的担保。关于有人误以为，融资是社会资本方的事，与政府方无关，这种看法其实是有待商榷的。主要交易结构与次要交易结构的关系，犹如“实业”与“融资”间的关系，融资必须为实业服务，而实业必须考虑融资的风险偏好，两者互为作用，而非各自独立，因此作为政府方即便对于项目不能提供担保，也必须在其能力范围内针对融资提供必要的协助，其中包括提供增信、协助融资机构监管项目现金流、确保项目现金流稳定、协助提前终止、项目资产回购款用于还债等等。

二、融资相关概念（一）——五个基本概念

（一）风险与报酬

风险与报酬在融资领域中是一体两面的，也就是说风险高的项目报酬必须相对较高才有人愿意融资，而风险低的项目报酬也必须有所降低，借款人才愿意借款。融资的本质在于风险偏好下收益与风险的平衡，[①] 也就是说收益要与承担的风险相匹配。笔者称之为“风险与收益相匹配原则”，在此原则之下，任何一方要求他方承诺风险低报酬高，或是风险高报酬低，这都是不切实际的。

PPP 项目从某种角度解释也属于一种融资模式，虽然财政部的相关政策规章，禁止政府方以 PPP 模式变相融资，但是财政部所称的变相融资解释上属于表内融资。PPP 项目所属的融资性质是一种表外融资和无担保的融资，换言之，相对于表内有担保的融资，社会资本方承担了更大的融资风险，再加上社会资本方还必须承担大部分的项目风险，因此社会资本方的报酬应按全项目收益率（不是注册资本内部收益率）计算，起码要大于中长期债权贷款利率（表内有担保融资利率），才符合“风险与收益相匹配原则”。

PPP 项目融资合同的风险与 PPP 项目合同的风险基本一致，各位可以参阅本书第十章的内容，此不赘述。

（二）财务杠杆

所谓财务杠杆是指投资人用最少的资金，通过某些财务手段放大资金效益，以达到运作整个项目的目的。具体操作的方式很多，常见的做法是投

---

① 张继峰，《PPP 项目投融资的本质初探》，刊登于公众号“PPP 知乎”。

资人先投资一部分的资金（可能是股权融资，或是股权＋债权融资，这里常见的债权是股东贷款），然后以此为基础向银行贷款，并且将筹得的资金投入项目中。通常如果财务杠杆操作得当，有助于投资人将资金发挥出最大的效益，但是如果财务杠杆操作不当，很可能导致投资人负担超过投资资金的亏损。财务杠杆可以放大收益，也可以放大亏损，因此如何有效控制财务杠杆的风险，是设计融资方案时必须关注的问题。

通常控制财务杠杆风险的方式之一，就是限定一个适当的杠杆倍数，让杠杆倍数不要太高也不要太低。如果采取股权融资撬动债权融资的方式，则杠杆倍数的计算方式，就是债权融资与股权融资的比率，称之为“债本比”。目前融资方案常见的债本比为4:1，也就是股权融资占总投资金额的20%，很多融资机构为了防范融资风险，会以一定的债本比率作为融资的条件，但是实践中投资人所投资的资金采用“股权＋债权模式”，则此时的杠杆倍数的比率应该改为银行贷款与投资人投资资金的比率，本文称为“贷投比”。

（三）风险偏好

所谓风险偏好指的是由于融资主体自身条件的不同，其可接受的风险也相对不同。例如有的融资主体希望可以获取较高的回报，所以愿意承担较高的风险（例如风险投资基金）；有的融资主体为了资金的安全，不愿意承接风险高的项目，因此只能接受较低的回报；有的融资主体只愿意提供债权融资，不愿意承担股权投资风险（例如银行）；有的融资主体愿意提供股权融资，但是要求较高的回报（例如股权投资基金）；有的融资主体希望项目的现金流入稳定，也就是进入项目运营期，风险已经有效控制时，才愿意融资（例如运营商）；有的融资主体认为运营期间太长，其专长在兴建不在运营，只愿意在建设期融资，一旦项目进入运营期后，该主体就退出项目（例如承包商）。

PPP项目的特点在于规模大、期间长，如何通过结构化的安排（或称为次要交易结构的安排），使其既符合PPP项目的融资需求，又符合个别融资主体的风险偏好，是本文接下来要讨论的问题。

（四）融资五原则

所谓融资五原则，是指融资机构评估贷款时所依据的五项原则。由于这五项原则的英文单词第一个字母都有 P，因此又称为融资 5P 原则，分别是：借款人（people）、贷款用途（purpose）、还款来源（payment）、债权保障（protection）、债权展望（perspective）。融资机构基本上是根据融资五原则来评估借款人的资力以及信用，贷款是否应用于投资，借款人是否可以提供足额的担保以及增信措施，未来的还款来源以及贷款风险的识别与应对等。

融资五原则如果运用在PPP项目上，具体内容为：第一，借款人方面：成立项目公司，项目公司要达到一定的信用评级，甚至有的融资机构会要求项目公司要有政府或国企的成分；第二，贷款用途方面：贷款金额必须用于合规的 PPP 项目上，因此融资机构会要求，社会资本方提出相关合法的审批文件，甚至要求必须进入示范项目库，贷款金额必须专款专用于具体项目上；第三，还款来源方面：要求项目必须有稳定的现金流，政府承诺列入中长期的财政计划，并且未来会逐年列入人大预算，政府承诺付费金额会全额进入还款账户，并且不会更改还款账户；第四，债权保障方面：要求项目公司股东提供担保，例如股东对项目公司贷款提供担保、项目公司应收债权设定质押，要求政府提供增信，例如承诺最低需求量等；第五，债权展望方面：要求一定的偿债备付率以及资本金比例。

（五）建设期利息

有关项目资本金的计算方式是根据《调整项目资本金制度的通知》，以项目总投资的金额乘以《调整项目资本金制度的通知》中所规定的项目资本金比例所得出的金额，而项目总投资金额的计算一般是以建设期成本加上建设期利息再加上铺底流动资金的和所计算的金额（如图表 12.1）。根据上述的计算方式，本书将讨论以下三个问题：第一个问题是建设期利息的本金是指建设期成本还是债权融资的金额？第二个问题是项目总投资的计算中，以铺底流动资金作为项目总投资的一部分是否正确？第三个问题将讨论建设期利息的还款来源以及其对项目资本金计算的影响。

关于第一个问题，如果建设期的利息计算的本金是指债权融资的金额，则计算建设期利息，须先计算债权融资金额，而计算债权融资金额，又需计算总投资的金额，而计算总投资金额，又须知道建设期利息，因此建设期利息的计算将发生循环计算的情形。笔者认为上述计算项目资本金的方式，是一种比较概略的计算方法，其中并没有考虑资金的动态需求，如果考虑资金的动态需求，我们可以知道项目在建设期会先贷款建设成本，到了运营期再贷款流动资金，不会一开始就把所有资金都贷足，因此在计算建设期利息的时候，本金应该只有建设期成本，而不是所有的债权融资金额，而且如此计算的结果也不会发生前述循环计算的情形。

关于第二个问题，将铺底流动资金作为项目总投资的一部分是否正确？笔者认为如果项目运营期的政府付款周期中有使用者付费的现金流入，并且使用者付费的周期短于政府付款的周期，换言之，也就是使用者付费的金额可以作为流动资金的一部分，则图表 12.1 的公式计算是正确的。但是如果是单纯政府付费的项目，没有使用者付费的现金流入，则项目总投资的计算应该是建设期成本加上建设期利息再加上流动资金，而不是铺底流动资金。

关于第三个问题，如果一个 PPP 项目，政府从运营期开始付费，而银行要求项目公司于建设期须偿还建设期利息，则项目公司建设期利息的还款来源应从何而来？如果建设期利息的还款来源来自于项目资本金，则前述项目资本金的计算需有所调整，项目资本金的计算方式应为建设期成本加上流动资金乘上项目资本金比例，再加上建设期利息的总和（图表 12.2），以此计算出的项目资本金才是准确的。

项目资本金 = 项目总投资 × 项目资本金比例

= （建设期成本 + 建设期利息 + 铺底流动资金）× 项目资本金比例

【图表 12.1】项目资本金计算公式

项目资本金 = （建设期成本 + 流动资金）× 项目资本金比例 + 建设期利息

【图表 12.2】考虑建设期利息的项目资本金计算公式

三、融资相关概念（二）——项目资本金与股东贷款

（一）项目资本金与注册资本的关系

关于项目资本金与注册资本之间的关系，[①]实践中存在两种说法：甲说认为项目资本金与注册资本是相同的概念；乙说认为项目资本金指的是股东筹得的资金，以“股权＋债权”模式投资项目公司，因此项目资本金包含两个部分，一部分是注册资本，另一部分是股东贷款，所谓股东贷款是指股东对项目公司贷款，也就是股东借钱给项目公司。换言之，乙说认为注册资本的金额加上股东贷款的金额等于项目资本金的金额。这两种说法到底何者才是正确的，是本书接下来要讨论的问题。

（二）有关甲说适用性问题的讨论

有关项目资本金采取甲说的依据，一般是援引《试行项目资本金通知》的规定。其中包括项目资本金制度的适用对象、法律性质以及项目资本金比例等部分，具体内容说明如下。

1. 适用对象

根据《试行项目资本金通知》的规定：“国务院决定对固定资产投资项目（以下简称‘投资项目’）试行资本金制度……从1996年开始，对各种经营性投资项目，包括国有单位的基本建设、技术改造、房地产开发项目和集体投资项目，试行资本金制度，投资项目必须首先落实资本金才能进行建设。个体和私营企业的经营性投资项目参照本通知的规定执行。”由此可知，《试行项目资本金通知》所适用的对象，应具有以下三个条件：第一，国有资金投资的项目；第二，固定资产投资的项目；第三，经营性项目。

2. 法律性质

根据《试行项目资本金通知》的规定：“二、在投资项目的总投资中，除项目法人（依托现有企业的扩建及技术改造项目，现有企业法人即为项目法人）从银行或资金市场筹措的债务性资金外，还必须拥有一定比例的资本

① 注册资本是指公司章程中规定，公司的发起人或是股东应认缴出资额的总和，根据2013年《公司法》修法后的规定，注册资本的性质已经从实缴制改为认缴制，并且取消了最低注册资本额的限制。

金。投资项目资本金，是指在投资项目总投资中，由投资者认缴的出资额，对投资项目来说是非债务性资金，项目法人不承担这部分资金的任何利息和债务；投资者可按其出资的比例依法享有所有者权益，也可转让其出资，但不得以任何方式抽回。三、投资项目资本金可以用货币出资，也可以用实物、工业产权、非专利技术、土地使用权作价出资……”由此可知，项目资本金具有以下五个特征：第一，非债务性资金；第二，项目法人不承担任何利息与债务；第三，投资者可以享有所有者权利；第四，可以转让出资但不可以任何方式抽回；第五，可以用货币或是实物出资。从这五个特征，我们可以知道项目资本金属于股权融资。

3. 项目资本金比例

根据《调整资本金制度的通知》的规定：“一、各行业固定资产投资项目的最低资本金比例按以下规定执行。城市和交通基础设施项目：城市轨道交通项目由 25% 调整为 20%，港口、沿海及内河航运、机场项目由 30% 调整为 25%，铁路、公路项目由 25% 调整为 20%。房地产开发项目：保障性住房和普通商品住房项目维持 20% 不变，其他项目由 30% 调整为 25%。产能过剩行业项目：钢铁、电解铝项目维持 40% 不变，水泥项目维持 35% 不变，煤炭、电石、铁合金、烧碱、焦炭、黄磷、多晶硅项目维持 30% 不变。其他工业项目：玉米深加工项目由 30% 调整为 20%，化肥（钾肥除外）项目维持 25% 不变。电力等其他项目维持 20% 不变。”由此可知，该规定项目资本金占总投资的比例（又称为项目资本金比例）最低不得低于 20%。换言之，债权融资与股权融资的比例，也就是债本比不能高于 4:1，之所以规定债本比的目的，是为了限制财务杠杆的倍数，有效控制财务杠杆倍数过大所造成的风险。

4. 小结

由于《试行项目资本金通知》中所称的项目资本金性质上属于股权融资，因此根据《试行项目资本金通知》的规定可以推论项目资本金等同于注册资本金。由于《试行项目资本金通知》适用的对象是固定资产投资的项目，而 PPP 项目不属于固定资产投资的项目，因此解释上应认为 PPP 项目不适用《试行项目资本金通知》的规定。

（三）有关乙说适用性问题的讨论（一）——股东贷款合法性的讨论

由于乙说认为项目资本金包括了注册资本与股东贷款，所谓股东贷款是指股东对项目公司贷款，也就是项目公司向股东借款，因此股东贷款性质上属于债权融资并非股权融资。在股东是法人的情况下，法人股东贷款给项目公司是否合法，是接下来要讨论的问题。

1.《贷款通则》与《商业银行法》规定的讨论

根据《贷款通则》第61条的规定："各级行政部门和企事业单位、供销合作社等合作经济组织、农村合作基金会和其他基金会，不得经营存贷款等金融业务。企业之间不得违反国家规定办理借贷或者变相借贷融资业务。"以及《贷款通则》第7条第2款的规定："委托贷款，系指由政府部门、企事业单位及个人等委托人提供资金，由贷款人（即受托人）根据委托人确定的贷款对象、用途、金额、期限、利率等代为发放、监督使用并协助收回的贷款。贷款人（受托人）只收取手续费，不承担贷款风险。"由此可知，除委托借款外，企业之间不得发生借贷或是变相借贷，但是由于《贷款通则》并非《合同法》第52条第5项所规定的法律与行政法规，因此即便违反了《贷款通则》的规定，解释上也不认为企业之间的借贷关系无效。

此外，《商业银行法》第11条第2款前段规定："未经国务院银行业监督管理机构批准，任何单位和个人不得从事吸收公众存款等商业银行业务。"由此可知，任何单位与个人未经批准不得从事商业银行业务，此项业务解释上包括放款业务。如果企业以放款为业，因此所发生的借贷关系可能因违反《商业银行法》第11条第2款前段，被认定为无效。

2.《最高法院民间借贷适用法律的规定》的讨论

《最高法院民间借贷适用法律的规定》第11条的规定："法人之间、其他组织之间以及它们相互之间为生产、经营需要订立的民间借贷合同，除存在合同法第五十二条、本规定第十四条规定的情形外，当事人主张民间借贷合同有效的，人民法院应予支持。"由此可知，法人之间如果因为生产、经营需要订立民间借贷合同，应属有效。

至于如何判断“生产、经营需要”，依据是《杜万华就〈最高人民法院关于审理民间借贷案件适用法律若干问题的规定〉答记者问》：“企业与企业之间的合同的有效是要限定这个合同是为生产和经营需要而订立的借款合同。如果作为一个生产经营性企业不搞生产经营，变成一个专业放贷人，把钱拿去放贷，甚至从银行套取现金再去放贷，是不行的。司法解释规定这样的合同就会认定为无效。同时在解释中还规定了如果企业向其他企业借贷，或者从本单位职工集资，本来是为本单位的生产经营需要，却没有投入企业经营，而去放贷，这也要认定为无效。”由此可知，所谓“生产、经营需要”的认定重点在于，放贷人不得专门从事放贷业务，反面解释如果放贷人没有专门从事放贷业务，应属于生产、经营需要所发生的借贷关系，应属有效。

3. 小结

法人股东贷款给项目公司，如果法人股东不是以放贷为业，应认为法人股东与项目公司之间的借款关系为有效。

（四）有关乙说适用性的讨论（二）——其他问题的讨论

1. 为何项目资本金采用“股权 + 债权”模式

为何将股东筹得的项目资本金，以“股权 + 债权”模式投资项目公司？主要的原因有：第一，基于节税的考量：运营期如果项目公司股东转让股权，将以“财产转让所得”课以所得税，所以降低注册资本金同时也降低了股权融资金额，将有助于节省股权转让所生的税捐；第二，基于减资的考量：建设期与运营期的资金需求并不相同，建设期需要的资金较运营期多，因此进入运营期后不再需要过多的注册资本，如果不采用“股权 + 债权”模式，则项目公司进入运营期减资需要债权人及业主的同意，减资程序较为复杂，而如果采取“股权 + 债权”模式，股东可以债权还款方式收回项目资本金，不需经过减资程序，程序较为简便；第三，基于清算的考量：合作期到期，项目公司办理清算，则注册资本金越大的公司，清算程序越是繁杂，因此降低注册资本金将有助于简化清算程序。

2. 对银行债权的影响

项目资本金采取“股权 + 债权”模式对银行的债权是否发生实质性的

影响？首先讨论的是财务杠杆比例是否放大了，因而增加了银行的贷款风险？笔者认为形式上财务杠杆的比例是放大了，但是实质上并没有放大。所谓财务杠杆的比例在形式上放大的意思是，股权和债权的比例很有可能从原先的1:4放大到1:25，但是如果从银行融资与股东投资资金的比例计算，也就是从“贷投比”计算，财务杠杆的比例仍然维持在4:1。因此从实质影响的角度分析，笔者认为项目资本金采用“股权+债权”模式对银行的债权不会产生实质性的影响。此外，笔者也认为不同风险偏好者，对于财务杠杆比例的接受度也会不同，因此财务杠杆比例应由市场决定，而不该由政府强制规定。

再者，股东债权与银行债权同属债权，股东债权与银行债权的还款顺位是同一顺位，因此法律上不会产生股东债权劣后于银行债权的效果，但是由于银行控管了项目公司全过程的现金流，当政府付费时，操作上银行通常可以优先还款，于是便产生了银行债权的还款顺位优先于股东债权的效果，当然如果项目公司进入破产清算程序，这种操作上的优先效果将无法保障银行的权益。

最后笔者要讨论的是，对银行而言注册资本金还有一个功能，就是用于吸收非预期损失风险的功能，也就是说如果政府未来不付款，最后银行可以要求项目公司从注册资本金中偿还银行贷款，因此如果注册资本金的金额降低，对银行的保障也会受到影响。

3. 小结

综上所述，笔者认为在银行同意的前下，项目资本金采取“股权+债权”模式，应属可以接受的融资方式。

四、融资的类型

（一）股权融资、债权融资与夹层融资

1. 股权融资与债权融资的区别

所谓股权融资是指企业通过投资的方式所筹得的资金，因此投资人为

筹资企业的股东，依据股东协议与公司章程对企业享有股权，并且可以根据股权分配公司利润。债权融资是指企业以借款的方式所筹得的资金，因此借款人依据贷款协议对筹资企业享有债权，可以向筹资企业请求还本付息。这两种融资方式的区别在于：前者须承担投资的风险，后者不承担投资的风险；前者属于表外融资，后者属于表内融资；前者对公司有控制权，后者对公司没有控制权；前者可以要求公司分红，后者则要求公司还债。

2. 股权融资与债权融资的融合

由于结构化融资的需求，股权与债权的边界可以说是越来越模糊，基于融资需求市场上出现了多样且灵活融合股权与债权的融资商品，有的是股债联动（例如投贷联动）；有的是股中有债（例如明股实债、夹层融资）；有的是债中有股（例如永续债）；有的是先债后股（例如可转换公司债）；有的是具有股权性质的非标准化债权，相信未来会出现越来越多股中有债、债中有股的商品。

3. 金融机构如何投资股权

由于股权融资必须承担投资风险，所以股权融资风险一般是大于债权融资风险，因此金融监管部门对于金融机构尤其是银行投资股权的监管措施是比较严格的。由于目前国内整体经济环境欠佳，政府为了营造良好的投资环境促进投资，因此对于金融机构投资股权的监管已有不同程度的放松，其中包括允许某些金融机构直接投资股权、允许某些金融机构采用资产管理模式直接投资股权、允许某些金融机构或是资产管理通过基金或是特殊目的载体间接投资股权、允许金融机构通过同业合作投资股权或是非标准化债权等方式。如何将融资机构从社会大众所募集的资金，在符合金融监管的规定下安全又便捷地投入到PPP项目，是本书之后在后续章节中所要讨论的问题。

4. 夹层融资

所谓夹层融资是指还款顺序介于银行债权融资与社会资本方股权融资之间的一种融资方式。换言之，融资还款的第一顺位是银行的债权融资，第二顺位是夹层融资，第三顺位才是社会资本方的股权融资。由于现在PPP的项目规模都相当大，社会资本方无法满足股权融资的金额，因此引进夹层融资，以补足股权融资的资金缺口。关于夹层融资性质，有两点需要说明：第一，夹层融资法律上属于股权融资，不属于债权融资，如果把夹层融资设定为债权，由于同为债权，因此只能依法按比例偿还，其还款顺位无法次于银行的债权；第二，夹层融资虽然属于股权融资，但是它和社会资本方的股权还不太一样，夹层融资的股权是一种特别的股权，通过股权协议或是公司章程的特别约定，使夹层融资享有优先受偿权。

夹层融资可以区分为两种：一种是明股实债的夹层融资；另一种是股权投资的夹层融资。前者在法律上虽然是股权，但是当事人通过特别约定，让这类特别的股权发生类似于债权的效果，无须承担投资风险，并收取固定收益；后者则属于真正意义的股权投资，承担投资风险，按投资比例分配利润。实践中，私募股权的PPP基金，采取明股实债的夹层融资方式是比较常见的。

（二）传统融资与结构化融资

所谓传统融资是指着重于现有企业的资力状况与总体信用的一种融资方式。目前对结构化融资没有统一的描述，最为广义的说法是，只要是异于传统融资安排的融资方式都可以称为结构化融资。由于商业银行传统融资方式已无法满足目前市场上融资的需求，因此投资银行发展出一系列的融资创新模式，结构化融资在此背景下应运而生。一般结构化融资具有以下两个特征：第一，将好的部分资产从整体中剥离出来后，放入特殊目的载体中，进而达到破产隔离的效果；第二，通过优先劣后和期限分级等手段，将特殊目的载体中的资产创造出各种不同风险、条件以及期限组合的金融商品，以满足不同风险偏好者的需求。

（三）间接融资与直接融资

所谓间接融资是指商业银行分别与存款人和借款人发生契约合同，商业银行通过签发存款单以支付规定利息的方式将存款吸收进来，又通过签订贷款合同以收取规定利息的方式将吸收的存款贷给借款人，商业银行则以利差维持经营，存款人与借款人之间不发生任何的合同关系。而直接融资是指投资银行并不直接与筹资者和投资者发生合同关系，投资银行不作为资金转移的媒介，而是起到帮助其中一方寻找或撮合适当的另一方的作用，具体可以通过代理承销股票和债券，帮助筹资方寻找投资方或向投资方介绍适当的融资工具的方式来实现。投资银行完成中介作用后，一般向筹资方收取一定的手续费以维持经营。

（四）循环融资与再融资

所谓循环融资是融资期限短于项目的周期，因此无法以单一贷款完全满足项目的资金需求，为此借款人须引进新贷款，以接替到期的旧贷款。由于目前 PPP 项目合作期最长可以达到 30 年，而笔者目前在市场上调查到的贷款期限最长的只有 13 年，因此当贷款期限到期时，借款人必须再引进一个新的贷款来接替旧的贷款，以满足项目的资金需求。

所谓再融资是指贷款期限虽未到期，但是借款人引进一个贷款利息更优的新贷款，提前偿还旧贷款。由于再融资的利息低于原来融资的利息，因此再融资将节省借款人的融资成本，给借款人创造更多的利润。在此要特别讨论的是，项目公司再融资是否需要经过实施机构的同意，其再融资所节省的融资成本，是否需要与实施机构分享。笔者认为 PPP 项目的融资风险应由项目公司承担，因此再融资所节省的融资成本，应归于项目公司享有，不需要实施机构的同意，也不需要与实施机构分享，但是建议再融资应向实施机构完成备案程序。

（五）表内融资与表外融资

所谓表内融资是指需要列入资产负债表的一种融资方式，而表外融资是指不需要列入资产负债表的一种融资方式。常见的表外融资形式有融资租赁、股权融资、PPP 项目等。由于表外融资是以其他非贷款的法律关系，包装贷款的法律关系，所以贷款人于表外融资所承担的风险大于表内融资所承担的风险，因此表外融资的成本比表内融资的成本来得高。

（六）有担保融资与无担保融资

所谓有担保融资是指借款人提供贷款人担保的一种融资方式，而无担保融资是指贷款人不要求借款人提供担保的一种融资方式，例如 PPP 模式政府方对社会资本方就是没有提供担保的一种融资方式。由于贷款人在无担保融资所下承担的风险比有担保融资所承担的风险大，因此无担保融资的融资成本一般应高于有担保融资。

五、结构化融资的类型

由于PPP项目采用结构化融资主要有两个原因：第一，由于PPP项目规模大、期间长，很难只靠单一企业的信用与资力完成融资，而传统融资无法满足PPP项目的融资需求，因此须采用结构化融资；第二，由于PPP项目内容复杂，很难由单一企业完成项目，因此需要组成团队才能完成项目，但由于团队成员中各自的风险偏好不同，因此须通过结构化的手段，才能满足各方的需求。

PPP项目的结构化融资安排，可能发生在整体，也可能发生在局部，不同的项目，由于条件不同，结构化的安排也不尽相同，下面就PPP项目中可能出现的四种结构化融资类型，介绍如下。

（一）项目收益型

将项目的资产或是现金流放入特殊目的载体中，以将来的资产收益或是现金流作为融资基础的一种融资方式，常见的有：项目融资、项目收益债、项目收益票据等等。这种结构化安排偏重于稳定收益、破产隔离、专款专用、现金流全过程控管等。

（二）小股大债型

项目资本金采取“小股+大债”的形式，也就股东自行筹得的资金以“股权+债权”的模式投资项目公司，由于股权金额小，债权金额较大，因此称为“小股+大债”模式。此种模式的结构化意义在于，股东于所投资的金额中的还款顺位与投资退出顺位，其债权都将先于其股权。

（三）先后分配型

根据不同的风险偏好，将资金的分配顺序分为三个等级：第一等级是分配顺位最优先的等级，这个等级的贷款人一般是银行以债权融资的形式所享有；第二等级是分配顺位中间的等级，这个等级的贷款人一般是PPP基金以夹层融资的形式所享有；第三等级是分配顺位最后面的等级，这个等级一般是社会资本方以股权的形式所享有。

（四）资产证券化型

所谓资产证券化是指将资产放入特殊目的载体做出破产隔离，并将资产池中的资产收益包装成不同条件的证券并发行的一种融资模式。资产支持专项计划与资产支持票据是与PPP项目有关的资产证券化类型。根据《财政管理办法》第32条后段的规定："项目建设完成进入稳定运营期后，社会资本方可以通过结构性融资实现部分或全部退出，但影响公共安全及公共服务持续稳定提供的除外。"由此可知，在运营稳定不影响公共安全与公共服务的前提下，社会资本方可以采取结构化融资实现退出，这里的结构化融资指的是资产证券化。

第十三章　股权融资与履约外包

一、概述

投资人一般可以分为两种：一种是战略投资人，另一种是财务投资人。所谓战略投资人是指投资人与被投资人之间有业务上的关系，战略投资人除了通过投资给予被投资人资金上的协助外，还可以提供一些业务上的帮助，因此战略投资人有助于被投资人的发展。这既是优点也是缺点，因为实践中常见战略投资人干涉被投资人经营的情况。战略投资人投资被投资人，除了可以获取被投资人的利润外，同时还可以获得一些业务上的好处，因此战略投资人在进行投资评估的时候，通常不会只考虑被投资人公司是否获利，同时还会考虑整体业务的布局。

财务投资人是相对于战略投资人的一种投资人类型，财务投资人对于被投资人只能提供资金上的协助，因此财务投资人的回报只能通过被投资人公司的股权增值以及分红获得。财务投资人的优点在于，只要被投资人可以获利，基本上不会干涉被投资人的经营，缺点在于财务投资人比较偏重被投资人的短期获利，通常不重视被投资人长期的发展。

上述对于投资人的分类方式同样适用于PPP项目的投资人，项目公司中的战略投资人除了关心项目公司的获利情形外，同时还关心是否可以承做项目公司的外包业务，并从外包业务获取另一笔收益，例如承包商、运营商、开发商等等。实践中我们经常看到承包商采用“投资拉动施工”策略，也就是他们通过投资达到可以承包工程的目的，因此他们对于施工利润的关心经常超过投资回报，由此可知战略投资人投资项目公司的时候，通常会考虑外包利润。常见PPP项目的财务投资人所采取的投资方式就是PPP基金以股权融资的方式投资项目公司，由于PPP基金是明股实债的形式投资项目公司，因此PPP基金中的优先级最为关心的是能否安全取回固定收益。

需要特别说明的是，如果参与PPP项目投标的联合体成员中，只有财务投资人，没有任何战略投资人是否合适？由于在PPP项目中社会资本方基本上是以能力好、有财力、经验多作为选任标准，实践中常见采购文件要求由战略投资人与财务投资人组成联合体，参与PPP项目的采购程序。如果联合体中只有财务投资人，没有任何战略投资人，那么代表团队成员只有钱，没有做项目的能力与经验，因此笔者认为联合体成员中只有财务投资人并不合适。此外如果战略投资人与财务投资人共同成立项目公司，项目公司的注册资本完全由财务管理人投资，而战略投资人以名义股东的身份代持财务合伙人对项目公司的部分股权，这是一种变相脱法的行为，实施机构应予以注意。

基于上述对于投资人的分类方式，本章将以战略投资人为核心，讨论股权融资以及履约外包的情形，至于财务投资人关于股权投资的相关问题，本书将于第十四章、第十五章进行讨论。

二、股权融资

（一）股权结构的四个面向

由于不同的投资人风险偏好不一样，投资项目的动机也不同，因此如何通过股权结构的设计满足不同投资人的需求是很重要的。一般可以从以下四个方面讨论股权结构的设计，分别是：第一，投资三阶段；第二，控股四类型；第三，股东四权利；第四，股权五比例，具体内容说明如下。

1. 投资三阶段

所谓投资三阶段是指从资金投入、管理到退出等三个阶段。资金投入阶段最主要关注的问题是投资人出资的金额，资金何时到位以及由谁控股。管理阶段所关注的问题是投资人中谁对项目公司有控制权，其中包括董事席位的分配，高管的派任权，是否拥有一票否决权以及分红的比例、顺位或是方式是否有特别的约定。退出阶段所关注的问题包括何时退出、期前退出或是期满退出、退出的方式以及退出时投资的资金与报酬可否取回等。

如果投资退出采取期前退出，常见的退出方式是以股权转让方式办理，而投资人与实施机构对于股权转让退出关心的问题并不相同，投资人希望通过股权转让方式退出，而实施机构担心投资人退出之后不管项目，所以为了平衡两方的利益，一般在PPP协议中进行约定：锁定期经过后，在不影响服务的提供并经实施机构同意的前提下，投资人可以转让股权。

2. 控股四类型

项目公司中有的投资人控股，有的投资人参股，两者之间是什么关系是很多投资人关心的问题。一般可以分为三个方面对这个问题进行分析：第一，从利益如何分享方面，其中包括投资回报、发包价差以及外包利润；第二，从责任如何分担方面，其中包括谁负责债权融资；第三，从风险如何承担方面，其中包括谁承担投资风险。由于篇幅的关系，本书将于后续的内容中说明。

3. 股东四权利

股东四权利指的是所有权、经营权、派任权、分红权。所有权指的是谁对公司控股，经营权指的是谁可以控制公司，派任权指的是谁可以派任公司高管，分红权指的是股东可以对项目公司主张分红。这四项权利是股东最核心的权利，是设计股权结构的时候，最需要考虑斟酌的权利。

4. 股权五比例

股权五比例分别是出资比例、股权比例、席位比例、表决比例、分红比例。如果股东之间没有特别约定，原则上各项比例等于出资比例；如果股东之间有特别约定，从其约定。

（二）控股的四个类型

1. 控股 + 参股

项目公司的参股投资人，同时也是项目公司的外包商，则项目公司控股投资人与项目公司参股投资人之间可以通过约定，形成明股实债的关系，也就是参股投资人对项目公司的出资金额可以视为控股投资人以实股名债的方式向参股投资人借款。因此控股投资人是实质意义的投资人，而参股投资人则是实质意义的外包商。

根据上述对双方的定位可知，在利益分配上，项目公司的投资回报、发包价差以及外包利润应归属于控股投资人，而参股投资人应视为纯粹的外包商，只获得外包利润；在责任分配上，由于控股投资人获取投资回报，所以应负责债权融资，而参股投资人未获得投资回报，因此无须负责债权融资；在风险分配上，控股投资人应承担投资风险，参股投资人无须承担投资风险。

参股投资人一般要求，外包工作结束后退出项目，一般以股权转让的方式退出，通常股权转让金额约定为投资本金加上贷款利息。

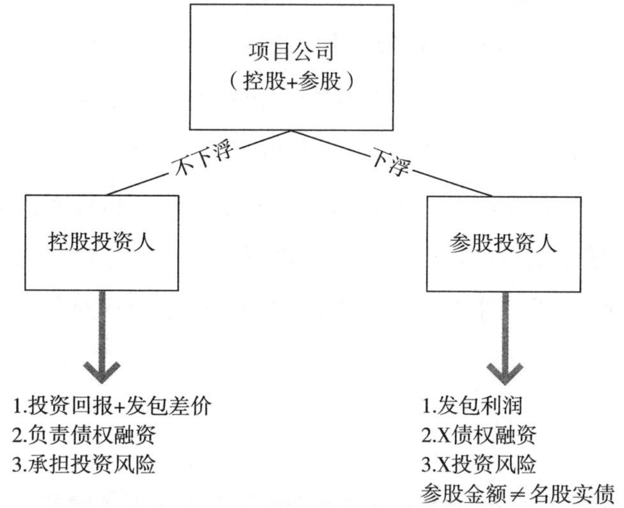

【图表 13.1】控股与参股投资人关系图

2. 共同控股

项目公司两位投资人的股权比例各为 50%，同时这两位投资人均是项目公司的外包商，双方通常约定利益共享、责任与风险共担，即投资回报、发包差价与发包利润双方共享，债权融资责任与投资风险双方共担。

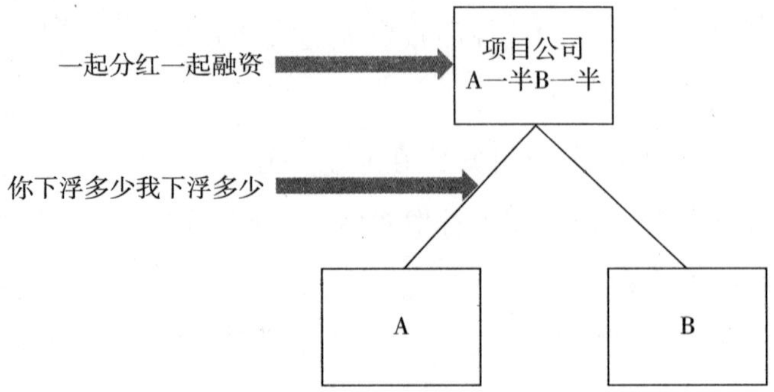

【图表 13.2】共同控股关系图

3. 前面你控股 + 后面我控股

项目公司中的两位投资人，一个是承包商，一个是运营商，则两位可能通过约定：建设期的利益、责任及风险由承包商获得或负担；运营期的利益、责任及风险由运营商获得或负担。因此建设阶段由承包商控股项目公司，运营商只参股项目公司，建设期的发包价差与施工利润由承包商获得，建设期的债权融资由承包商负责，建设期的风险也是由承包商负担。当建设期结束后，运营商回购承包商的股权，回购金额为承包商的投资本金加上贷款利息，运营期由运营商控股，项目全过程投资回报、运营期的发包价差以及外包利润均由运营商享有，运营期的融资责任由运营商负担，运营期的风险由运营商承担。

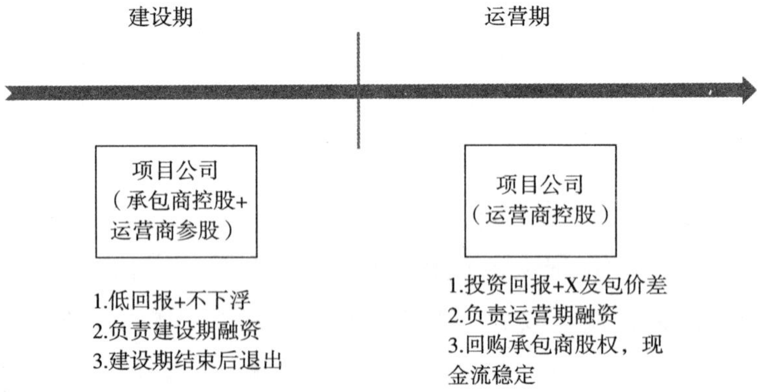

【图表 13.3】承包商与运营商合作关系图

4. 一人公司

所谓一人公司是指项目公司由一位投资人全资控股，因此项目的利益、责任与风险都由投资人一人承担，实践中常见承包商担任一人项目公司的唯一股东。这种类型的公司经常是一批人马两块招牌，也就是同一批人同时运作项目公司与承包商。根据《公司法》第 64 条的规定：“一人有限责任公司的股东不能证明公司财产独立于股东自己的财产的，应当对公司债务承担连带责任。”可知一人公司的财产要与股东财产区分清楚，股东才不会负担连带责任。

（三）战略投资人内部收益率

战略投资人投资项目除了考虑项目的回报外，同时还须考虑外包的工作利润，因此战略投资人在做投资决策时，遇到投资回报高于外包工作利润的项目，那么该项目可以投资；如果项目的投资回报低，外包工作的利润也低的，那么该项目不宜投资；但是如果项目的投资回报高，外包工作的利润低，或是项目的投资回报低，外包工作的利润高，则战略投资人该如何进行投资决策，是需要进一步讨论的问题。笔者建议将项目公司的净现金流与外包商的净现金流合并后，计算内部收益率，这时的内部收益率可以综合表现出项目公司与外包商的收益，笔者称为战略投资人内部收益率。

（四）项目公司章程

根据《公司法》第 25 条第 1 款的规定：“有限责任公司章程应当载明下列事项：（一）公司名称和住所；（二）公司经营范围；（三）公司注册资本；（四）股东的姓名或者名称；（五）股东的出资方式、出资额和出资时间；（六）公司的机构及其产生办法、职权、议事规则；（七）公司法定代表人；（八）股东会会议认为需要规定的其他事项。”这些都是有关项目公司章程必要记载事项，如果遗漏未记载将导致章程无效。

此外，项目公司章程还可以约定个性化条款，其中包括股东持股比例与出资比例可以约定不同，[①] 分红比例、认缴公司新增资本比例可与出资比

① 参照最高院公报案例（2011）民提字第 6 号

例不一致，[①]表决权可与出资比例约定不一致，如一票否决权、[②]限制股权转让的同意权及优先购买权，[③]公司章程可排除股东资格的继承，[④]全体股东一致同意的，可以书面形式行使股东会职权，[⑤]约定股东会会议通知期限，[⑥]约定董监高转让股份的限制高于公司法的限制等。[⑦]

三、履约外包与建设工程合同

（一）外包交易的基本原则

1. 合同相对性原则

所谓合同相对性原则是指合同与合同之间是各自独立的，合同拘束力只存在合同相对人之间，不能对合约外的第三人主张。因此在 PPP 交易结构中，PPP 交易群与履约外包交易群是各自独立的，实施机构和项目公司签订 PPP 协议，再由项目公司与外包商签订外包合同，实施机构与外包商之间不签订任何的协议，不产生任何的合约关系。这里的外包商包括承包商、运营商、材料供应商、设备供应商等。

基于合同相对性原则的考虑，有关监理机构由谁聘请的问题，笔者认为应该由项目公司聘请，如果由实施机构聘请，实施机构与承包商之间没有任何的合约关系，监理机构将失去监管的依据，再加上 PPP 模式中项目公司才是真正的建设方，而不是实施机构，因此由建设方聘请监理机构才是正确的做法。那么实施机构在项目建设期应通过什么样的途径对项目进行监管较为合适？笔者认为实施机构可以聘请第三单位作为总工程师，由总工程师对项目公司进行监管，再由项目公司聘请的监理机构对承包商进行监理。笔者建议 PPP 模式中，实施机构的监管重点应放在对运营期的绩效考核，建设期只需做重点的监管即可。

---

① 参照《公司法》第 34 条
② 参照《公司法》第 42 条
③ 参照《公司法》第 71 条
④ 参照《公司法》第 75 条
⑤ 参照《公司法》第 37 条
⑥ 参照《公司法》第 41 条
⑦ 参照《公司法》第 142 条

此外，为了落实合同相对性原则，外包合同一般会约定，禁止外包商和实施机构签订任何的私下协议；实施机构总工程师对于外包商的工作指示以及工程变更要求，都需要经过项目公司的监理机构确认始生效力，未经确认的指示或是要求，对项目公司都不生效力，外包商不得主张项目公司支付相关款项。

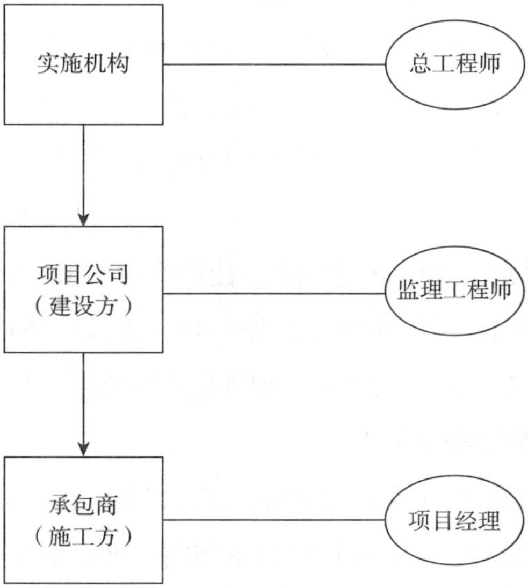

【图表 13.4】总工程师、监理工程师关系图

2. 第三人代为履行原则

基于合同相对性原则，合约与合约之间的法律关系是相互独立的，但是并不表示合约与合约之间不存在任何的关系，本书接下来要讨论的第三人代为履约原则、背靠背原则以及联动性原则，都可以说明合约与合约之间的关系。

在 PPP 的项目中，项目公司与外包商签订外包合约的目的，就是要外包商代替项目公司完成项目公司在 PPP 协议中的相关义务，因此外包商对实施机构履约的法律性质，应属于第三人代为履行合约的性质。因此在外包合约中一般会约定，PPP 协议的相关内容属于外包合约的一部分，或是外包商已经知悉 PPP 合约的内容。此外，某些外包合约还会进一步约定，项目公司于 PPP 合约中约定的特定义务，相应地成为外包商在外包合约中对项目公司的义务。

3. 背靠背原则

所谓背靠背原则，可以从两个方面讨论：第一，PPP 协议中的某些特定条件，外包合约比照相应条件进行约定，例如 PPP 协议中所约定的顺延工期事由，外包合约中也比照相同事由进行约定；第二，项目公司对外包商履行某项权利义务，以实施机构对项目公司履行相关权利义务为前提，例如实施机构同意项目公司工程变更金额后，项目公司才会同意承包商的工程变更金额。背靠背条款在建设工程合约管理中是经常用到的。

4. 联动性原则

所谓联动性原则，是指通过约定，让两个原本独立的合约彼此之间产生联动的效力，例如在合约中约定，外包合同生效的条件以 PPP 合同成立生效为前提，如 PPP 合同提前终止，则外包合同则一并提前终止。

（二）建设工程合同的模式

项目公司与承包商所签订的建设工程合同，由于采用合同模式的不同，合约中双方的权利、义务与风险也不相同，由于本书并非建设工程合同管理与索赔管理的书籍，因此只对此部分的原则性问题进行讨论。建设工程合同管理的模式，一般可以区分为施工总承包与工程总承包模式，而工程总承包模式中通常可以再区分为设计施工总承包和设计采购施工总承包。有关施工总承包、设计施工总承包以及设计采购施工总承包权利义务与风险分配的区别，本书以国际 FIDIC 合同为例，说明如下。

	施工总承包	设计施工总承包	设计采购施工总承包
工程师、业主代表 § 3.1	工程师无权修约及提前终止合约	工程师无权修约及提前终止合约	业主代表无权提前终止合约
放线 § 4.7	承包商需验证，可以索赔	承包商需验证，可以索赔	承包商须纠正错误
现场数据 § 4.10	承包商有解释义务	承包商有解释义务	承包商有核实及解释义务
地下差异 § 4.12	承包商可以请求调价	承包商可以请求调价	承包商不可以请求调价，地质不可预见风险由承包商承担

续表

	施工总承包	设计施工总承包	设计采购施工总承包
开工 §5.1		开工前应检查业主要求，除非难以发现	基准日期前应核实业主要求，除核心业主要求之外
延长工期 §8.4	变更、约定、不利气候、政府行为、业主因素	变更、约定、不利气候、政府行为、业主因素	变更、约定、业主因素
法律变更 §13.7	原则调价	原则调价	特约调价
成本调整 §13.8	原则调价	原则调价	特约调价

【图表 13.5】FIDIC 建设工程合同模式比较

（三）两招并一招

所谓两招并一招是指依法选定社会资本方后，发包商在某些条件下可以不用经过招标程序，直接由项目公司和承包商签订建设工程合同，但是要符合什么样的条件才能两招并一招？

如果承包商是项目公司的股东，项目公司打算将 PPP 项目建设工程部分发包给承包商，请问招标程序该如何进行？根据《招标投标法实施条例》第 34 条第 1 款规定："与招标人存在利害关系可能影响招标公正性的法人、其他组织或者个人，不得参加投标。"因此当承包商是项目公司的股东时，是否构成本条规定存在利害关系，因而承包商不得参与项目公司的招标，恐有讨论空间。可是如果项目符合可不进行招标的规定，那么也就不需要讨论是否构成利害关系的问题。

根据《招标投标法实施条例》第 9 条的规定："除招标投标法第六十六条规定的可以不进行招标的特殊情况外，有下列情形之一的，可以不进行招标：……（三）已通过招标方式选定的特许经营项目投资人依法能够自行建设、生产或者提供……"由此可知，只要符合以下四个条件就不需要办理招标程序：第一，必须是特许经营的项目，由于目前对什么是特许经营项目没有明确的定义，因此目前常见的做法就是把特许经营等同于 PPP；第二，必须经过招标程序，在此要特别讨论的是，竞争性磋商是否为招标程序？由于目前法律对于竞争性磋商是否为招标程序没有明确的规定，因此目前实践中倾向于从宽认定，认为竞争性磋商属于竞争性程序，包括在招标程序中；第三，承包商必须是投资人，由于承包商的子公司不是投资人，因此不符合该条的规定；第四，投资人有相应的施工资质。

另外，根据《传统基础设施领域PPP工作导则》第13条第1款后段的规定："拟由社会资本方自行承担工程项目勘查、设计、施工、监理以及与工程建设有关的重要设备、材料等采购的，必须按照《招标投标法》的规定，通过招标方式选择社会资本方。"由此可知，如果要适用两招并一招的规定，第一招程序也就是实施机构选任社会资本方的程序必须采用《招标投标法》的规定。

（四）建设工程合同备案

1. 没有成立项目公司

如果PPP项目没有成立项目公司，由社会资本方与实施机构直接签订PPP协议，此时PPP协议应认为已经包括了建设工程合同，应准予用PPP协议办理建设工程合同的备案手续。

2. 成立项目公司

如果PPP项目成立了项目公司，项目公司与承包商签订建设工程合同后，由合同的备案机关审查是否符合前述《招标投标法实施条例》第9条的规定，如果符合，则准予备案。

第十四章　夹层融资（一）——私募股权基金

一、概述

由于PPP基金属于特殊形态的私募股权基金，因此讨论PPP基金相关问题之前，有必要先于本章中讨论私募股权基金的相关问题。所谓基金是指将募集的资金交给基金管理人，用于特定的目的与用途，而实践中基金的主要目的是为投资获利。私募股权基金指的是将私下募集的资金，交给基金管理人用于投资未上市公司的股权。以下就私募股权基金所涉及的相关概念，说明如下。

（一）私募股权基金是私下募集资金的基金

1. 私募、公募与非法集资

参照适用[①]《证券投资基金法》第88条第1款的规定："非公开募集基金应当向合格投资者募集，合格投资者累计不得超过二百人。"由此可知，私募基金的募集方式应具备三个条件：第一，募集的手段：非公开募集，也就是不得通过报刊、电台、电视、互联网等公众传播媒体或者讲座、报告会、分析会和布告、传单、手机短信、微信、博客和电子邮件等方式[②]；第二，募集的对象：向合格投资人募集；第三，募集的人数：合格投资人累积不能高过200人。

---

① 由于《证券投资基金法》第2条规定，该法适用的对象是公开与非公开募集资金设立证券投资基金，因此私募股权基金只能参照适用。

② 参照《私募基金监督管理办法》第14条

“公募”是和“私募”相对的概念，依据《证券投资基金法》第51条第2款前段的规定：“前款所称公开募集基金，包括向不特定对象募集资金、向特定对象募集资金累计超过二百人。”由此可知，公开基金的募集方式应具备的三个条件是：第一，募集的手段：公开募集；第二，募集的对象：不特定人；第三，募集的人数：累计可以超过200人。公募基金与私募基金的主要区别在于，公募基金募集的对象涉及社会大众，因此公募基金监管的力度理论上应该会比私募基金来得强。

此外，界定“私募”的一个重要的目的在于更好地区分“私募”与“非法集资”的不同，一般“非法集资”具有以下七个特征：第一，公开宣传；第二，面向社会大众；第三，没有投资门槛，来者不拒；第四，许诺固定高额收益；第五，人数没有上限，越多越好；第六，组织设立没有备案；第七，没有银行托管，把钱汇入私人账户。

2. 私募基金的监管框架

私募股权基金作为私募基金的一个类型，在不违背性质的前提下，私募股权基金也同样适用私募基金的监管法规。有关私募基金的监管法规，可以用“一法、两规、七办法、三指引、多公告”来说明，“一法”指的是《证券投资基金法》，“两规”指的是《私募投资基金监督管理暂行办法》《证券期货经营机构私募资产管理业务运作管理暂行规定》，“七办法”指的是《私募投资基金募集行为管理办法》《私募投资基金信息披露管理办法》《私募投资基金管理人登记和基金备案办法》《私募投资基金服务业务管理办法（试行）（征求意见稿）》《私募投资基金管理人从事投资顾问服务业务管理办法》《私募投资基金托管业务管理办法》《基金从业资格管理办法》，“三指引”指的是《私募基金管理人登记法律意见书指引》《私募投资基金管理人内部控制指引》《私募投资基金合同指引》，“多公告”指的是《私募基金管理人登记公告》《私募基金登记备案相关问题解答（1 ~ 12）》。

2016年7月14日证监会下发的《证券期货经营机构私募资产管理业务运作管理暂行规定》，也就是业界所俗称“新八条底线”的规定是否适用于私募股权基金？根据2016年10月21日证监会证券基金机构监管部编写的《〈证券期货经营机构私募资产管理业务运作管理暂行规定〉相关问题解答》:“一、《暂行规定》是否适用于证券期货经营机构开展的如下资产管理业务:（1）证券公司私募投资（直投）子公司开展的私募股权基金管理业务?（2）证券公司、基金管理公司开展的QDII专户业务?答:《暂行规定》主要适用于证券期货经营机构通过资产管理计划形式开展的私募资产管理业务，私募证券投资基金业务参照执行。据此，上述问题的监管口径如下:《暂行规定》暂不适用于私募股权投资基金、创业投资基金。因此，证券公司私募投资（直投）子公司开展的私募股权投资基金业务，不适用本规定，应当适用《私募投资基金监督管理暂行办法》。……”由此可知，证券公司私募投资子公司开展的私募股权投资基金业务并不适用。

（二）私募股权基金是投资未上市公司的基金

一个公司的成长一般可以分为三个阶段，分别是创业阶段、成长阶段与上市阶段。由于公司在创业阶段经营风险较大，因此在公司创业阶段投资的基金称为创业投资基金，又由于创业投资基金在早期创业阶段投资公司，因此可以购得较为便宜的公司股份，未来如果创业投资基金成功退场，获利空间也相对较高。在公司成长阶段所投资的基金称为股权投资基金，股权投资基金的获利模式一般是在公司上市之前投资，待公司上市之后退出赚取股权的差价，因此有基金管理人说“不上市就上吊”，可见公司上市是股权基金很重要的获利及退出方式。在公司上市阶段投资的基金称为证券投资基金，它的获利模式和前两种基金一样是“买低卖高”，也就是低价买进股票高价卖出，以此来赚取价差，由于公司上市后经营较为稳定，因此获利不如前两种基金来得高。

由于私募股权基金主要是在公司上市前的成长阶段投资公司，因此我们说私募股权基金投资的对象是未上市公司。

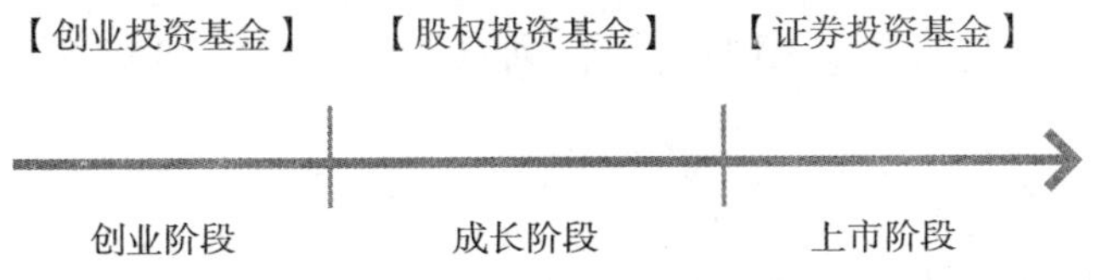

【图表 14.1】公司成长阶段所对应的投资基金类型

（三）私募股权基金是投资股权的基金

私募股权基金投资的对象是公司股权，需特别讨论的是私募股权基金可否对公司进行债权融资。根据《私募基金监督管理办法》第2条第2款的规定："私募基金财产的投资包括买卖股票、股权、债券、期货、期权、基金份额及投资合同约定的其他投资标的。"由此可知，投资合约约定的其他投资标的，解释上可以包括债权。此外由于私募股权基金设立的目的是以投资股权为主，因此解释上应认为私募股权基金适合于兼做债权投资而不适合于专做债权投资。

实践中经常看到私募股权基金采取"投贷联动模式"进行投资，常见的类型包括：第一，"股东贷款模式"，也就是基金投资公司股权后，再以股东身份投资公司债权；第二，"委托贷款模式"，也就是基金投资公司股权后，再以委托借贷模式投资公司债权；第三，"银行+基金模式"，也就是基金投资公司股权后，再由基金的合作银行对公司办理直接贷款。

二、类型

私募股权基金一般可以区分为公司型基金、合伙型基金以及契约型基金，而公司型基金较为常见的是有限责任公司型基金，而合伙型基金较为常见的也是有限合伙型基金，具体内容说明如下。

（一）有限责任公司型基金

有限责任公司由50个以下的股东出资设立；[①]公司成立时股东应共同制定公司章程；[②]由于公司是独立的法人，[③]因此基金的资产归属于公司；公司成立应办理工商登记。

根据《企业所得税法》第26条第2款的规定："企业的下列收入为免税收入：……（二）符合条件的居民企业之间的股息、红利等权益性投资收益……"以及根据《个人所得税法》第3条第5款的规定："个人所得税的税率：……五、特许权使用费所得，利息、股息、红利所得，财产租赁所

① 参照《公司法》第24条
② 参照《公司法》第23条
③ 参照《公司法》第3条

得，财产转让所得，偶然所得和其他所得，适用比例税率，税率为百分之二十。”由此可知，如果股东属于居民企业，股东分红时不再课以企业所得税，而如果股东属于自然人，股东分红必须课以20%的个人所得税，因此有双重课税的问题。

有限责任公司的组织机构，股东会由全体股东组成，[①]设董事会，成员为3人到13人，董事长1人，可以设置副董事长，[②]而一般在董事会下可以通过章程规定设置投资决策委员会。

（二）有限合伙型基金

有限合伙企业由2个以上50个以下合伙人设立，且至少需有一名普通合伙人；[③]有限合伙企业成立，合伙人须签订合伙协议；[④]合伙企业不是独立的法人，合伙财产归全体合伙人共有；合伙企业成立，应办理工商登记。[⑤]有限合伙企业的组织机构，法律仅规定由普通合伙人执行合伙事务，[⑥]因此其余组织内容只能通过合伙协议约定，实践中常见的约定是，合伙企业设置合伙人会议，合伙人会议下设投资决策委员会。实践中常见基金采用有限合伙企业形式。

1. 课税相关问题

根据《合伙企业法》第6条规定：“合伙企业的生产经营所得和其他所得，按照国家有关税收规定，由合伙人分别缴纳所得税。”以及根据2008年12月23日财政部、国家税务总局共同发布《关于合伙企业合伙人所得税问题的通知》（财税〔2008〕159号）的规定：“二、合伙企业以每一个合伙人为纳税义务人。合伙企业合伙人是自然人的，缴纳个人所得税；合伙人是法人和其他组织的，缴纳企业所得税。”由此可知，合伙企业不再课以企业所得税，由合伙人分别缴纳企业所得税及（或者）个人所得税，因此相较于有限责任公司型基金，可以避免重复课税的问题。

---

① 参照《公司法》第36条

② 参照《公司法》第44条

③ 参照《合伙企业法》第61条

④ 参照《合伙企业法》第14条

⑤ 参照《合伙企业法》第10条

⑥ 参照《合伙企业法》第67条

关于有限合伙企业对于合伙人的所得税是否有代扣代缴的义务，根据《关于个人独资企业和合伙企业投资者征收个人所得税的规定》第20条第1款后段：“投资者从合伙企业取得的生产经营所得，由合伙企业向企业实际经营管理所在地主管税务机关申报缴纳投资者应纳的个人所得税，并将个人所得税申报表抄送投资者。”由此可知，如果合伙人是自然人，则合伙企业有代收代缴个人所得税的义务。如果合伙人是企业，目前没有代收代缴的规定。

此外，合伙人转让合伙企业财产份额如何课税的问题，目前国内对此没有统一的规定，实践中常见的做法是对合伙人按照“财产转让所得”征收所得税，允许税前扣除财产原值和合理费用。

2. 双GP问题

某些有限合伙私募股权基金设立时，会设置两个普通合伙人，一个是基金管理人，一个是基金投资顾问。实践中基金投资顾问很可能是真正的投资决策方，只是没有基金管理人的资格，所以另外找了一个基金管理人。根据《合伙企业法》第61条第2款的规定：“有限合伙企业至少应当有一个普通合伙人。”由此可知，有限合伙企业可以设置两个普通合伙人，但是两者间的权责关系，应于合伙协议中约定清楚，否则容易发生权责不清的问题。

（三）契约型基金

契约型基金的合格投资人不得超过200人，相较于有限合伙企业以及有限责任公司，契约型基金的投资人人数比较多；契约型基金由投资人签订基金合同；契约型基金不是独立的法人，基金财产不得与管理人的自有财产混同[①]；契约型基金成立不需要办理工商登记，因此成立方式比公司型基金以及合伙型基金简便。此外，契约型基金中投资人分红的所得税，基金也不需要代收代缴。契约型基金的组织机构，一般通过基金合同约定设立基金份额持有人大会，并于其下设置投资决策委员会。由于契约型基金在人数、成立、课税等方面，相较于有限责任公司基金及有限合伙型基金具有较为有利

---

① 参照《私募基金监督管理办法》第23条第1项

的优势，因此实践中有倾向于采取契约型基金的趋势。

	有限责任公司型基金	有限责任合伙型基金	契约型基金
人数	1~50 人	2~50 人	200 人
依据	公司章程	合伙协议	基金合同
财产独立性	企业财产归属于公司法人	企业财产归属于合伙人全体	基金财产不得与管理人财产混同
税务	先税后分，双重课税	先分后税，代扣代缴	不代扣代缴
内部治理	股东会→董事会→投委会→总经理	合伙人会议→投委会→普通合伙人	份额持有人大会→管理人
工商登记	要登记	要登记	不用登记

【图表 14.2】基金类型比较表

三、私募股权基金募集设立

（一）合格投资者

1. 合格投资者的条件

所谓合格投资者是指具备风险识别及承担能力的投资人，具体认定标准包括两个部分，分别是：第一，投资金额的限制，单只私募基金的投资金额不能低于 100 万元；第二，单位或个人资力的限制，单位的净资产不能低于 1000 万，个人的金融资产不低于 300 万，或是个人年均收入不低于 50 万。①

2. 视为合格投资者

社会保障基金、企业年金等养老基金，慈善基金等社会公益基金；依法设立并在基金业协会备案的投资计划；投资于所管理私募基金的私募基金管理人及其从业人员；中国证监会规定的其他投资者等投资者，依法视为合格投资者，② 不受前述投资金额与资力条件的限制。

---

① 参照《私募基金监督管理办法》第 12 条

② 参照《私募基金监督管理办法》第 13 条

3. 合格投资者的计算方式

关于私募股权基金合格投资者的人数上限，有限责任公司型基金以及有限合伙型基金合格投资者的人数不能超过 50 人，契约型基因不能超过 200 人，至于如何计算合格投资者的人数上限，根据《私募基金监督管理办法》第 13 条第 2 款的规定："以合伙企业、契约等非法人形式，通过汇集多数投资者的资金直接或者间接投资于私募基金的，私募基金管理人或者私募基金销售机构应当穿透核查最终投资者是否为合格投资者，并合并计算投资者人数。但是，符合本条第（一）（二）（四）项规定的投资者投资私募基金的，不再穿透核查最终投资者是否为合格投资者和合并计算投资者人数。"由此可知，合格投资者的计算方式可以分为以下四个部分：第一，非法人形式的投资者；第二，直接投资与间接投资的投资者都要合并计算；第三，穿透核查最终投资者为公司或自然人；第四，社会公益基金、备案的投资计划、证监会规定的其他投资者不需要穿透计算。此外经备案的合伙型及契约型基金，解释上应认为属于备案的投资计划，不需再穿透计算。

（二）特殊投资者

1. 银行

根据《商业银行法》第 43 条的规定："商业银行在中华人民共和国境内不得从事信托投资和证券经营业务，不得向非自用不动产投资或者向非银行金融机构和企业投资，但国家另有规定的除外。"由此可知，商业银行在境内不能向非银行金融机构和企业投资，因此银行不能直接投资私募股权基金，但是实践中银行变通的做法是，通过境外子公司对私募股权基金进行投资。

商业银行可否通过理财业务模式投资私募股权基金？根据银监会《关于进一步规范商业银行个人理财业务投资管理有关问题的通知》（银监发〔2009〕65 号）的规定："十八、理财资金不得投资于境内二级市场公开交易的股票或与其相关的证券投资基金。理财资金参与新股申购，应符合国家法律法规和监管规定。十九、理财资金不得投资于未上市企业股权和上市公司非公开发行或交易的股份。二十、对于具有相关投资经验，风险承受能力较强的高资产净值客户，商业银行可以通过私人银行服务满足其投资需求，不受本通知第十八条和第十九条限制。”由此可知，商业银行对于高资产净值客户所募集的资金，可以通过理财业务投资管理模式投资私募股权基金。

商业银行可否通过银信合作模式投资私募股权基金？2010 年 8 月 5 日银监会下发《关于规范银信理财合作业务有关事项的通知》（银监发〔2010〕72 号）中第 5 条规定：“五、商业银行和信托公司开展投资类银信理财合作业务，其资金原则上不得投资于非上市公司股权。”由此可知，可以认为银行理财产品通过银信合作模式投资私募股权基金原则上是不被允许的。但是根据《关于规范金融机构同业业务的通知》（银发〔2014〕127 号）的规定：“六、同业投资是指金融机构购买（或委托其他金融机构购买）同业金融资产（包括但不限于金融债、次级债等在银行间市场或证券交易所市场交易的同业金融资产）或特定目的载体（包括但不限于商业银行理财产品、信托投资计划、证券投资基金、证券公司资产管理计划、基金管理公司及子公司资产管理计划、保险业资产管理机构资产管理产品等）的投资行为。”由此可知，商业银行理财资金可以通过特定目的载体投资私募股权基金。

最后根据《国家政策性银行财务管理规定》（财商字〔1997〕491 号）第 23 条的规定“政策性银行对外投资和公益救济性捐赠必须报经财政部审批”可知，政策性银行经财政部审批可以投资私募股权基金。

2. 信托公司

根据《信托公司管理办法》第 16 条的规定“信托公司可以申请经营下列部分或者全部本外币业务：……（六）作为投资基金或者基金管理公司的发起人从事投资基金业务；……”以及第 20 条第 2 款的规定“信托公司不得以固有财产进行实业投资，但中国银行业监督管理委员会另有规定的除外”可知，信托公司得以信托财产投资私募股权基金，但是固有资产投资实业必须由银监会另行规定。

根据 2009 年 3 月 25 日银监会下发的《关于支持信托公司创新发展有关问题的通知》（银监发〔2009〕25 号）第 1 条的规定：“一、信托公司以固有资产从事股权投资业务，应符合以下条件：（一）具有良好的公司治理、内部控制及审计、合规和风险管理机制。（二）具有良好的社会信誉、业绩和及时、规范的信息披露。（三）最近三年内没有重大违法、违规行为。（四）最近一年监管评级3C级（含）以上。（五）货币性资产充足，能够承担潜在的赔偿责任。（六）具有从事股权投资业务所需的专业团队和相应的约束与激励机制。负责股权投资业务的人员达到三人以上，其中至少两名具备两年以上股权投资或相关业务经验。（七）具有能支持股权投资业务的业务处理系统、会计核算系统、风险管理系统及管理信息系统。（八）中国银监会规定的其他审慎性条件。”以及第7条的规定：“七、信托公司以固有资产从事股权投资业务，应遵守以下规定：（一）不得投资于关联人，但按规定事前报告并进行信息披露的除外；（二）不得控制、共同控制或重大影响被投资企业，不得参与被投资企业的日常经营；（三）持有被投资企业股权不得超过5年。”由此可知，在一定条件下信托公司固有财产可以从事股权投资，因此可以投资私募股权基金。

3. 证券公司

根据《证券公司直接投资业务规范》第2条的规定：“证券公司开展直接投资业务，应当按照监管部门有关规定设立直接投资业务子公司（以下简称直投子公司），并根据法律、法规及中国证券业协会（以下简称协会）的规定开展业务。证券公司不得以其他形式开展直接投资业务。”第6条第1项的规定：“直投子公司可以开展以下业务：（一）使用自有资金或设立直投基金，对企业进行股权投资或债权投资，或投资于与股权投资、债权投资相关的其他投资基金；（二）为客户提供与股权投资相关的投资顾问、投资管理、财务顾问服务；（三）经中国证监会认可开展的其他业务。”由此可知，证券公司可以通过以下方式投资私募股权基金：第一，使用自有资金投资；第二，设立直投基金投资；第三，以顾问或管理形式投资。

此外，证券公司可以为单一客户办理定向资产管理业务直接投资私募股权基金，但是对于多个客户办理集合资产管理业务无法直接投资私募股权基金，必须通过信托计划才能投资私募股权基金，具体内容将于第十九章大资产融资章中说明。

4. 保险公司

根据《保险资金投资股权暂行办法》第3条的规定："保险资金可以直接投资企业股权或者间接投资企业股权（以下简称直接投资股权和间接投资股权）。直接投资股权，是指保险公司〔含保险集团（控股）公司，下同〕以出资人名义投资并持有企业股权的行为；间接投资股权，是指保险公司投资股权投资管理机构（以下简称投资机构）发起设立的股权投资基金等相关金融产品（以下简称投资基金）的行为。"以及根据2015年9月10日保监会所出台的《关于设立保险私募基金有关事项的通知》规定："一、保险资金可以设立私募基金……四、保险资金设立私募基金，发起人应当由保险资产管理机构的下属机构担任，主要负责发起设立私募基金、确定基金管理人、维护投资者利益并承担法律责任，是通过私募基金开展投资业务的载体。"由此可知，保险公司可以以间接投资的方式投资私募股权基金。

（三）募集行为与基金备案

私募基金募集应当履行下列程序：（1）特定对象确定；（2）投资者适当性匹配；（3）基金风险揭示；（4）合格投资者确认；（5）投资冷静期；（6）回访确认。[①] 各类私募基金募集完毕，私募基金管理人应当根据基金业协会的规定，办理基金备案手续，报送以下基本信息：（1）主要投资方向及根据主要投资方向注明的基金类别；（2）基金合同、公司章程或者合伙协议。资金募集过程中向投资者提供基金招募说明书的，应当报送基金招募说明书。以公司、合伙等企业形式设立的私募基金，还应当报送工商登记和营业执照正副本复印件；（3）采取委托管理方式的，应当报送委托管理协议。委托托管机构托管基金财产的，还应当报送托管协议；（4）基金业协会规定的其他信息。[②]

① 参照《私募投资基金募集行为管理办法》第15条

② 参照《私募基金监督管理办法》第8条第1款

四、私募股权基金管理

（一）基金管理人登记

各类私募基金管理人应当根据基金业协会的规定，向基金业协会申请登记，报送以下基本信息：（1）工商登记和营业执照正副本复印件；（2）公司章程或者合伙协议；（3）主要股东或者合伙人名单；（4）高级管理人员的基本信息；（5）基金业协会规定的其他信息。基金业协会应当在私募基金管理人登记材料齐备后的20个工作日内，通过网站公告私募基金管理人名单及其基本情况的方式，为私募基金管理人办结登记手续。[①]

此外，根据《私募基金管理人登记法律意见书指引》的规定，新申请股权投资基金管理人登记、已登记的股权投资基金管理人发生部分重大事项变更，需提交中国律师事务所所出具的法律意见书，内容应逐项发表法律意见：

1. 申请机构是否依法在中国境内设立并有效存续。

2. 申请机构的工商登记文件所记载的经营范围是否符合国家相关法律法规的规定。申请机构的名称和经营范围中是否含有“基金管理”“投资管理”“资产管理”“股权投资”“创业投资”等与私募基金管理人业务属性密切相关的字样，以及私募基金管理人名称中是否含有“私募”相关字样。

3. 申请机构是否符合《私募投资基金监督管理暂行办法》第22条专业化经营原则，说明申请机构主营业务是否为私募基金管理业务；申请机构的工商经营范围或实际经营业务中，是否兼营可能与私募投资基金业务存在冲突的业务、是否兼营与“投资管理”的买方业务存在冲突的业务、是否兼营其他非金融业务。

4. 申请机构股东的股权结构情况。申请机构是否有直接或间接控股或参股的境外股东，若有，请说明穿透后其境外股东是否符合现行法律法规的要求和中国基金业协会的规定。

5. 申请机构是否具有实际控制人。若有，请说明实际控制人的身份或工

① 参照《私募基金监督管理办法》第7条

商注册信息，以及实际控制人与申请机构的控制关系，并说明实际控制人能够对机构起到的实际支配作用。

6. 申请机构是否存在子公司（持股 5% 以上的金融企业、上市公司及持股 20% 以上的其他企业）、分支机构和其他关联方（受同一控股股东 / 实际控制人控制的金融企业、资产管理机构或相关服务机构）。若有，请说明情况及其子公司、关联方是否已登记为私募基金管理人。

7. 申请机构是否按规定具有开展私募基金管理业务所需的从业人员、营业场所、资本金等企业运营基本设施和条件。

8. 申请机构是否已制定风险管理和内部控制制度。是否已经根据其拟申请的私募基金管理业务类型建立了与之相适应的制度，包括（视具体业务类型而定）运营风险控制制度、信息披露制度、机构内部交易记录制度、防范内幕交易、利益冲突的投资交易制度、合格投资者风险揭示制度、合格投资者内部审核流程及相关制度、私募基金宣传推介、募集相关规范制度以及（适用于私募证券投资基金业务）的公平交易制度、从业人员买卖证券申报制度等配套管理制度。

9. 申请机构是否与其他机构签署基金外包服务协议，并说明其外包服务协议情况，是否存在潜在风险。

10. 申请机构的高管人员是否具备基金从业资格，高管岗位设置是否符合中国基金业协会的要求。高管人员包括法定代表人 / 执行事务合伙人委派代表、总经理、副总经理（如有）和合规 / 风控负责人等。

11. 申请机构是否受到刑事处罚、金融监管部门行政处罚或者被采取行政监管措施；申请机构及其高管人员是否受到行业协会的纪律处分；是否在资本市场诚信数据库中存在负面信息；是否被列入失信被执行人名单；是否被列入全国企业信用信息公示系统的经营异常名录或严重违法企业名录；是否在“信用中国”网站上存在不良信用记录等。

12. 申请机构最近三年涉诉或仲裁的情况。

13. 申请机构向中国基金业协会提交的登记申请材料是否真实、准确、完整。

14. 经办执业律师及律师事务所认为需要说明的其他事项。

（二）内部控制与信息披露

根据《私募投资基金管理人内部控制指引》的规定，私募基金管理人应建立有效的内部控制，其中包括人力资源管理制度、风险评估体系、业务流程控制、授权控制、募集控制、制定财产分离制度、防范利益冲突、投资控制、托管控制、业务外包控制、信息系统控制、会计系统控制等。此外，根据《私募投资基金信息披露管理办法》的规定，信息披露义务人在基金募集期间的宣传推介材料内容中应当如实披露基金产品的基本信息，在基金运行期间以及涉及重大事项的，应依法依约向投资人披露相关信息。

（三）投资后管理

投资管理后的主要内容可以分为两类：第一类是私募股权基金对标的公司进行项目监控活动，其中包括追踪投资协议执行情况、监控标的公司财务状况、参与标的公司的重大经营决策；第二类是股权投资基金对标的公司提供增值服务，最主要的就是改善资产负债表状况、负债结构、开辟融资渠道、实施预算管理、进行成本控制，为标的公司扫除公司上市的财务障碍。

此外，私募股权基金投资人依约应向基金管理公司支付两笔费用，分别是管理费与业绩报酬。管理费一般按出资额每年 2% 的比例计付，用于管理团队日常运营的费用；业绩报酬一般在投资收益中按 20% 的比例计付，用于奖励管理团队为实现资本增值的奖励分配。①

五、私募股权基金投资与退出

（一）投资流程

私募股权基金的投资流程一般可以分为以下三个部分，分别是：

1. 前期调研与立项

基金管理公司通过各方的信息渠道，经过初步的调查与研究后，筛选值得投资的项目，并在基金管理公司内部完成立项手续后和投资项目的公司

① 刘乃进著，《私募股权基金筹备、运营与管理》，71 页，法律出版社 2015 年版。

（以下简称标的公司）接触，获取进一步的信息。

2. 尽职调查与投资决策

投资双方开始进行接洽前通常会签订投资备忘录，内容一般包括保密协议、排他性条款、尽职调查的基础日期、配合调查义务等，在签订备忘录之后组成尽职调查小组对标的公司就法律、商务、财务等进行尽职调查，并依投资决策的权责，提送投资决策委员会、董事会或是股东会进行投资决策。

3. 谈判签约与股权登记

如果股权投资的方式可以采取新设公司、股权转让或是增资扩股，因而应分别签署股东协议、股权转让协议或是增资扩股协议等，并依法完成股权投资程序后，向工商行政机关完成股权登记。

实践中有的私募股权基金还会采取一种债权转股权的投资模式，也就是说私募股权基金先以债权方式投资标的公司，待约定的条件成就后，标的公司再通过增资的程序将债权转回股权。一般采取债权转股权模式最主要的原因在于私募股权基金对于标的公司未来发展的信心不足，或是标的公司对于是否引入股权还不确定等情形，所以私募股权基金先以债权入股，等未来时机成熟再转为股权。

（二）退出与投资协议主要条款

私募股权基金的退出与获利有非常密切的关系，因此能否顺利退出对于基金至关重要，实践中常见基金的退出方式有上市、并购、股权转让、回购、清算等。投资协议主要条款基本上也是围绕着基金获利的问题，其中包括：第一，基金入股购买标的公司的股权是否买贵了；第二，如果标的公司的业绩目标没有达到该如何处理；第三，基金的退场方式；第四，基金如果没法顺利退场该如何处理；第五，对基金的权利提供何种担保措施，等等。

1. 估值条款及估值调整条款

估值条款一般约定私募股权基金作为标的公司的股东应投入的金额以及在标的公司中所获得的股权比例。估值调整条款是指标的公司未来的实际业绩与目标业绩有所偏差时，相应地调整标的公司的估值，并针对偏差的部分给予现金或是股权的补偿。

2. 回购条款

标的公司在一定时间内没有上市，或是标的公司的实际控制权发生转移，或是其他约定的重大事项发生时，私募股权基金有权要求标的公司的大股东按事先约定的定价机制，买回私募股权基金所持有的全部或是部分标的公司的股权。

3. 反稀释条款

由于越早投入标的公司的投资人，其承担的风险越大，因此基于风险与收益相匹配原则，其所投资的价格也应该较低，如果后续的投资人进入的价格低于先期进入的投资人，则先期投资人有权要求标的公司的大股东补贴损失，在补贴完成前，标的公司不得增资。

4. 优先分红及清偿条款

所谓优先分红条款是指公司章程中可以约定，私募股权基金相对其他股东在一定数量范围内应优先分红。由于《公司法》对于股东间优先分红权没有禁止的规定，因此解释上应认为优先分红条款的约定是合法的。所谓优先清偿款是指当标的公司解散清算后，私募股权基金相对于其他股东，有权优先收回投资金额以及一定的回报。这两个条款都是在确保私募股权基金的投资金额，可以优先取回。

5. 优先购买权及优先认购权条款

优先购买权条款是指在公司章程中约定，有限责任公司股东之间或是股东对第三人之间办理股权转让时，私募股权基金有权依同一条件，优先购买转让的股权。优先认购权条款指的是当标的公司增资扩股时，私募股权基金可以按其持股比例，优先他人认购增资股权。这两个条款都是在保护私募股权基金在标的公司中有一定的持股比例。

6. 共同卖股权及强制随售权条款

共同卖股权条款是指当标的公司的原有股东对第三人转让股权时，私募股权基金有权按照相同条件参与该项交易，按私募股权基金与原股东对标的公司中股权比例，向第三方转让股权。这个条款通常是原股东对标的公司失去经营的信心转让股权时，私募股权基金有权一起退出的合约机制。强制随售权条款是指当约定事由发生时，私募股权基金对第三人转让股权，有权要求原始股东按相同条件，按私募股权基金与原股东对标的公司中股权比例，向第三方转让股权。这个条款通常适用于有第三方愿意收购标的公司，但原始股东不同意向第三方转让股权的情形。

第十五章　夹层融资（二）——PPP 基金

第一节　概论

一、意义与性质

所谓 PPP 基金是指直接投资或间接投资 PPP 项目的基金。PPP 基金性质上属于特别形态的私募股权基金，其与一般私募股权基金不一样的地方在于：

（一）PPP 基金经常作为夹层基金

所谓夹层基金是指项目现金流入的分配顺位介于银行债权与社会资本方股权的一种基金。由于 PPP 基金投资项目公司的性质属于股权融资，因此 PPP 基金的分配顺位次于银行债权；PPP 基金投资项目公司所取得的股权和社会资本方投资项目公司所取得的股权相比，PPP 基金股权属于特别的股权，也就是双方通过约定，使得 PPP 基金股权的分配顺位优于社会资本方股权，即 PPP 基金的部分作用是为了填补注册资本金的缺口。

（二）PPP 基金经常作为明股实债的基金

本书在前一章曾讨论私募股权基金的获利模式，基本上是采取“买低卖高”的模式，也就是在标的公司上市前买进标的公司的股票，标的公司上市后基金再退场卖出股票获利。PPP 基金性质虽为私募股权基金，但是其获利模式和一般私募股权基金很不一样，因为项目公司一般不会上市，所以

PPP 基金无法通过上市方式获利退场。实践中常见的做法是，双方约定采取“优先固定收益分红 + 回购份额或股权”方式，确保 PPP 基金的优先级可以获得稳定的现金流，而“优先固定收益分红 + 回购份额或股权”的金额相当于“债权融资还本付息”的金额，因此称为“明股实债”的获利模式。

二、类型

（一）以关键投资人作为区分标准

从关键投资者的角度，可以将 PPP 基金区分为社会资本方投资的 PPP 基金与政府方投资的 PPP 基金两种，具体内容说明如下。

1. 社会资本方投资的 PPP 基金

所谓社会资本方投资的 PPP 基金指的是由社会资本方与财务投资人共同成立的 PPP 基金，基金中没有任何政府的投资。通常这种形式的基金可以看成是财务投资人以明股实债的方式向社会资本方进行融资，因此可以将财务投资人视为贷款人，社会资本方视为借款人，此种基金的获利模式是由优先级财务投资人获取固定收益分红以及劣后级投资人对份额或股权回购的承诺，以此达到还本付息的效果。

2. 政府方投资的 PPP 基金

所谓政府方投资的 PPP 基金，一般可以分为两类：第一种是间接投资 PPP 项目的政府引导基金；第二种是直接投资 PPP 项目的政府投资基金。所谓政府引导基金性质上属于母子基金，由省级人民政府与财务投资人所投资成立的基金作为母基金。由于母基金[①]原则上不直接投资 PPP 项目（重大项目例外可以直投），母基金成立的目的主要是为了投资子基金，再由子基金直接投资 PPP 项目，因此社会资本方一般不会投资母基金。母基金的获利模式可以看成是由母基金以明股实债的方式向子基金的劣后级进行融资，因此可以将母基金视为子基金的优先级或是中间级的贷款人，子基金中的劣后级（一般是社会资本方）视为借款人。母基金的政府方基于政策上的考

① 母基金的管理人与子基金的管理人的管理逻辑很不相同，母基金管理人的管理侧重于寻找好的子基金管理团队，而子基金管理人的管理则侧重于寻找好的项目。

量，一般会适当地让利，但是由于政府方在母基金中属于占有少数份额的投资人，因此可以让利的空间有限。

直接投资 PPP 项目的政府投资基金，是由政府方、财务投资人以及社会资本方投资成立的基金，这种类型基金的获利模式一般是财务投资人以明股实债的方式，作为基金的优先级并视为第一顺位的贷款人，政府方作为基金的中间级可以视为第二顺位的贷款人，以社会资本方作为基金的劣后级可以视为借款人。

在此要特别说明的是，政府方投资的 PPP 基金，政府方在基金中只是参股的投资人，财务投资人才是真正控股的投资人，因此政府投资的 PPP 基金必须能确保财务投资人一定的获利，否则财务投资人就不会投资基金，而为了确保基金可以获利，不应使用基金代表政府方购买服务。

（二）以投资标的不同作为区分标准

PPP 基金根据投资标的的不同可以分为四种，分别是项目基金、产业基金、城投基金与政府引导基金。所谓项目基金是指投资特定项目的基金，由于这种类型基金是为了某个特定的项目而成立，因此该基金只会投资特定的单一项目，不会再投资其他的项目。这种项目基金通常有以下三个特点：第一，项目基金是银行投资项目公司的一种通道，由于银行依法不能直接投资项目公司股权，所以只能通过基金来进行投资；第二，基金管理公司在项目投资基金中不需要做项目的投资决策，由于投资的具体项目在基金成立前已经确定了，基金管理公司的工作重点在于投资后的管理，因此基金管理公司一般只收取管理费而不再收取业绩报酬；第三，银行在对项目基金进行投资时，主要考量的是劣后级的偿债能力，其次才考虑项目本身是否适于投资。

此外，所谓产业基金是指投资特定产业项目的私募股权基金，这种基金可以由政府方主导设立或社会资本方主导设立，也可以由政府与社会资本共同出资设立。[①] 城投基金是指投资某一城市基础设施建设的基金，一般是

---

① 根据《关于财政资金注资政府投资基金支持产业发展的指导意见》（财建〔2015〕1062 号）的规定："财政基金可以参股一些产业龙头企业发起设立的基金，扶优扶强，推动产业链协同发展，优化产业布局。"

由地方政府与财务投资人所投资成立。政府引导基金本书已讨论在前，此处不再赘述。

第二节　PPP 基金交易结构

一、PPP 基金参与下的股权交易结构

PPP 基金参与下 PPP 项目的股权交易结构可以区分为第一层投资人的权利结构和第二层投资人的权利结构[①]，具体内容说明如下。

（一）第一层投资人的权利结构

第一层投资人的权利结构指的是以股权直接投资 PPP 项目的投资主体，该投资主体之间的投资金额比例以及权利义务关系，笔者称该投资主体为第一层投资主体。以图表 15.2 为例，第一层投资人的权利结构指的是项目公司的股权结构，图表中基金的股权比例占 70%、社会资本方的股权比例占 20%、政府方的股权比例占 10%。有关项目公司的股权结构分析，本书于第十三章中提出“投资三阶段、控股四类型、股东四权利以及股权五比例”的分析架构，在此不再赘述。

（二）第二层投资人的权利结构

第二层投资人的权利结构指的是以股权直接投资第一层投资主体的投资主体，该投资主体之间的投资金额比例以及权利义务关系，笔者称该投资主体为第二层投资主体。以图表 15.2 为例，第二层投资人的权利结构指的是基金的份额结构，图表中基金管理公司的基金份额占 5%，劣后级投资人的基金份额占 15%，优先级投资人的基金份额占 80%。有关基金的份额结构分析，笔者将提出“主体、借款、还款、保底”的分析架构，具体内容将在后面详细说明。

---

① 实践中笔者看到多层次的结构，设计成多层次结构的原因主要是为了避免财报合并、增加财务杠杆的倍数、规避监管、利益分配等，但是分层越多也代表成本越高。

二、PPP 基金的份额结构

由于 PPP 基金的性质属于明股实债的基金，因此设计份额结构时，基本上应以借贷关系为实质，份额投资为形式，具体涉及的相关问题讨论如下。

（一）以借贷关系为实质

设计借贷关系的份额结构，需要回答四个问题：第一，借贷的主体：谁是贷款人，谁是借款人；第二，借贷的金额与期间：贷款的金额是多少，贷款的时间要多长；第三，还款的来源与方式：用来还款的钱从哪里来，如何计算还本付息的金额；第四，贷款的担保：如果第一还款来源无法还款，则借款人的第二还款来源为何。

（二）以份额投资为形式

针对前述借贷关系份额结构的四个问题，如何转化或包装为份额投资，通常需要把握“主体、借款、还款、保底”四个关键的环节：第一，主体：将贷款人包装成“优先级投资人”，同时也是第一顺位分红的投资人，将借款人包装成“劣后级投资人”；第二，借款：将借款包装为“具有优先固定收益分红权的份额投资”；第三，还款：将还款或是还本付息包装成“固定收益优先分红 + 份额或股权回购与转让”；第四，保底：确认谁提供保底承诺，其中包括谁提供增信或是担保。

（三）保底承诺的法律效果

如果 PPP 基金属于有限合伙型基金，则有关保底承诺的讨论可以分为两个面向讨论，第一个面向是有关保底承诺的内容，第二个面向是由谁承诺保底，具体内容说明如下。

1. 保底承诺的内容

保底承诺可以分为三个部分讨论。

第一部分的问题是如果有限合伙型 PPP 基金获利，可否在合伙协议中约定由优先级有限责任合伙人优先分配利润。根据《合伙企业法》第 69 条的规定：“有限合伙企业不得将全部利润分配给部分合伙人；但是，合伙协议另有约定的除外。”由此可知，在合伙协议有约定的情况下，可以将全部利润分配给部分合伙人，但是条文中并没有规定不可以将合伙企业的利润优先分配给部分合伙人，因此合伙协议约定由优先级有限责任合伙人优先分配利润应属可行。

第二部分的问题是合伙人之间可否于合伙协议中约定，由部分合伙人分配固定收益利润。笔者认为前述法条中并没有禁止约定分配固定收益利润，因此笔者认为合伙协议约定部分合伙人分配固定收益利润应属可行。

第三部分的问题是如果有限合伙型 PPP 基金亏损，可否于合伙协议中约定由劣后级有限责任合伙人承担全部亏损。根据《合伙企业法》第 60 条规定：“有限合伙企业及其合伙人适用本章规定；本章未作规定的，适用本法第二章第一节至第五节关于普通合伙企业及其合伙人的规定。”由此可知第三章有限合伙企业中没有规定的，可以适用普通合伙企业的规定。而根据《合伙企业法》第 33 条第 2 款的规定：“合伙协议不得约定将全部利润分配给部分合伙人或者由部分合伙人承担全部亏损。”由此可知，合伙协议不得约定由部分合伙人承担全部亏损。因此合伙协议中约定由劣后级有限责任合伙人承担全部亏损，违反前述规定，应属无效。

2. 由谁承诺保底

由谁承诺保底可以区分为外部保底与内部保底，所谓外部保底是指由劣后级合伙人以外的第三人对优先级有限责任合伙人所提供的保底承诺，性质上属于第三人担保的性质，由于第三人不是合伙人，因此没有前述《合伙企业法》第 33 条第 2 款规定的适用，所以外部承诺应属合法；所谓内部保底是指由劣后级有限责任合伙人对优先级有限责任合伙人承诺保底，由于双方都是合伙人因此有前述《合伙企业法》第 33 条第 2 款规定的适用，内部保底违法前述规定，应属无效。实践中常见一些间接保底的方式替代内部保底，其中包括约定亏损分配的比例、约定收益分配的顺序、约定回购份额等等。

第三节　社会资本方投资的PPP基金

一、社会资本方投资PPP基金的份额结构

（一）PPP基金的投资人

财务投资人作为贷款人在基金中包装为优先级投资人，社会资本方作为借款人包装为劣后级投资人。

（二）PPP基金中份额结构中借款的设计

优先级投资人对PPP基金投资，再由PPP基金将优先级投资人投资的款项，投资到项目公司，未来优先级投资人优先收取固定收益分红，超过固定收益分红的款项全归劣后级投资人，因此投资到项目公司的款项可以看成是优先级投资人对劣后级投资人提供的借款，固定收益分红可以看成是借款利息或是还本付息的金额。

（三）PPP基金中的份额结构中还款的设计

PPP基金中优先级投资人投资金额的还款方式可以分为四种方案，具体内容说明如下。

1. 方案一

本方案的还款方式为“各期采取固定收益分红+份额回购与转让”模式，即每一期还款时PPP基金分配给优先级投资人的固定收益分红金额，该金额刚好是还款利息的金额；每一期劣后级投资人回购优先级投资人PPP基金中份额，即回购第二层优先级投资人的权利，该回购金额刚好是还款本金的金额，优先级投资人逐期转让回购份额给劣后方投资人。这个方案的优点在于固定收益分红对应还款利息，回购与转让份额对应还款本金，法律关系清晰，但是缺点是逐期转让份额可能要课征“财产转让所得”所得税。

2. 方案二

本方案的还款方式为“前期固定收益分红+最末一期份额回购与转让”模式，即从第一期至倒数第二期每一期还款时，PPP基金分配给优先级投资人的固定收益分红金额，刚好是各期还本付息的金额；最末一期劣后级投资

人一次性回购优先级投资人 PPP 基金的份额，即回购第二层优先级投资人的权利，该回购金额刚好是最后一期还本付息的金额，优先级投资人应将回购份额一次性转让给劣后方投资人。这个方案的优点在于，回购份额的时间点如果落在 PPP 项目合作期间的最后一年，则此时份额溢价的金额应该很低，可以节税，但是缺点是还款本金与利息对应的法律关系不如方案一清晰。

3. 方案三

本方案的还款方式为"各期采取固定收益分红 + 股权回购与转让"模式，即每一期还款时 PPP 基金分配给优先级投资人的固定收益分红金额，该金额刚好是还款利息的金额；每一期劣后级投资人回购 PPP 基金对项目公司的股权，即回购第一层 PPP 基金的权利，该回购金额刚好是还款本金的金额，回购股权的金额由优先级投资人优先分配，PPP 基金逐期转让回购股权给劣后方投资人。这个方案的优点在于固定收益分红对应还款利息，回购与转让股权对应还款本金，法律关系清晰，但是缺点是逐期转让股权要课以"财产转让所得"征收所得税。

4. 方案四

本方案的还款方式为"前期固定收益分红 + 最末一期股权回购与转让"模式，即从第一期至倒数第二期每一期还款时，PPP 基金分配给优先级投资人的固定收益分红金额，刚好是各期还本付息的金额；最末一期劣后级投资人一次性回购 PPP 基金对项目公司的股权，即回购第一层 PPP 基金的权利，该回购金额刚好是最后一期还本付息的金额，PPP 基金应将回购股权一次性转让给劣后方投资人。这个方案的优点在于，回购股权的时间点如果落在 PPP 项目合作期间的最后一年，则此时股权溢价的金额应该很低，可以节税，但是缺点是还款本金与利息对应的法律关系不如方案三清晰。

	方案一	方案二	方案三	方案四
还款方式	1. 各期：固定收益分红→利息 2. 各期：份额回购与转让→本金	1. 前期各期：固定收益分红→本息 2. 最末一期：份额回购与转让→本息	1. 各期：固定收益分红→利息 2. 各期：股权回购与转让→本金	1. 前期各期：固定收益分红→本息 2. 最末一期：股权回购与转让→本息

续表

	方案一	方案二	方案三	方案四
优点	法律关系清楚	回购份额的时间点如果落在PPP项目合作期间的最后一年，则此时份额溢价的金额比较低，可以节税	同方案一	同方案二
缺点	课征“财产转让所得”所得税	法律关系较不清晰	同方案一	同方案二

【图表 15.1】基金还款方式比较表

（四）PPP基金中的份额结构中保底承诺的设计

基金投资人如果约定由劣后级投资人承担所有亏损，由于违反风险共担原则可能认定为无效，因此可以通过外部保底、间接保底替代内部保底。

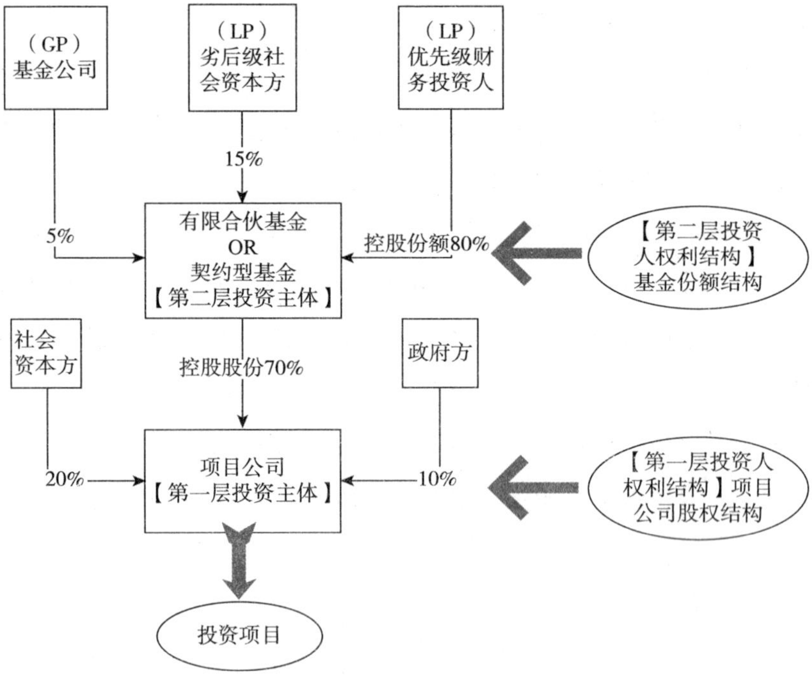

【图表 15.2】社会资本方投资PPP基金的股权交易结构

二、并表相关问题的讨论

PPP 基金成立最主要的目的可从以下几个方面说明：第一，由于现在的 PPP 项目规模越来越大，为了减轻注册资本投资的压力，因此引进 PPP 基金填补项目公司注册资本金的资金缺口；第二，发挥财务杠杆的效果，PPP 基金交易结构中常见由劣后级资金撬动优先级资金、母基金撬动子基金，或是由基金股权融资撬动债权融资；第三，由于 PPP 基金对项目公司控股后，则项目公司的财报和基金并表，此时的社会资本方对项目公司参股，因此项目公司的财报不会和社会资本方的财报合并。虽然社会资本方与项目公司的财报不需合并，但是社会资本方作为基金的出资人，社会资本方的财报是否需要和基金的财报合并，是另一个值得关注的问题。根据《会计准则 33 号》第 7 条的规定："合并财务报表的合并范围应当以控制为基础予以确定（第 1 款）。控制，是指投资方拥有对被投资方的权力，通过参与被投资方的相关活动而享有可变回报，并且有能力运用对被投资方的权力影响其回报金额。（第 2 款）"由此可知，当投资方"控制"被投资方时财报需要合并，而"控制"必须符合三个要件：第一，投资方对被投资方拥有权力而主导被投资方的相关活动；第二，投资方主导被投资方相关活动而享有可变回报；第三，权力与可变回报之间有因果关系，以下就要件具体内容说明如下：

（一）投资方对被投资方拥有权力而主导被投资方的相关活动

有关是否拥有权力的判断，可以参阅《会计准则 33 号》第 9 条至第 16 条的规定，实践中和 PPP 基金相关的是第 16 条的规定，具体内容说明如下。

1.《会计准则 33 号》第 16 条第 1 款的规定

根据《会计准则 33 号》第 16 条第 1 款的规定："某些情况下，投资方可能难以判断其享有的权利是否足以使其拥有对被投资方的权力。在这种情况下，投资方应当考虑其具有实际能力以单方面主导被投资方相关活动的证据，从而判断其是否拥有对被投资方的权力。投资方应考虑的因素包括但不限于下列事项：（一）投资方能否任命或批准被投资方的关键管理人员。（二）投资方能否出于其自身利益决定或否决被投资方的重大交易。（三）投资方能否掌控被投资方董事会等类似权力机构成员的任命程序，或者从其他表决权持有人手中获得代理权。（四）投资方与被投资方的关键管理人员或董事会等类似权力机构中的多数成员是否存在关联方关系。”由此可知，有限合伙PPP基金中的社会资本方如果可以任命有限合伙PPP基金的基金管理人，基金管理人与劣后级社会资本方是母子公司或是同一集团，或是社会资本方可以决定或否决有限合伙PPP基金投资哪个具体项目，或是社会资本方可以掌控基金中投资委员会的成员，或是成为投资委员会多数成员的关联方，社会资本方可能认定对基金具有权力。

2.《会计准则33号》第16条第2款的规定

根据《会计准则33号》第16条第2款的规定：“投资方与被投资方之间存在某种特殊关系的，在评价投资方是否拥有对被投资方的权力时，应当适当考虑这种特殊关系的影响。特殊关系通常包括被投资方的关键管理人员是投资方的现任或前任职工、被投资方的经营依赖于投资方、被投资方活动的重大部分有投资方参与其中或者是以投资方的名义进行、投资方自被投资方承担可变回报的风险或享有可变回报的收益远超过其持有的表决权或其他类似权利的比例等。”由此可知，如果项目公司将项目的建设与运营都外包给社会资本方，则可认为属于“被投资方活动的重大部分有投资方参与其中”，从而认定社会资本方对项目公司拥有权力；如果社会资本方作为有限合伙PPP基金的劣后方，对有限合伙PPP基金的优先级提供信用增级或是保底承诺，社会资本方可能因此成为主要责任人，则应认为属于“投资方自被投资方承担可变回报的风险远超过其持有的表决权或其他类似权利的比例”从而认定劣后的社会资本方对基金拥有权力。

（二）投资方主导被投资方相关活动而享有可变回报

根据《会计准则33号》第17条的规定：“投资方自被投资方取得的回报可能会随着被投资方业绩而变动的，视为享有可变回报。投资方应当基于合同安排的实质而非回报的法律形式对回报的可变性进行评价。”由此可知，回报是否可变不是看形式上的法律关系，而是看实质的内容。如果由基金管理人担任基金的普通合伙人，其所收取的基金管理费虽属于固定费率，但是社会资本方能否支付该笔费用，系于 PPP 基金是否产生足够的收益，因此应认为管理费属于可变回报。另外，在有限合伙 PPP 基金的优先级是财务投资人的情况下，如果投资人间约定有限合伙 PPP 基金分红时优先级可以收取固定回报，当有限合伙 PPP 基金没有收益无法分红时，财务投资人的固定回报分红将受影响，则应认定优先级合伙人的回报属于可变回报。当然有限合伙 PPP 基金劣后级投资人的分红属于可变回报，应无须特别讨论。

（三）权力与可变回报之间有因果关系

根据《会计准则 33 号》第 18 条的规定："投资方在判断是否控制被投资方时，应当确定其自身是以主要责任人还是代理人的身份行使决策权，在其他方拥有决策权的情况下，还需要确定其他方是否以其代理人的身份代为行使决策权。（第 1 款）代理人仅代表主要责任人行使决策权，不控制被投资方。投资方将被投资方相关活动的决策权委托给代理人的，应当将该决策权视为自身直接持有。（第 2 款）。"第 19 条的规定："在确定决策者是否为代理人时，应当综合考虑该决策者与被投资方以及其他投资方之间的关系。（一）存在单独一方拥有实质性权利可以无条件罢免决策者的，该决策者为代理人。（二）除（一）以外的情况下，应当综合考虑决策者对被投资方的决策权范围、其他方享有的实质性权利、决策者的薪酬水平、决策者因持有被投资方中的其他权益所承担可变回报的风险等相关因素进行判断。"由此可知，如果社会资本方与基金管理人之间，有控制关系存在，则基金管理人应认定为社会资本方的代理人，其对基金投资所做的决策，应视其为社会资本方的决策。

（四）小结

在有限合伙 PPP 基金是项目基金的前提下，社会资本方作为 PPP 基金的劣后方，对基金的优先级提供增信或是保底承诺，则社会资本方成为基金的主要责任人。此外，社会资本方又作为项目公司的主要外包商，影响着项目公司的回报，进而影响基金的回报以及社会资本方劣后方的回报，则应认为社会资本方控制基金，因此基金的报表应与社会资本方的报表合并。社会资本方如果希望通过有限合伙PPP基金的投资避开财报合并，并且保有这些交易结构的内容，采用契约型基金应该是可以考虑的方式。

第四节 政府方投资的PPP基金

一、发改系统基金与财政系统基金的差异

（一）概述

2015年11月12日财政部出台《政府投资基金暂行管理办法》（以下简称《政府投资基金管理办法》），2016年12月30日国家发展改革委出台《政府出资产业投资基金管理暂行办法》（以下简称《政府出资产业基金管理办法》），这两部办法可以说是政府投资PPP基金的基本制度性规范，规范对象包括各级政府所投资的基金以及政府所投资的母子基金。根据这两部办法的具体内容，笔者将从基金的募集、管理、投资与退出四个方面说明。

（二）基金募集——政府方

1. 政府投资的意义

政府出资产业投资基金，是指由政府出资，主要投资于非公开交易企业股权的股权投资基金和创业投资基金。（参照《政府出资产业基金管理办法》第2条）政府出资资金来源包括财政预算内投资、中央和地方各类专项建设基金及其他财政性资金。（参照《政府出资产业基金管理办法》第3条）政府投资基金，是指由各级政府通过预算安排，以单独出资或与社会资本共同出资设立，采用股权投资等市场化方式，引导社会各类资本投资经济社会发展的重点领域和薄弱环节，支持相关产业和领域发展的资金。（参照《政府投资基金管理办法》第2条）政府出资，是指财政部门通过一般公共预算、政府性基金预算、国有资本经营预算等安排的资金。（参照《政府投资基金管理办法》第3条）由此可知，政府投资的PPP基金是通过预算程序投资的，因此国有企业投资的基金不算政府所投资的基金。

2. 政府引导基金的手段

政府出资产业投资基金可以综合运用参股基金、联合投资、融资担

保、政府出资适当让利等多种方式，充分发挥基金在贯彻产业政策、引导民间投资、稳定经济增长等方面的作用。（参照《政府出资产业基金管理办法》第 7 条）投资基金各出资方应当按照“利益共享、风险共担”的原则，明确约定收益处理和亏损负担方式。对于归属政府的投资收益和利息等，除明确约定继续用于投资基金滚动使用外，应按照财政国库管理制度有关规定及时足额上缴国库。投资基金的亏损应由出资方共同承担，政府应以出资额为限承担有限责任。为更好地发挥政府出资的引导作用，政府可适当让利，但不得向其他出资人承诺投资本金不受损失，不得承诺最低收益。国务院另有规定的除外。（参照《政府投资基金管理办法》第 13 条）由此可知，发改系统基金政府可以通过参股基金、联合投资、融资担保、政府出资适当让利等多种方式引导基金，至于是否会因此变相增加债务，值得观察，而财政系统基金政府可以让利但是不得承诺最低收益。

3. 代行出资人职责

财政部门根据本级政府授权或合同章程规定代行政府出资人职责。（参照《政府投资基金管理办法》第 4 条）由此可知，财政系统基金由财政部门代行出资人职责。

4. 投资决策与日常管理

政府出资产业投资基金应坚持市场化运作、专业化管理原则，政府出资人不得参与基金日常管理事务。（参照《政府出资产业基金管理办法》第 6 条）政府投资基金募资、投资、投后管理、清算、退出等通过市场化运作。财政部门应指导投资基金建立科学的决策机制，确保投资基金政策性目标实现，一般不参与基金日常管理事务。（参照《政府投资基金管理办法》第 11 条）由此可知，财政系统基金政府出资人不得参与基金日常管理，但是可以参与基金投资决策；发改系统基金政府出资人亦规定不得参与基金日常管理，但是并未规定可否参与基金投资决策，笔者认为解释上应认为可以参与投资决策。

5. 投资审批

政府出资设立投资基金，应当由财政部门或财政部门会同有关行业主管部门报本级政府批准。（参照《政府投资基金管理办法》第5条）由此可知，政府出资设立基金需要财政部门报政府批准。

（三）基金募集——社会资本方

1. 共同出资

政府向产业投资基金出资，可以采取全部由政府出资、与社会资本共同出资或向符合条件的已有产业投资基金投资等形式。（参照《政府出资产业基金管理办法》第9条）政府投资基金，是指由各级政府通过预算安排，以单独出资或与社会资本共同出资设立。（参照《政府投资基金管理办法》第2条前段）由此可知，政府投资的PPP基金可以由政府单独出资，也可以和社会资本共同出资，而发改系统对于政府出资的基金可以是新设的，也可以是投资已有基金。

2. 向社会资本募集的方式与条件

政府出资产业投资基金社会资金部分应当采取私募方式募集，募集行为应符合相关法律法规及国家有关部门规定。（参照《政府出资产业基金管理办法》第10条）除政府外的其他基金投资者为具备一定风险识别和承受能力的合格机构投资者。（参照《政府出资产业基金管理办法》第11条）由此可知，发改系统基金性质上属于私募基金，而且合格投资人必须是机构，不可以是个人。

（四）基金管理

1. 基金的组织形态

政府出资产业投资基金可以采用公司制、合伙制、契约制等组织形式。（参照《政府出资产业基金管理办法》第3条）设立政府投资基金，可采用公司制、有限合伙制和契约制等不同组织形式。（参照《政府投资基金管理办法》第8条）由此可知，政府投资基金可以采用契约型基金，并不限制只能采取公司型基金。

2. 基金的登记、备案、审查与批准

国家发展改革委建立全国政府出资产业投资基金信用信息登记系统，

并指导地方发展改革部门建立本区域政府出资产业投资基金信用信息登记子系统。中央各部门及其直属机构出资设立的产业投资基金募集完毕后 20 个工作日内，应在全国政府出资产业投资基金信用信息登记系统登记。地方政府或所属部门、直属机构出资设立的产业投资基金募集完毕后 20 个工作日内，应在本区域政府出资产业投资基金信用信息登记子系统登记。发展改革部门应于报送材料齐备后 5 个工作日内予以登记。（参照《政府出资产业基金管理办法》第 12 条）此处要特别说明的是，发改系统基金募集完成后，除了在发改系统的信用信息登记系统登记外，仍应该在证监会系统下的中基协完成私募基金的备案。

政府出资产业投资基金在信用信息登记系统登记后，由发展改革部门根据登记信息在 30 个工作日内对基金投向进行产业政策符合性审查，并在信用信息登记系统予以公开。对于未通过产业政策符合性审查的政府出资产业投资基金，各级发展改革部门应及时出具整改建议书，并抄送相关政府或部门。（参照《政府出资产业基金管理办法》第 14 条）

已登记并通过产业政策符合性审查的各级地方政府或所属部门、直属机构出资设立的产业投资基金，可以按规定取得中央各部门及其直属机构设立的政府出资产业投资基金母基金支持。（参照《政府出资产业基金管理办法》第 22 条）已登记并通过产业政策符合性审查的政府出资产业投资基金，除政府外的其他股东或有限合伙人可以按规定申请发行企业债券，扩大资本规模，增强投资能力。（参照《政府出资产业基金管理办法》第 23 条）

3. 基金管理人

基金管理人应符合以下条件：（1）在中国大陆依法设立的公司或合伙企业，实收资本不低于 1000 万元人民币；（2）至少有三名具备三年以上资产管理工作经验的高级管理人员；（3）产业投资基金管理人及其董事、监事、高级管理人员及其他从业人员在最近三年无重大违法行为；（4）有符合要求的营业场所、安全防范设施和与基金管理业务有关的其他设施；（5）有良好的内部治理结构和风险控制制度。（参照《政府出资产业基金管理办法》第

20条）

政府出资产业投资基金管理人履行下列职责：（1）制订投资方案，并对所投企业进行监督、管理；（2）按基金公司章程规定向基金投资者披露基金投资运作、基金管理信息服务等信息。定期编制基金财务报告，经有资质的会计师事务所审计后，向基金董事会（持有人大会）报告；（3）基金公司章程、基金管理协议中确定的其他职责。（参照《政府出资产业基金管理办法》第19条）

4. 基金的托管

政府出资产业投资基金由基金管理人管理基金资产，由基金托管人托管基金资产。（参照《政府出资产业基金管理办法》第4条）政府投资基金应选择在中国境内设立的商业银行进行托管。托管银行依据托管协议负责账户管理、资金清算、资产保管等事务，对投资活动实施动态监管。（参照《政府投资基金管理办法》第15条）由此可知，政府投资基金必须采取强制托管，不得通过约定排除托管。

（五）基金投资

1. 投资领域

政府出资产业投资基金应主要投资于以下领域：（1）非基本公共服务领域；（2）基础设施领域；（3）住房保障领域；（4）生态环境领域；（5）区域发展领域；（6）战略性新兴产业和先进制造业领域；（7）创业创新领域。投资于基金章程、合伙协议或基金协议中约定产业领域的比例不得低于基金募集规模或承诺出资额的60%。（参照《政府出资产业基金管理办法》第24条第1款、第2款）

各级财政部门应当控制政府投资基金的设立数量，不得在同一行业或领域重复设立基金。（参照《政府投资基金管理办法》第6条）各级财政部门一般应在以下领域设立投资基金：（1）支持创新创业。（2）支持中小企业发展。（3）支持产业转型升级和发展。（4）支持基础设施和公共服务领域。（参照《政府投资基金管理办法》第7条）

2. 投资对象

政府出资产业投资基金应投资于：（1）未上市企业股权，包括以法人形式设立的基础设施项目、重大工程项目等未上市企业的股权；（2）参与上市公司定向增发、并购重组和私有化等股权交易形成的股份；（3）经基金章程、合伙协议或基金协议明确或约定的符合国家产业政策的其他投资形式。基金闲置资金只能投资于银行存款、国债、地方政府债、政策性金融债和政府支持债券等安全性和流动性较好的固定收益类资产。（参照《政府出资产业基金管理办法》第 25 条第 1 款、第 2 款）

3. 投资不得从事的业务

政府出资产业投资基金对单个企业的投资额不得超过基金资产总值的 20%，且不得从事下列业务：（1）明股实债等变相增加政府债务的行为；（2）公开交易类股票投资，但以并购重组为目的的除外；（3）直接或间接从事期货等衍生品交易；（4）为企业提供担保，但为被投资企业提供担保的除外；（5）承担无限责任的投资。（参照《政府出资产业基金管理办法》第 26 条）由此可知，该规定提出了分散度的要求，单个企业的投资额不得超过基金资产总值的 20%。

政府投资基金在运作过程中不得从事以下业务：（1）从事融资担保以外的担保、抵押、委托贷款等业务；（2）投资二级市场股票、期货、房地产、证券投资基金、评级 AAA 以下的企业债、信托产品、非保本型理财产品、保险计划及其他金融衍生品；（3）向任何第三方提供赞助、捐赠（经批准的公益性捐赠除外）；（4）吸收或变相吸收存款，或向第三方提供贷款和资金拆借；（5）进行承担无限连带责任的对外投资；（6）发行信托或集合理财产品募集资金；（7）其他国家法律法规禁止从事的业务。（参照《政府投资基金管理办法》第 12 条）

（六）基金退出

政府投资基金中的政府出资部分一般应在投资基金存续期满后退出，存续期未满如达到预期目标，可通过股权回购机制等方式适时退出。（参照

《政府投资基金管理办法》第 19 条）政府出资从投资基金退出时，应当按照章程约定的条件退出；章程中没有约定的，应聘请具备资质的资产评估机构对出资权益进行评估，作为确定投资基金退出价格的依据。（参照《政府投资基金管理办法》第 21 条）

二、直接投资 PPP 项目政府投资基金的份额结构

（一）PPP 基金的投资人

财务投资人作为第一顺位贷款人在基金中作为优先级投资人，政府方作为第二顺位贷款人在基金中作为中间级投资人，社会资本方作为借款人作为劣后级投资人。

（二）PPP 基金中份额结构中借款的设计

优先级投资人及政府方对 PPP 基金投资，再由 PPP 基金将优先级投资人以及政府方投资的款项，投资到项目公司，未来 PPP 基金投资获利后按浮动收益分红，由优先级投资人优先分配，政府方第二顺位分配，最后剩余金额归于劣后级投资人，因此投资到项目公司的款项可以看成是优先级投资人及政府方对劣后级投资人提供的借款。

（三）PPP 基金中的份额结构中还款的设计

根据《政府投资基金办法》第 13 条第 2 款前段的规定："为更好地发挥政府出资的引导作用，政府可适当让利，但不得向其他出资人承诺投资本金不受损失，不得承诺最低收益。"由此可知，政府方不能在基金合同或是合伙协议中承诺按固定收益分红，因此政府方投资 PPP 基金的还款模式是"浮动收益分红 + 股权或份额回购与转让"模式，但是在分配与回购的顺序上是"先分优先级再分中间级 + 先买优先级再买中间级"方式。

（四）PPP 基金中的份额结构中保底承诺的设计

如果契约型 PPP 基金对优先级投资人及中间级投资人的分红金额，不足以覆盖还款金额时，可以在基金合同中约定，由劣后级投资人承诺外部保底或是间接保底。

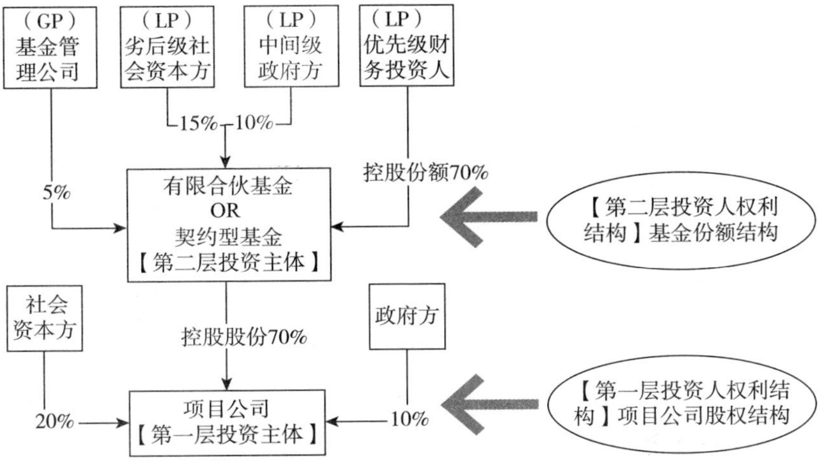

【图表 15.3】政府投资 PPP 基金的股权交易结构

三、政府引导基金的交易结构——以浙江省 PPP 基金为例

（一）省基金

1. 名称：浙江省基础设施投资（含 PPP）基金

2. 管理机构

基金成立投资决策委员会。省政府授权省财政厅履行政府出资人职责，投决会办公室设在省财政厅。[①] 省财政厅授权浙江省金融控股有限公司代行出资人职责，组建省基础设施投资基金有限公司。基金公司按《公司法》规定要求设立董事会和监事会，不设日常经营机构，委托浙江基金控投资管理有限公司负责省基金的日常经营管理。[②]

3. 基金投向

省基金主要投向浙江省境内的基础设施项目和公共服务项目，包括综合交通、市政公用、环境保护、社会事业、保障房等基础设施和公共服务领域等项目，重点支持通过物有所值评价和财政承受能力论证的纳入省部级项目库的 PPP 项目，以及建成投运后有一定现金流的项目，同时兼顾非收费

① 参照《浙江省 PPP 基金管理办法》第 5 条前段
② 参照《浙江省 PPP 基金管理办法》第 6 条第 1 款

国省道、国省主干航道等重大公益类基础设施建设项目。[①]

4. 母子基金模式

省基金主要采取母子基金运作模式，与省级平台、市县政府和社会资本合资设立，或以增资方式参与现有基金等各种“子基金”运作模式，对全省性非收费的重大交通基础设施项目实行直接投资。[②]

5. 直投模式

经省政府批准，省基金对全省性非收费的重大交通基础设施项目实行直接投资。[③]

（二）省子基金

1. 设立

省基金与省级平台或其他社会资本（应理解成投资人，其中包含财务投资人与战略投资人）合作设立省级子基金，省基金出资比例不超过子基金设立规模的 50%。[④]

2. 退出

省级子基金中省基金的出资部分通过到期清算等方式实现退出。[⑤]

（三）市县子基金

1. 设立

省基金与市县政府合作设立市县子基金，并吸引金融机构等社会资本出资参股。[⑥]

2. 市县政府保底承诺的限制

为更好地发挥政府出资的引导作用，市县政府可适当让利，但不得向其他社会出资人承诺投资本金不受损失，不得承诺最低收益。[⑦]

---

① 参照《浙江省 PPP 基金管理办法》第 8 条
② 参照《浙江省 PPP 基金管理办法》第 9 条
③ 参照《浙江省 PPP 基金管理办法》第 12 条
④ 参照《浙江省 PPP 基金管理办法》第 23 条第 1 项
⑤ 参照《浙江省 PPP 基金管理办法》第 23 条第 1 项
⑥ 参照《浙江省 PPP 基金管理办法》第 11 条前段
⑦ 参照《浙江省 PPP 基金管理办法》第 11 条中段

3. 省基金让利与退出

市县子基金的收益按照章程或合伙协议进行分配，同时省基金给予市县政府利益让渡[①]。[②]市县子基金中省基金出资形成的股权通过协议转让方式实现逐年退出，并在章程或合伙协议中明确，即省基金每年按投入本金的一定比例分年收回本金。[③]市县子基金中，省基金出资形成的股权（或份额）通过协议转让方式转让给市县政府出资主体，实现逐年退出，并由作为主发起人的市县政府对省基金的退出给予保障。在投资项目批文规定的建设期内，省基金原则上不退出；从投资项目批文规定的建设期结束后次年起至子基金存续期最后一年的上年，省基金每年按出资额的 5% 收回出资；在子基金存续期最后一年，省基金一次性收回出资额的剩余部分。[④]由此可知，省基金的退出模式采取“各期采取固定收益分红 + 股权（或份额）回购与转让”模式。

4. 省基金对重大公益性基础设施项目投资的退出

省基金对重大公益性基础设施项目的投资，可采取协议转让或无偿划转方式实现退出。其中，对投资的全省性非收费重大交通基础设施项目，由省级交通主管部门在投资期 5 年内组织验收，汇总验收结果一次性报投决会办公室，经投决会审议并报省政府同意后，省基金参股项目形成的股权无偿划转给市县政府。[⑤]

---

① 2015 年 7 月 30 日《山东省政府和社会资本合作（PPP）发展基金实施办法》中对于市县政府的保障所采取的方式是，参与出资的市县如当年未获得子基金投入，其出资部分可享受优先级出资人的固定收益。

② 参照《浙江省 PPP 基金管理办法》第 21 条第 2 项

③ 参照《浙江省 PPP 基金管理办法》第 23 条第 2 项

④ 参照《浙江省 PPP 基金投资退出管理规则》第 6 条第 2 项

⑤ 参照《浙江省 PPP 基金投资退出管理规则》第 6 条第 3 项

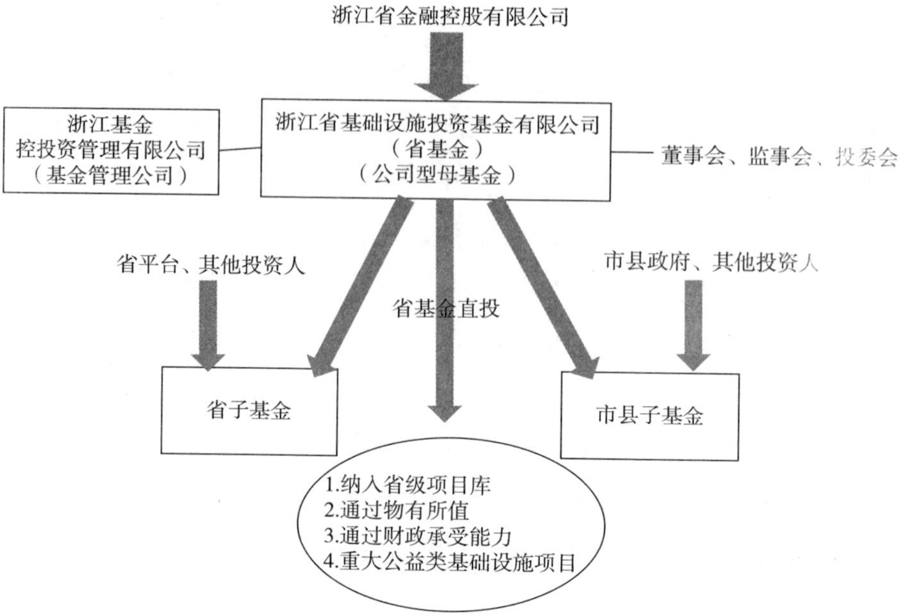

【图表 15.4】浙江省 PPP 基金交易结构

第十六章　债权融资（一）——银行融资

第一节　概述

银行融资是PPP模式中常见的一种融资方式，本章将介绍银行融资中几种与结构化融资有关的融资方式，其中包括固定资产贷款、流动资产贷款、项目融资、银团融资、并购贷款以及政策性银行融资等。关于固定资产贷款、流动资产贷款与项目融资等三种贷款除了贷款用途不同之外，三种贷款对于项目的现金流做了不同程度的控管，例如要求成立项目法人、要求针对现金流入与流出开设不同的控管账户、要求政府同意政府付款必须不可变更地全额地进入还款准备金账户等等，这种把项目现金流隔离并控管的方式，某种程度上已经具备结构化融资的性质。至于银团融资常用于大金额的项目融资，由于银团由多家银行所组成，因此相对于单纯项目融资可以更有效地分散融资风险。至于并购贷款经常用于TOT模式的项目，相关并购贷款的业务指引同样要求做好现金流的控管。至于政策性银行融资，本文将介绍国内某家政策性银行PPP模式贷款的模板内容。

第二节　固定资产贷款、流动资金贷款与项目融资

一、固定资产贷款

（一）概述

银行业金融机构固定资产贷款业务的经营行为，应依据《固定资产贷

款管理暂行办法》办理。所谓固定资产贷款是指贷款人向企业法人发放，用于借款人固定资产投资的贷款，[①] 因此固定资产贷款一般用于PPP项目的建设期。

（二）发放条件

贷款人受理的固定资产贷款申请应具备以下条件：（1）借款人依法经工商行政管理机关或主管机关核准登记；（2）借款人信用状况良好，无重大不良记录；（3）借款人为新设项目法人的，其控股股东应有良好的信用状况，无重大不良记录；（4）国家对拟投资项目有投资主体资格和经营资质要求的，符合其要求；（5）借款用途及还款来源明确、合法；（6）项目符合国家的产业、土地、环保等相关政策，并按规定履行了固定资产投资项目的合法管理程序；（7）符合国家有关投资项目资本金制度的规定；（8）贷款人要求的其他条件。[②]

（三）现金流控管

1. 专款专用

贷款人应在合同中与借款人约定，借款人应按约定用途使用贷款、按约定方式支用贷款资金。[③]

2. 贷款的发放与支付

合同约定专门贷款发放账户的，贷款发放和支付应通过该账户办理。[④] 固定资产贷款发放和支付过程中，贷款人应确认与拟发放贷款同比例的项目资本金足额到位，并与贷款配套使用。[⑤] 贷款人在发放贷款前应确认借款人满足合同约定的提款条件，并按照合同约定的方式对贷款资金的支付实施管理与控制，监督贷款资金按约定用途使用。[⑥] 提款条件应包括与贷款同比例的资本金已足额到位、项目实际进度与已投资额相匹配等要求。[⑦]

---

① 参照《固定资产贷款管理暂行办法》第3条
② 参照《固定资产贷款管理暂行办法》第9条
③ 参照《固定资产贷款管理暂行办法》第20条
④ 参照《固定资产贷款管理暂行办法》第23条
⑤ 参照《固定资产贷款管理暂行办法》第28条
⑥ 参照《固定资产贷款管理暂行办法》第22条
⑦ 参照《固定资产贷款管理暂行办法》第17条后段

贷款人应通过贷款人受托支付或借款人自主支付的方式对贷款资金的支付进行管理与控制。贷款人受托支付是指贷款人根据借款人的提款申请和支付委托，将贷款资金支付给符合合同约定用途的借款人交易对手。借款人自主支付是指贷款人根据借款人的提款申请将贷款资金发放至借款人账户后，由借款人自主支付给符合合同约定用途的借款人交易对手。① 单笔金额超过项目总投资5%或超过500万元人民币的贷款资金支付，应采用贷款人受托支付方式。②

3. 停止贷款资金的发放和支付

在贷款发放和支付过程中，借款人出现以下情形的，贷款人应与借款人协商补充贷款发放和支付条件，或根据合同约定停止贷款资金的发放和支付：（1）信用状况下降；（2）不按合同约定支付贷款资金；（3）项目进度落后于资金使用进度；（4）违反合同约定，以化整为零方式规避贷款人受托支付。③

4. 收入现金流的控管

合同约定专门还款准备金账户的，贷款人应按约定根据需要对固定资产投资项目或借款人的收入现金流进入该账户的比例和账户内的资金平均存量提出要求。④

（四）贷后管理

项目实际投资超过原定投资金额，贷款人经重新风险评价和审批决定追加贷款的，应要求项目发起人配套追加不低于项目资本金比例的投资和相应担保。⑤ 贷款人应对抵（质）押物的价值和担保人的担保能力建立贷后动态监测和重估制度。⑥ 贷款人应对固定资产投资项目的收入现金流以及借款人的整体现金流进行动态监测，对异常情况及时查明原因并采取相应措施。⑦ 对借款人确因暂时经营困难不能按期归还贷款本息的，贷款人可与借

① 参照《固定资产贷款管理暂行办法》第24条后段
② 参照《固定资产贷款管理暂行办法》第25条
③ 参照《固定资产贷款管理暂行办法》第29条
④ 参照《固定资产贷款管理暂行办法》第34条
⑤ 参照《固定资产贷款管理暂行办法》第31条
⑥ 参照《固定资产贷款管理暂行办法》第32条
⑦ 参照《固定资产贷款管理暂行办法》第33条

款人协商进行贷款重组。[①]

二、流动资金贷款

（一）概述

银行业金融机构流动资金贷款业务的经营行为，应依据《流动资金贷款管理暂行办法》办理。而所谓流动资金贷款是指贷款人向企业法人发放的用于借款人日常生产经营周转的贷款，[②]因此流动资金贷款一般用于PPP项目的运营期。由于流动资金贷款的金额相较于固定资产贷款的金额小，因此在控管的强度上也会比较宽松。

（二）发放条件

流动资金贷款申请应具备以下条件：（1）借款人依法设立；（2）借款用途明确、合法；（3）借款人生产经营合法、合规；（4）借款人具有持续经营能力，有合法的还款来源；（5）借款人信用状况良好，无重大不良信用记录；（6）贷款人要求的其他条件。[③]

（三）贷款额度与用途

贷款人应合理测算借款人营运资金需求，审慎确定借款人的流动资金授信总额及具体贷款的额度，不得超过借款人的实际需求发放流动资金贷款。[④]贷款人应与借款人约定明确、合法的贷款用途。流动资金贷款不得用于固定资产、股权等投资，不得用于国家禁止生产、经营的领域和用途。流动资金贷款不得挪用，贷款人应按照合同约定检查、监督流动资金贷款的使用情况。[⑤]

（四）放款与资金回笼的控管

贷款人在发放贷款前应确认借款人满足合同约定的提款条件，并按照合同约定通过贷款人受托支付或借款人自主支付的方式对贷款资金的支付进

---

① 参照《固定资产贷款管理暂行办法》第36条第2款
② 参照《流动资金贷款管理暂行办法》第3条
③ 参照《流动资金贷款管理暂行办法》第11条
④ 参照《流动资金贷款管理暂行办法》第6条
⑤ 参照《流动资金贷款管理暂行办法》第9条

行管理与控制，监督贷款资金按约定用途使用。[①] 贷款支付过程中，借款人信用状况下降、主营业务盈利能力不强、贷款资金使用出现异常的，贷款人应与借款人协商补充贷款发放和支付条件，或根据合同约定变更贷款支付方式、停止贷款资金的发放和支付。[②] 贷款人应通过借款合同的约定，要求借款人指定专门资金回笼账户并及时提供该账户资金进出情况。贷款人可根据借款人信用状况、融资情况等，与借款人协商签订账户管理协议，明确约定对指定账户回笼资金进出的管理。贷款人应关注大额及异常资金流入流出情况，加强对资金回笼账户的监控。[③]

三、项目融资

（一）概述

项目融资业务应按照《项目融资业务指引》的规定办理。所谓项目融资，是指符合以下特征的贷款：（1）贷款用途通常是用于建造一个或一组大型生产装置、基础设施、房地产项目或其他项目，包括对在建或已建项目的再融资；（2）借款人通常是为建设、经营该项目或为该项目融资而专门组建的企事业法人，包括主要从事该项目建设、经营或融资的既有企事业法人；（3）还款资金来源主要依赖该项目产生的销售收入、补贴收入或其他收入，一般不具备其他还款来源。[④]

（二）项目资本金与贷款额度

贷款人应当按照国家关于固定资产投资项目资本金制度的有关规定，综合考虑项目风险水平和自身风险承受能力等因素，合理确定贷款金额。[⑤]

（三）增信与风险管理

贷款人应当要求将符合抵质押条件的项目资产和/或项目预期收益等权利为贷款设定担保，并可以根据需要，将项目发起人持有的项目公司股权为

---

① 参照《流动资金贷款管理暂行办法》第 24 条第 1 款
② 参照《流动资金贷款管理暂行办法》第 29 条
③ 参照《流动资金贷款管理暂行办法》第 31 条
④ 参照《项目融资业务指引》第 3 条
⑤ 参照《项目融资业务指引》第 8 条

贷款设定质押担保。贷款人应当要求成为项目所投保商业保险的第一顺位保险金请求权人，或采取其他措施有效控制保险赔款权益。[①]贷款人应当采取措施有效降低和分散融资项目在建设期和经营期的各类风险。贷款人应当以要求借款人或者通过借款人要求项目相关方签订总承包合同、投保商业保险、建立完工保证金、提供完工担保和履约保函等方式，最大限度降低建设期风险。贷款人可以以要求借款人签订长期供销合同、使用金融衍生工具或者发起人提供资金缺口担保等方式，有效分散经营期风险。[②]

（四）现金流控管

贷款人应当按照《固定资产贷款管理暂行办法》的有关规定，恰当设计账户管理、贷款资金支付、借款人承诺、财务指标控制、重大违约事项等项目融资合同条款，促进项目正常建设和运营，有效控制项目融资风险。[③]贷款人应当根据项目的实际进度和资金需求，按照合同约定的条件发放贷款资金。贷款发放前，贷款人应当确认与拟发放贷款同比例的项目资本金足额到位，并与贷款配套使用。[④]

贷款人应当按照《固定资产贷款管理暂行办法》中贷款发放与支付的有关规定，对贷款资金的支付实施管理和控制，必要时可以与借款人在借款合同中约定专门的贷款发放账户。采用贷款人受托支付方式的，贷款人在必要时可以要求借款人、独立中介机构和承包商等共同检查设备建造或者工程建设进度，并根据出具的、符合合同约定条件的共同签证单，进行贷款支付。[⑤]贷款人应当与借款人约定专门的项目收入账户，并要求所有项目收入进入约定账户，并按照事先约定的条件和方式对外支付。[⑥]贷款人应当对项目收入账户进行动态监测，当账户资金流动出现异常时，应当及时查明原因并采取相应措施。[⑦]有的银行为了控管现金流入，会要求政府方同意未来由

① 参照《项目融资业务指引》第11条
② 参照《项目融资业务指引》第12条
③ 参照《项目融资业务指引》第14条
④ 参照《项目融资业务指引》第15条
⑤ 参照《项目融资业务指引》第16条
⑥ 参照《项目融资业务指引》第17条
⑦ 参照《项目融资业务指引》第18条

政府方付款，款项必须不可变动地全额地支付到特定的还款准备金账户。

（五）多家银行参与

多家银行业金融机构参与同一项目融资的，原则上应当采用银团贷款方式。[①]

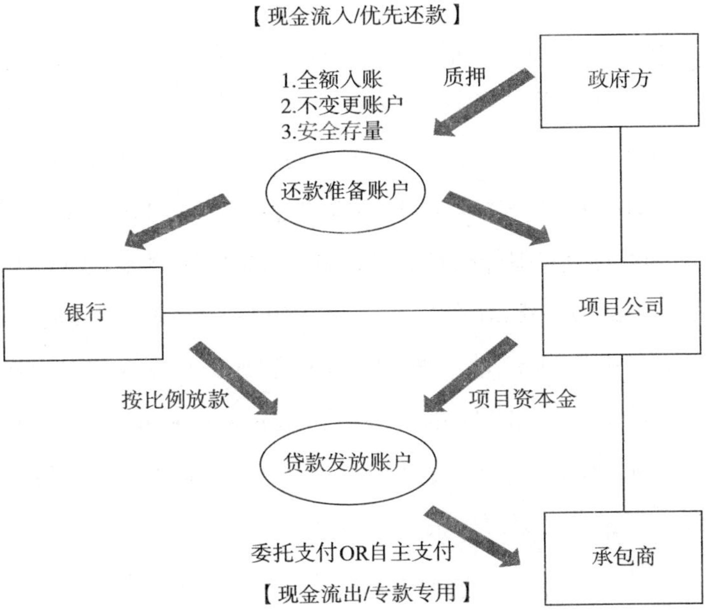

【图表 16.1】项目融资交易结构图

第三节　银团融资

一、概述

银团贷款业务应依据《银团贷款业务指引》《银团贷款合同示范文本》（3.0 版）等规定办理。所谓银团融资是指由两家或两家以上银行基于相同贷款条件，依据同一贷款合同，按约定时间和比例，通过代理行向借款人提供的本外币贷款或授信业务。[②] 实践中银团融资与项目融资有很密切的关系，

① 参照《项目融资业务指引》第 19 条

② 参照《银团贷款业务指引》第 3 条

而且银团融资可以有效地分担银行贷款的风险，因此投资金额较大的项目，一般会采取银团融资，本书在结构性融资篇中会介绍银团融资的内容。

二、银团成员

（一）牵头行

银团贷款牵头行是指经借款人同意，负责发起组织银团、分销银团贷款份额的银行。牵头行主要履行以下职责：（1）发起和筹组银团贷款，分销银团贷款份额；（2）对借款人进行贷前尽职调查，草拟银团贷款信息备忘录，并向潜在的参加行推荐；（3）代表银团与借款人谈判确定银团贷款条件；（4）代表银团聘请相关中介机构起草银团贷款法律文本；（5）组织银团成员与借款人签订书面银团贷款合同；（6）银团贷款合同确定的其他职责。①

单家银行担任牵头行时，其承贷份额原则上不得少于银团融资总金额的20%；分销给其他银团成员的份额原则上不得低于50%。② 按照牵头行对贷款最终安排额所承担的责任，银团牵头行分销银团贷款可以分为全额包销、部分包销和尽最大努力推销三种类型。③

（二）代理行

银团代理行是指银团贷款合同签订后，按相关贷款条件确定的金额和进度归集资金向借款人提供贷款，并接受银团委托按银团贷款合同约定进行银团贷款事务管理和协调活动的银行。银团代理行应当代表银团利益，借款人的附属机构或关联机构不得担任代理行。④

代理行应当依据银团贷款合同的约定履行代理行职责。其主要职责包括：（1）审查、督促借款人落实贷款条件，提供贷款或办理其他授信业务；（2）办理银团贷款的担保抵押手续，负责抵（质）押物的日常管理工作；（3）制订账户管理方案，开立专门账户管理银团贷款资金，对专户资金的

① 参照《银团贷款业务指引》第8条
② 参照《银团贷款业务指引》第9条
③ 参照《银团贷款业务指引》第10条
④ 参照《银团贷款业务指引》第11条第1款、第3款后段

变动情况进行逐笔登记；（4）根据约定用款日期或借款人的用款申请，按照银团贷款合同约定的承贷份额比例，通知银团成员将款项划到指定账户；（5）划收银团贷款本息和代收相关费用，并按承贷比例和银团贷款合同约定及时划转到银团成员指定账户；（6）根据银团贷款合同，负责银团贷款资金支付管理、贷后管理和贷款使用情况的监督检查，并定期向银团成员通报；（7）密切关注借款人财务状况，对贷款期间发生的企业并购、股权分红、对外投资、资产转让、债务重组等影响借款人还款能力的重大事项，在借款人通知后按银团贷款合同约定尽早通知各银团成员；（8）根据银团贷款合同，在借款人出现违约事项时，及时组织银团成员对违约贷款进行清收、保全、追偿或其他处置；（9）根据银团贷款合同，负责组织召开银团会议，协调银团成员之间的关系；（10）接受各银团成员不定期的咨询与核查，办理银团会议委托的其他事项等。①

（三）参加行

参加行是指接受牵头行邀请，参加银团并按照协商确定的承贷份额向借款人提供贷款的银行。参加行应当按照约定及时足额划拨资金至代理行指定的账户，参加银团会议，做好贷后管理，了解掌握借款人日常经营与信用状况的变化情况，及时向代理行通报借款人的异常情况。② 各参加行之间不负担连带责任，而是就其贷款份额对借款人分别负责。

三、鼓励采用银团贷款的情形与贷款管理

有下列情形之一的大额贷款，鼓励采取银团贷款方式：（1）大型集团客户、大型项目融资和大额流动资金融资；（2）单一企业或单一项目融资总额超过贷款行资本净额 10% 的；（3）单一集团客户授信总额超过贷款行资本净额 15% 的；（4）借款人以竞争性谈判选择银行业金融机构进行项目融资的。③

---

① 参照《银团贷款业务指引》第 12 条

② 参照《银团贷款业务指引》第 14 条

③ 参照《银团贷款业务指引》第 15 条第 1 款

银团成员在办理银团贷款业务过程中发现借款人有下列行为，经指正不改的，代理行应当根据银团贷款合同的约定，负责召集银团会议，追究其违约责任，并以书面形式通知借款人及其保证人：（1）所提供的有关文件被证实无效；（2）未能履行和遵守贷款合同约定的义务；（3）未能按贷款合同规定支付利息和本金；（4）逃废银行债务；（5）贷款合同约定的其他违约事项。[①]

银团成员在开展银团贷款业务过程中有以下行为，经银团会议审核认定违约的，可以要求其承担违约责任：（1）银团成员收到代理行按合同规定时间发出的通知后，未按合同约定时限足额划付款项的；（2）银团成员擅自提前收回贷款或违约退出银团的；（3）不执行银团会议决议的；（4）借款人归还银团贷款本息而代理行未如约及时划付银团成员的；（5）其他违反银团贷款合同、本业务指引以及法律法规的行为。[②]

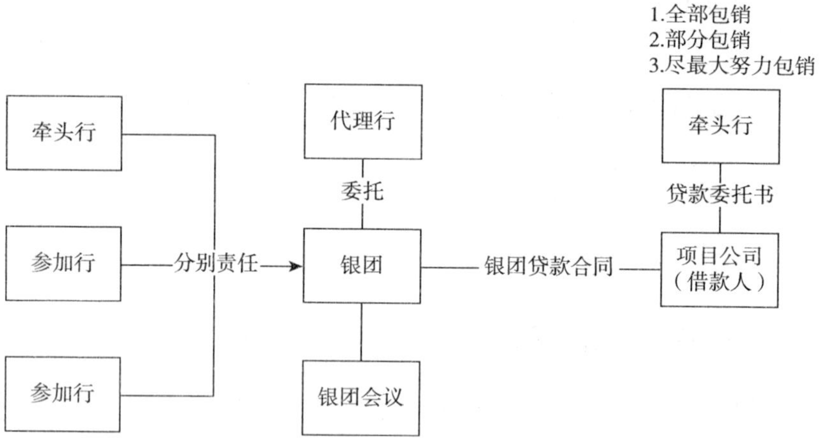

【图表 16.2】银团融资交易结构图

① 参照《银团贷款业务指引》第 35 条
② 参照《银团贷款业务指引》第 36 条第 1 款

第四节　并购贷款与政策性银行融资

一、并购贷款

（一）概述

商业银行并购贷款的经营行为应依据《商业银行并购贷款风险管理指引》的规定办理。所谓并购是指境内并购方企业通过受让现有股权、认购新增股权，或收购资产、承接债务等方式以实现合并或实际控制已设立并持续经营的目标企业或资产的交易行为。并购可由并购方通过其专门设立的无其他业务经营活动的全资或控股子公司（以下称子公司）进行。[①] 由此可知，并购的方式为包括股权转让、认购新股、收购资产、债务承接等，而并购的手段是通过前述的方式合并或是控制目标企业或是资产，而并购的主体可以由并购方设立子公司作为并购的主体。

并购贷款，是指商业银行向并购方或其子公司发放的，用于支付并购交易价款和费用的贷款。[②] 并购贷款一般可以用于 TOT 的项目中。

（二）贷款占比与期限

并购交易价款中并购贷款所占比例不应高于 60%。[③] 并购贷款期限一般不超过 7 年。[④]

（三）风险评估与管理

商业银行应在全面分析战略风险、法律与合规风险、整合风险、经营风险以及财务风险等与并购有关的各项风险的基础上评估并购贷款的风险。商业银行并购贷款涉及跨境交易的，还应分析国别风险、汇率风险和资金过境风险等。[⑤]

商业银行原则上应要求借款人提供充足的能够覆盖并购贷款风险的担保，包括但不限于资产抵押、股权质押、第三方保证，以及符合法律规定的

---

① 参照《商业银行并购贷款风险管理指引》第 3 条

② 参照《商业银行并购贷款风险管理指引》第 4 条

③ 参照《商业银行并购贷款风险管理指引》第 21 条

④ 参照《商业银行并购贷款风险管理指引》第 22 条

⑤ 参照《商业银行并购贷款风险管理指引》第 10 条

其他形式的担保。以目标企业股权质押时，商业银行应采用更为审慎的方法评估其股权价值和确定质押率。①

商业银行应在借款合同中约定保护贷款人利益的关键条款，包括但不限于：（1）对借款人或并购后企业重要财务指标的约束性条款；（2）对借款人特定情形下获得的额外现金流用于提前还款的强制性条款；（3）对借款人或并购后企业的主要或专用账户的监控条款；（4）确保贷款人对重大事项知情权或认可权的借款人承诺条款。②

商业银行应通过本指引第 31 条所述的关键条款约定在并购双方出现以下情形时可采取的风险控制措施：（1）重要股东的变化；（2）经营战略的重大变化；（3）重大投资项目变化；（4）营运成本的异常变化；（5）品牌、客户、市场渠道等的重大不利变化；（6）产生新的重大债务或对外担保；（7）重大资产出售；（8）分红策略的重大变化；（9）担保人的担保能力或抵质押物发生重大变化；（10）影响企业持续经营的其他重大事项。③

（四）现金流控管

商业银行应在借款合同中约定提款条件以及与贷款支付使用相关的条款，提款条件应至少包括并购方自筹资金已足额到位和并购合规性条件已满足等内容。商业银行应按照借款合同约定，加强对贷款资金的提款和支付管理，做好资金流向监控，防范关联企业借助虚假并购交易套取贷款资金，确保贷款资金不被挪用。④

二、政策性银行贷款

由于政策性银行贷款很多是基于政策性的考量，理论上贷款利率一般比商业银行来得低，但是对项目的要求会比一般商业银行烦琐。根据笔者实际接触银行的经验来看，现在很多商业银行对 PPP 项目的贷款利率也越来

① 参照《商业银行并购贷款风险管理指引》第 29 条
② 参照《商业银行并购贷款风险管理指引》第 31 条
③ 参照《商业银行并购贷款风险管理指引》第 32 条
④ 参照《商业银行并购贷款风险管理指引》第 33 条

越低，甚至有的银行以基准利率作为贷款利率，再加上商业银行的服务周到，除非政策性银行提出非常优惠的贷款利率，否则很多投资人已经转向商业银行贷款。以下就国内某家政策性银行 PPP 模式贷款的模板内容进行摘要说明，仅供读者参考。从以下说明可以看出这家银行还是用传统融资的思维，在承做 PPP 项目的贷款。

（一）借款人类型与准入要求

国有独资及控股企业及其与地方政府成立的项目公司。非国有控股企业与地方政府或（和）国有企业合资成立的项目公司。财务状况良好，具备财务可持续能力，上一年末和最近月份资产负债率原则上在 70%（含）以内，除新设法人外，上一年度要实现盈利。信用状况良好，信用等级在 A 级（含）以上，借款人为新设项目法人的，其控股股东应有良好的信用状况。

（二）项目准入要求

项目实施方案已经政府或有权部门审批通过，当地已建立 PPP 项目库的，应纳入项目库管理。项目涉及政府投资、付费、补贴等政府支付义务的，已纳入同级政府财政预算管理。项目资本金比例不低于国家规定的行业最低比例标准。项目具有稳定的经营性现金流或可靠的偿债资金来源，第一和第二还款来源能实现对贷款本息的全覆盖。

（三）期限与利率

贷款期限原则上最长不超过 15 年，在利率定价上，按照“对标当地同业，适当体现优惠”，即略低于当地商业银行同类项目利率水平，充分体现对资金成本的覆盖和风险溢价的补偿的原则合理确定。

（四）偿债备付率

不同行业的项目财务指标标准，参照国家发改委、建设部联合发布的《建设项目经济评价方法与参数》（第三版）的相关规定执行，经营性项目综合偿债备付率原则上不低于 1.2，准经营性项目综合偿债备付率原则上不低于 1.1，非经营性项目综合偿债备付率原则上不低于 1。

（五）担保

1. 应收账款质押、在建工程抵押与保险

PPP合同项下各类应收账款全额质押担保，质押折率不超过70%（含），项目建设过程中的在建工程，具备抵押登记条件的，应及时追加办理抵押手续。在建工程及最终形成的固定资产应投保相应的险种，并将银行列为第一受益人或被保险人。

2. 房地产抵押

其他依法合规的抵押、质押和保证担保。抵押物应为符合银行要求的土地使用权、住宅、商铺、写字楼等房地产抵押，折率按实际情况确定，最高不超过70%；原则上不接受动产抵（质）押。保证人原则上应为国有独资或控股企业、上市企业以及各级政府控股的专业担保机构。

3. 股东保证与股权质押

借款人为项目公司的，除落实应收账款全额质押担保措施外，在依法合规的前提下，原则上还应由公司股东提供全额保证担保，并追加所有股东在项目公司的股权质押。

第十七章　债权融资（二）
——债券融资

第一节　概述

本章将介绍债券融资中几种项目上常用的债券类型，包括证监系统监管债券、发改系统监管债券以及银监系统监管债券。证监系统监管债券将介绍公司债，发改系统监管债券将介绍企业债、项目收益债以及专项债，银监系统监管债券将介绍项目收益票据。公司债与企业债属于传统融资的范畴，但是这两种债券属于其他债券融资的基本类型，有很多债券都是以这两种为基础发展的，因此本文首先将对这两种债券融资进行介绍。至于项目收益债和项目收益票据都是针对项目的收益所发行的债券，除了监管部门不同以外，它们基本上都要求对于项目的现金流进行隔离与控管，因此具有结构化融资的性质。专项债是针对某个具体的项目所发的债券，操作方式和项目收益债的性质很接近。

第二节　证监系统监管债券——公司债

一、概述

所谓公司债是指公司约定在一定时期内还本付息依法发行的有价证券，债券持有人有权按期收回本金并取得利息，但无权参与公司的经营管理。发行公司债后融到的资金可以自由使用，且使用周期较长，因此对于公司经营者而言，都愿意通过发行公司债进行融资，但是由于公司债风险较大，因此债券的利率一般会高于银行的贷款利率。理论上公司债属于传统融资的领域，不属于结构化融资要讨论的范畴，但是由于许多具有结构化融资特性的债券经常与公司债比较优劣，因此本书针对公司债的种类、发行条件与核准程序进行介绍。

二、种类

（一）以债券还本付息的期限区分

以债券还本付息的期限作为区分标准，公司债可以分为短期公司债、中期公司债以及长期公司债。短期公司债的期限在 1 年以内，中期公司债的期限在 1 年到 5 年之内，长期公司债的期限在 5 年以上。

（二）以债券是否记名区分

以债券是否记名作为区分标准，公司债可以分为记名公司债与无记名公司债，所谓记名公司债是指债券上记载了债券持有人的姓名，而无记名公司债是指债券上没有记载债券持有人的姓名。因此行使记名公司债券的权利人，必须是债券上所记载姓名的人，而行使无记名公司债券的权利人，则由实际持有债券的人行使权利。

（三）以债券发行方式区分

以债券发行的方式作为区分标准，公司债可以分为公募债券和私募债券，所谓公募债券是指依法可以向社会大众发行的债券，而私募债券是指以特定投资人为对象所发行的债券。由于公募债券可以向公众发行，所以影响层面较广，发行程序也比较繁杂。

（四）以投资人是否拥有选择权区分

以发行人是否赋予投资人选择权作为区分标准，公司债可以分为附有选择权的公司债和不附有选择权的公司债。常见的选择权有可转换公司债、附认股权证的公司债、可退还公司债等。

（五）以是否可以提前赎回区分

以是否可以提前赎回作为区分标准，公司债可以区分为可提前赎回公司债与不可提前赎回公司债。所谓可提前赎回公司债是指债券到期前，债券持有人可以要求公司在一定时期或是随时购回公司债券，反之则为不可提前赎回公司债。

（六）以上市公司所发行的债券区分

上市公司所发行的公司债可以区分为一般公司债、可转换公司债、分离交易可转换债以及可交换公司债。所谓一般公司债是指债券发行人依据《公司债券发行试点方法》申请，由中国证监会核准发行的公司债。可转换公司债是指在符合约定条件情况下，可以转换成公司股票的公司债。分离交易可转换债是依据《上市公司证券发行管理办法》所发行的为上市公司再融资的债券，具体内容是指上市公司发行附有认股权证，并且认股权证可以分离出来单独交易的可转换公司债。可交换公司债是指根据《公司债券发行试点方法》所发行的债券，在符合约定的条件下，债券持有人可以交换股东所持有的上市公司股份。

三、公司债发行条件与核准程序——以一般公司债为例

（一）《证券法》规定

公开发行公司债券，应当符合下列条件：（1）股份有限公司的净资产不低于人民币3000万元，有限责任公司的净资产不低于人民币6000万元；（2）累计债券余额不超过公司净资产的40%；（3）最近3年平均可分配利润足以支付公司债券1年的利息；（4）筹集的资金投向符合国家产业政策；（5）债券的利率不超过国务院限定的利率水平；（6）国务院规定的其他条件。①

有下列情形之一的，不得再次公开发行公司债券：（1）前一次公开发行的公司债券尚未募足；（2）对已公开发行的公司债券或者其他债务有违约或者延迟支付本息的事实，仍处于继续状态；（3）违反本法规定，改变公开发行公司债券所募资金的用途。②

---

① 参照《证券法》第16条

② 参照《证券法》第16条

（二）《公司债券发行与交易管理办法》

存在下列情形之一的，不得公开发行公司债券：（1）最近36个月内公司财务会计文件存在虚假记载，或公司存在其他重大违法行为；（2）本次发行申请文件存在虚假记载、误导性陈述或者重大遗漏；（3）对已发行的公司债券或者其他债务有违约或者迟延支付本息的事实，仍处于继续状态；（4）严重损害投资者合法权益和社会公共利益的其他情形。①

资信状况符合以下标准的公司债券可以向公众投资者公开发行，也可以自主选择仅面向合格投资者公开发行：（1）发行人最近3年无债务违约或者迟延支付本息的事实；（2）发行人最近3个会计年度实现的年均可分配利润不少于债券一年利息的1.5倍；（3）债券信用评级达到AAA级；（4）中国证监会根据投资者保护的需要规定的其他条件。未达到前款规定标准的公司债券公开发行应当面向合格投资者；仅面向合格投资者公开发行的，中国证监会简化核准程序。②

发行人应当按照中国证监会信息披露内容与格式的有关规定编制和报送公开发行公司债券的申请文件。③ 中国证监会受理申请文件后，依法审核公开发行公司债券的申请，自受理发行申请文件之日起3个月内，做出是否核准的决定，并出具相关文件。④

（三）《上市公司证券发行管理办法》规定

根据《上市公司证券发行管理办法》发行公司债券，应当符合下列规定：（1）公司的生产经营符合法律、行政法规和公司章程的规定，符合国家产业政策；（2）公司内部控制制度健全，内部控制制度的完整性、合理性、有效性不存在重大缺陷；（3）经资信评级机构评级，债券信用级别良好；（4）公司最近一期末经审计的净资产额应符合法律、行政法规和中国证监会的有关规定；（5）最近3个会计年度实现的年均可分配利润不少于公司债券

① 参照《公司债券发行与交易管理办法》第17条
② 参照《公司债券发行与交易管理办法》第18条
③ 参照《公司债券发行与交易管理办法》第20条
④ 参照《公司债券发行与交易管理办法》第21条前段

1年的利息；（6）本次发行后累计公司债券余额不超过最近一期末净资产额的40%；金融类公司的累计公司债券余额按金融企业的有关规定计算。①

存在下列情形之一的，不得发行公司债券：（1）最近36个月内公司财务会计文件存在虚假记载，或公司存在其他重大违法行为；（2）本次发行申请文件存在虚假记载、误导性陈述或者重大遗漏；（3）对已发行的公司债券或者其他债务有违约或者迟延支付本息的事实，仍处于继续状态；（4）严重损害投资者合法权益和社会公共利益的其他情形。②

中国证监会依照下列程序审核发行公司债券的申请：（1）收到申请文件后，5个工作日内决定是否受理；（2）中国证监会受理后，对申请文件进行初审；（3）发行审核委员会按照《中国证券监督管理委员会发行审核委员会办法》规定的特别程序审核申请文件；（4）中国证监会做出核准或者不予核准的决定。③

第三节　发改系统监管债券

一、企业债

（一）概述

企业债是指具有法人资格的企业在境内依照法定程序发行，约定在一定时期内还本付息的有价证券。企业债与公司债有以下几个不同之处：第一，发债主体不同：前者的发债主体为中央政府部门所属机构、国有独资企业或国有控股企业，后者的发债主体是股份有限公司与有限责任公司；第二，审批程序不同：前者的发行需要通过国家发改委的审核程序，发改委每年会规定一定的发行额度，后者是发行证监会核准，对于总发行规模没有限制。企业债理论上属于传统融资的范畴，但是发改系统监管债券规定，基本上是以企业债为基础发展，因此本书针对企业债的内容进行介绍。

① 参照《上市公司证券发行管理办法》第7条

② 参照《上市公司证券发行管理办法》第8条

③ 参照《上市公司证券发行管理办法》第20条

（二）发行条件

企业公开发行企业债券应符合下列条件：（1）股份有限公司的净资产不低于人民币3000万元，有限责任公司和其他类型企业的净资产不低于人民币6000万元；（2）累计债券余额不超过企业净资产（不包括少数股东权益）的40%；（3）最近3年平均可分配利润（净利润）足以支付企业债券1年的利息；（4）筹集资金的投向符合国家产业政策和行业发展方向，所需相关手续齐全。用于固定资产投资项目的，应符合固定资产投资项目资本金制度的要求，原则上累计发行额不得超过该项目总投资的60%。用于收购产权（股权）的，比照该比例执行；用于调整债务结构的，不受该比例限制，但企业应提供银行同意以债还贷的证明；用于补充营运资金的，不超过发债总额的20%；（5）债券的利率由企业根据市场情况确定，但不得超过国务院限定的利率水平；（6）已发行的企业债券或者其他债务未处于违约或者延迟支付本息的状态；（7）最近3年没有重大违法违规行为。①

上述规定根据2016年6月13日经国家发改委第13号公告公布失效后，有关企业债的发行条件应依据2013年4月19日国家发展改革委办公厅发布《关于进一步改进企业债券发行审核工作的通知》（发改办财金〔2013〕957号），将企业债的发行分为三种类型。

1. 加快和简化审核类

针对两类发债申请，加快审核，并适当简化审核程序：第一，项目属于当前国家重点支持范围的发债申请；第二，信用等级较高，偿债措施较为完善及列入信用建设试点的发债申请。

2. 从严审核类

针对两类发债申请，要从严审核，有效防范市场风险：第一，募集资金用于产能过剩、高污染、高耗能等国家产业政策限制领域的发债申请；第二，企业信用等级较低，负债率高，债券余额较大或运作不规范、资产不实、偿债措施较弱的发债申请。

---

① 参照《推进企业债有关事项的通知》第2点

3. 适当控制规模和节奏类

除符合“加快和简化审核类”“从严审核类”两类条件的债券外，其他均为适当控制规模和节奏类，要根据国家宏观调控政策和债券市场发展情况，合理控制总体发行规模，适当把握审核和发行节奏。

（三）审核程序

1. 简化审报程序，提高审核效率

地方企业直接向省级发展改革部门提交企业债券申报材料，抄送地市级、县级发展改革部门；省级发展改革部门应于 5 个工作日内向国家发改委转报。国家发改委将委托第三方专业机构就债券申报材料的完备性、合规性开展技术评估，同时优化国家发改委的内部审核程序。债券从省级发展改革部门转报直至国家发改委核准时间，应在 30 个工作日内完成（情况复杂的不超过 60 个工作日），其中第三方技术评估不超过 15 个工作日。①

2. 豁免复审环节

符合以下条件之一，并仅在机构投资者范围内发行和交易的债券，可豁免国家发改委内部复审环节，在第三方技术评估机构主要对信息披露的完整性、充分性、一致性和可理解性进行技术评估后由国家发改委直接核准：第一，主体或债券信用等级为 AAA 级的债券；第二，由资信状况良好的担保公司（指担保公司主体评级在 AA+ 及以上）提供无条件不可撤销保证担保的债券；第三，使用有效资产进行抵质押担保，且债项级别在 AA+ 及以上的债券。②

3. 直接申报

符合以下条件之一的，企业可直接向国家发改委申报发行债券（须同时抄送省级发展改革部门，由省级发展改革部门并行出具转报文件），第三方技术评估时间进一步缩减至 10 个工作日：第一，创建社会信用体系建设示范城市所属企业发行的债券；第二，创新品种债券，包括“债贷组合”，城市停车场建设、城市地下综合管廊建设、养老产业、战略性新兴产业等专

① 参照《简化企业债券审报程序的意见》第 1 点

② 参照《简化企业债券审报程序的意见》第 4 点

项债券，项目收益债券，可续期债券等。[①]

二、项目收益债

（一）概述

所谓项目收益债是由项目实施主体或其实际控制人发行的，与特定项目相联系的，债券募集资金用于特定项目的投资与建设，债券的本息偿还资金完全或主要来源于项目建成后运营收益的企业债券。[②] 企业债和项目收益债的区别在于：第一，偿债来源：前者来自于企业利润，后者来自于项目的运营收入，收入包含财政部补贴但是不可以超过运营收入的50%；第二，评级方式：前者发行主体和债项双评级，后者非公开项目不强制主体评级，债项评级不低于AA。

（二）交易结构

项目收益债的交易结构根据项目的现金流向，可以区分为三条轴线，第一条轴线是资金募集，第二条轴线是收入金流，第三条轴线是偿债金流。项目收益债券发行人应该在银行设置独立于日常经营账户的债券募集资金使用专户、项目收入归集专户、偿债资金专户，分别存放项目收益债券的募集资金、项目收入资金和项目收益债券还本付息资金。[③] 由此可知，前述的三条轴线对应的是三个专用账户。

此外，如果偿债金流不足以偿债，交易结构中可以另外加上增信与担保机制，具体内容包括：

1. 增信

项目收益债券应设置差额补偿机制，债券存续期内每期偿债资金专户内账户余额在当期还本付息日前20个工作日不足以支付本期债券当期本息时，差额补偿人按约定在5个工作日内补足偿债资金专户余额与应付债券本

① 参照《简化企业债券审报程序的意见》第6点
② 参照《项目收益债券管理暂行办法》第2条
③ 参照《项目收益债券管理暂行办法》第22条

息的差额部分。[①] 发行人、差额补偿人和项目收入归集账户监管银行应签订差额补偿协议，约定各方权利义务和差额补偿程序。[②]

2. 担保

在设置完善的差额补偿机制基础上，项目收益债券也可以同时增加外部担保，对项目收益债券还本付息提供无条件不可撤销连带责任保证。当偿债资金专户内的余额无法足额还本付息，差额补偿人也无法按时补足差额时，由担保人在还本付息日前10个工作日将差额部分划入偿债资金专户。[③] 发行人应于募投项目竣工验收并办理权利凭证后10个工作日内，将项目建设、运营所形成的资产或收益权按照法律法规规定可以抵押或质押的部分，足额向债权代理人办理抵质押手续。[④]

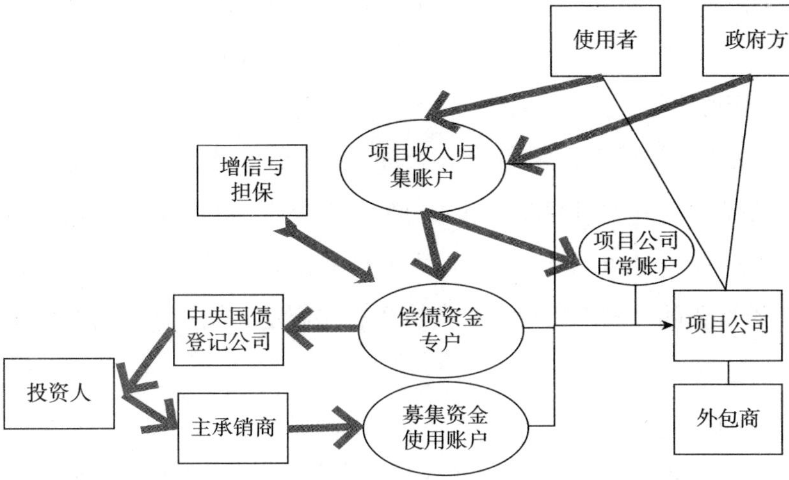

【图表 17.1】项目收益债交易结构图

（三）发债主体

项目实施主体应该是中华人民共和国境内注册的具有法人资格的企业或仅承担发债项目投资、建设、运营的特殊目的载体。项目实施主体负责募

---

① 参照《项目收益债券管理暂行办法》第29条

② 参照《项目收益债券管理暂行办法》第30条

③ 参照《项目收益债券管理暂行办法》第31条

④ 参照《项目收益债券管理暂行办法》第32条

投项目的投资、建设和运营，根据约定享有项目的收益权，也是保证债券还本付息的第一责任人。① 其中投资项目资本金比例需符合国务院关于项目资本金比例的有关要求。②

（四）发债项目

重点支持基础设施和公用事业特许经营项目，以及其他有利于结构调整和改善民生的项目、提供公共产品和服务的项目，通过项目收益债券融资。③ 在项目运营期内的每个计息年度，项目收入应该能够完全覆盖债券当年还本付息的规模。项目投资内部收益率原则上应大于8%。对于政府购买服务项目，或债券存续期内财政补贴占全部收入比例超过30%的项目，或运营期超过20年的项目，内部收益率的要求可适当放宽，但原则上不低于6%。④ 债券存续期内合法合规的财政补贴占项目收入的比例合计不得超过50%。⑤

（五）债项评级

发行项目收益债券，需符合《公司法》《证券法》《企业债券管理条例》和本办法对公开发行和非公开发行债券的要求。非公开发行的项目收益债券的债项评级应达到AA及以上。⑥ 项目收益债券募集资金投资项目，必须符合国家产业政策和固定资产投资管理有关规定，能够产生持续稳定的现金流。⑦

（六）审核程序

发行项目收益债券，应按照企业债券审报程序和要求报国家发展改革委核准。⑧ 项目收益债券可申请一次核准，根据项目资金需求进度分期发

---

① 参照《项目收益债券管理暂行办法》第14条
② 参照《项目收益债券管理暂行办法》第16条中段
③ 参照《项目收益债券管理暂行办法》第13条
④ 参照《项目收益债券管理暂行办法》第17条
⑤ 参照《项目收益债券管理暂行办法》第18条后段
⑥ 参照《项目收益债券管理暂行办法》第5条
⑦ 参照《项目收益债券管理暂行办法》第12条
⑧ 参照《项目收益债券管理暂行办法》第6条前段

行，但应自核准起两年内发行完毕，超过两年的未发行额度即作废。[①]

（七）期限与资金用途

项目收益债券的存续期不得超过募投项目运营周期。还本付息资金安排应与项目收益实现相匹配。[②]发行项目收益债券募集的资金，只能用于该项目建设、运营或设备购置，不得置换项目资本金或偿还与项目有关的其他债务，但偿还已使用的超过项目融资安排约定规模的银行贷款除外。[③]

三、专项债[④]

（一）《城市地下管廊专项债券发行指引》

1. 审核程序

鼓励各类企业发行企业债券、项目收益债券、可续期债券等专项债券，募集资金用于城市地下综合管廊建设，在相关手续齐备、偿债措施完善的基础上，比照“加快和简化审核类”债券审核程序，提高审核效率。

2. 发行条件

在偿债保障措施较为完善的基础上，企业申请发行城市地下综合管廊建设专项债券，可适当放宽企业债券现行审核政策及《关于全面加强企业债券风险防范的若干意见》中规定的部分准入条件：（1）发行城市地下综合管廊建设专项债券的城投类企业不受发债指标限制；（2）募集资金占城市地下综合管廊建设项目总投资比例由不超过 60% 放宽至不超过 70%；（3）将城投类企业和一般生产经营性企业需提供担保措施的资产负债率要求分别放宽至 70% 和 75%，主体评级 AAA 的，资产负债率要求进一步放宽至 75% 和

---

① 参照《项目收益债券管理暂行办法》第 8 条

② 参照《项目收益债券管理暂行办法》第 9 条

③ 参照《项目收益债券管理暂行办法》第 3 条

④ 张继峰在其所著《PPP 项目融资方式及其适用范围》一文中表示，专项债券有几个优势：一是发债主体可为项目公司，不占用平台公司等传统发债主体额度；二是不受发债指标限制，且发债规模可达项目总投的 70%~80%（非专项债券发债规模不超过项目总投的 60%）；三是按照“加快和简化审核类”债券审核程序，提高审核效率；四是多有财政补贴和金融贴息、投贷联动等多方面支持。由于 PPP 项目融资增信主体缺失的普遍现状，以现金流为支撑，仅需对债项进行评级的项目收益债、专项债，可以不占用政府财政信用和社会资本信用（有些需要政府 AA 级以上发债主体提供担保），且此类融资业务刚推出不久，必将成为 PPP 项目融资新的蓝海！

80%；（4）不受“地方政府所属城投企业已发行未偿付的企业债券、中期票据余额与地方政府当年 GDP 的比值超过 8% 的，其所属城投企业发债应严格控制”的限制；（5）城投类企业不受“单次发债规模，原则上不超过所属地方政府上年本级公共财政预算收入”的限制；（6）对于与新区、开发区、新型城镇化建设规划相配套的综合管廊项目，若项目建设期限超过 5 年，可将专项债券核准文件的有效期从现行的 1 年延长至 2 年。企业可在该期限内根据项目建设资金需求和市场情况自主发行。

3. 债贷组合

鼓励地下综合管廊建设专项债券采取“债贷组合”增信方式，由商业银行进行债券和贷款统筹管理。

（二）《城市停车场建设专项债券发行指引》

1. 审核程序

鼓励企业发行债券专项用于城市停车场建设项目，在相关手续齐备、偿债措施完善的基础上，比照“加快和简化审核类”债券审核程序，提高审核效率。

2. 发行条件

在偿债保障措施较为完善的基础上，企业申请发行城市停车场建设专项债券，可适当放宽企业债券现行审核政策及《关于全面加强企业债券风险防范的若干意见》中规定的部分准入条件：（1）发行城市停车场建设专项债券的城投类企业不受发债指标限制；（2）债券募集资金可用于房地产开发、城市基础设施建设项目（以下简称“主体项目”）中配套建设的城市停车场项目，具体投资规模可由主体项目审批部门根据主体项目可行性研究报告内容出具专项意见核定；（3）募集资金占城市停车场项目总投资比例由不超过 60% 放宽至不超过 70%；（4）将城投类企业和一般生产经营性企业需提供担保措施的资产负债率要求分别放宽至 70% 和 75%，主体评级 AAA 的，资产负债率要求进一步放宽至 75% 和 80%；（5）不受“地方政府所属城投企业已发行未偿付的企业债券、中期票据余额与地方政府当年 GDP 的比值超过 8% 的，其所属城投企业发债应严格控制”的限制；（6）城投类企业不受

“单次发债规模，原则上不超过所属地方政府上年本级公共财政预算收入”的限制。

3. 与 PPP 模式结合

发债募集资金用于按照“政府出地、市场出资”公私合作模式（PPP）建设的城市停车场项目的，应提供当地政府和相关部门批准同意的城市停车场建设专项规划、实施方案、特许经营方案、资金补助协议，同时应明确项目所用土地的权属和性质。鼓励地方政府综合运用预算内资金、城市基础设施建设专项资金，通过投资补助、基金注资、担保补贴、贷款贴息等多种方式，支持城市停车场建设专项债券发行。地方价格部门应及时制定和完善停车场收费价格政策，保护城市停车场的合理盈利空间。优化城市停车场建设项目品种方案设计。一是可根据项目资金回流的具体情况科学设计债券发行方案，支持合理灵活设置债券期限、选择权及还本付息方式。二是积极探索停车设施产权、专项经营权、预期收益质押担保等形式。三是鼓励发债用于委托经营或转让—经营—转让（TOT）等方式，收购已建成的停车场统一经营管理。

4. 债贷组合

鼓励城市停车场建设项目采取“债贷组合”增信方式，由商业银行进行债券和贷款统筹管理。

（三）《养老产业专项债券发行指引》

1. 审核程序

对于专项用于养老产业项目的发债申请，在相关手续齐备、偿债保障措施完善的基础上，比照“加快和简化审核类”债券审核程序，提高审核效率。

2. 发行条件

在偿债保障措施较为完善的基础上，企业申请发行养老产业专项债券，可适当放宽企业债券现行审核政策及《关于全面加强企业债券风险防范的若干意见》中规定的部分准入条件：（1）发行养老产业专项债券的城投类企业不受发债指标限制；（2）债券募集资金可用于房地产开发项目中配套建设的养老服务设施项目，具体投资规模可由房地产开发项目审批部门根据房地产开发项目可行性研究报告内容出具专项意见核定；（3）募集资金占养老产业项目总投资比例由不超过60%放宽至不超过70%；（4）将城投类企业和一般生产经营性企业需提供担保措施的资产负债率要求分别放宽至70%和75%，主体评级AAA的，资产负债率要求进一步放宽至75%和80%；（5）不受“地方政府所属城投企业已发行未偿付的企业债券、中期票据余额与地方政府当年GDP的比值超过8%的，其所属城投企业发债应严格控制”的限制；（6）城投类企业不受“单次发债规模，原则上不超过所属地方政府上年本级公共财政预算收入”的限制。

3. 方案、用地与收入

优化养老产业专项债券品种方案设计。一是根据养老产业投资回收期较长的特点，支持发债企业发行10年期及以上的长期限企业债券或可续期债券。二是支持发债企业利用债券资金优化债务结构，在偿债保障措施较为完善的情况下，允许企业使用不超过50%的募集资金用于偿还银行贷款和补充营运资金。支持发债企业按照国土资源部《养老服务设施用地指导意见》有关规定，以出让或租赁建设用地使用权为债券设定抵押。发债企业以出让方式获得的养老服务设施用地，可以计入发债企业资产；对于政府通过PPP、补助投资、贷款贴息、运营补贴、购买服务等方式，支持企业举办养老服务机构、开展养老服务的，在计算相关发债指标时，可计入发债企业主营业务收入。

第四节　银监系统监管债券——项目收益票据

一、概述

项目收益票据（PRN）是指非金融企业在银行间债券市场发行的，募集资金用于项目建设且以项目产生的经营性现金流为主要偿债来源的债务融资工具。[①] 项目包括但不限于市政、交通、公用事业、教育、医疗等与城镇化

---

① 参照《项目收益票据业务指引》第2条

建设相关的、能产生持续稳定经营性现金流的项目。[①]非金融企业可选择公开发行或非公开定向发行方式在银行间市场发行项目收益票据。[②]

项目收益债与项目收益票据的区别在于：第一，审批程序不同：前者须经发改委审批，审批周期较长，后者只需经交易商协会注册，发行速度较快；第二，交易市场不同：前者可以跨市场进行交易，后者为银行间市场交易。

二、具体内容

（一）发行主体

企业可通过成立项目公司等方式注册发行项目收益票据。[③]

（二）注册与评级

非金融企业发行项目收益票据应在交易商协会注册。[④]鼓励对项目收益票据探索新型信用评级方式。鼓励对项目收益票据采用投资者付费模式等多元化信用评级方式进行信用评级。[⑤]

（三）期限与担保

项目收益票据发行期限可涵盖项目建设、运营与收益整个生命周期。[⑥]非金融企业发行项目收益票据获取财政补贴等行为必须依法、合规，不应存在任何直接、间接形式的地方政府担保。[⑦]

（四）现金流控管

非金融企业发行项目收益票据所募集资金应专项用于约定项目，且应符合法律法规和国家政策要求。非金融企业在项目收益票据存续期内变更募集资金用途应提前披露，且变更后的用途应满足本条要求。[⑧]非金融企业发

---

① 参照《项目收益票据业务指引》第4条
② 参照《项目收益票据业务指引》第7条
③ 参照《项目收益票据业务指引》第6条
④ 参照《项目收益票据业务指引》第3条
⑤ 参照《项目收益票据业务指引》第15条
⑥ 参照《项目收益票据业务指引》第9条
⑦ 参照《项目收益票据业务指引》第5条
⑧ 参照《项目收益票据业务指引》第10条

行项目收益票据应设立募集资金监管账户，由资金监管机构负责监督募集资金投向。同时制定切实可行的现金流归集和管理措施，通过有效控制项目产生的现金流，对项目收益票据的还本付息提供有效支持。①

① 参照《项目收益票据业务指引》第11条

第十八章　资产证券化

一、概述

所谓资产证券化指的是企业表内流动性不佳但是现金流稳定的资产，经过结构重组后成为具有流动性的证券，以提前回收未来的现金流。换言之，也就是将未来收入现值化的一种金融产品。我国资产证券化市场目前处于起步阶段，有关我国资产证券化的发展历程，可以分为四个阶段。

（一）第一阶段是 2004~2008 年第一轮试点阶段

中国证监会于 2004 年 2 月 1 日起实施的《证券公司客户资产管理业务试行办法》，根据该办法证监会于 2005 年 8 月审批设立“中国联通 CDMA 网络租赁费收益计划”，该专项资产管理计划成为我国首单试点的企业资产证券化项目。2005 年银监会与人民银行先后发布了《信贷资产证券化试点管理办法》《金融机构信贷资产证券化试点监督管理办法》为信贷资产证券化业务的试点提供法律基础。

（二）第二阶段是 2009~2011 年 4 月试点中断阶段

由于 2009 年美国爆发次贷危机问题造成全球经济危机，很多人质疑资产证券化产品结构过于复杂，使得产品的风险很难识别，因而导致风险大量地扩散与传递，所以试点业务中断了三年多。

（三）第三阶段是 2011 年 5 月 ~2014 年 11 月第二及第三轮试点阶段

2011 年 5 月国务院决定启动第二轮的试点，2012 年 5 月人民银行、银监会、财政部下发《关于进一步扩大信贷资产证券化试点有关事项的通知》，正式重启信贷资产证券化，额度为 500 亿元，试点标的资产多集中于大型企业贷款和住房抵押贷款。在完成 500 亿元试点额度后，2013 年 8

月28日，国务院常务会议决定进一步扩大信贷资产证券化试点，明确第三轮试点新增规模为3000亿元，国家重大基础设施项目贷款、棚户区改造、涉农贷款、小微企业贷款、合规的地方政府融资平台贷款等均在试点之列。

（四）第四阶段是2014年11月以后业务显著增长阶段

2014年11月证监会和银监会分别发布《证券公司及基金管理公司子公司资产证券化业务管理规定》以及《关于信贷资产证券化备案登记工作流程的通知》，明确要求证监会主管资产证券化项目和银监会主管信贷资产证券化项目，从原本的审批制改成备案制，使得资产证券化业务有了更为明显的增长。

二、最新政策

2016年12月21日国家发展改革委与中国证监会共同发布《关于推进传统基础设施领域政府和社会资本合作（PPP）项目资产证券化相关工作的通知》（发改投资〔2016〕2698号）（以下简称《PPP项目资产证券化通知》），对于PPP项目如何推动资产证券化，提出了明确的方向，具体内容说明如下。

（一）推动资产证券化PPP项目的条件

《PPP项目资产证券化通知》规定："（二）明确重点推动资产证券化的PPP项目范围。各省级发展改革委应当会同相关行业主管部门，重点推动符合下列条件的PPP项目在上海证券交易所、深圳证券交易所开展资产证券化融资：一是项目已严格履行审批、核准、备案手续和实施方案审查审批程序，并签订规范有效的PPP项目合同，政府、社会资本及项目各参与方合作顺畅；二是项目工程建设质量符合相关标准，能持续安全稳定运营，项目履约能力较强；三是项目已建成并正常运营两年以上，已建立合理的投资回报机制，并已产生持续、稳定的现金流；四是原始权益人信用稳健，内部控制制度健全，具有持续经营能力，最近三年未发生重大违约或虚假信息披露，无不良信用记录。"由此可知，具体条件为：第一，完成审批的项目；

第二，签订 PPP 项目合同；第三，工程质量达标；第四，稳定安全运营两年以上；第五，现金流稳定；第六，项目公司具有持续能力。

（二）优先开展资产证券化的 PPP 项目

《PPP 项目资产证券化通知》规定：“（三）优先鼓励符合国家发展战略的 PPP 项目开展资产证券化。各省级发展改革委应当优先选取主要社会资本参与方为行业龙头企业，处于市场发育程度高、政府负债水平低、社会资本相对充裕的地区，以及具有稳定投资收益和良好社会效益的优质 PPP 项目开展资产证券化示范工作。鼓励支持‘一带一路’建设、京津冀协同发展、长江经济带建设，以及新一轮东北地区等老工业基地振兴等国家发展战略的项目开展资产证券化。”由此可知，行业龙头企业、优质 PPP 项目、国家发展战略的项目优先开展资产证券化。

（三）建立绿色通道

《PPP 项目资产证券化通知》规定：“（五）着力优化 PPP 项目资产证券化审核程序。上海证券交易所、深圳证券交易所、中国证券投资基金业协会应按照规定对申报的 PPP 项目资产证券化产品进行审核、备案和持续监管。证券交易所、中国证券投资基金业协会等单位应建立专门的业务受理、审核及备案绿色通道，专人专岗负责，提高国家发展改革委优选的 PPP 项目相关资产证券化产品审核、挂牌和备案的工作效率。”由此可知，对于 PPP 项目的资产证券化业务，两所一会应建立绿色通道以优化审核程序。

对此，2017 年 2 月 17 日两所一会同时发布通知，上交所与深交所将实行“即报即审、专人专岗负责”，对于申报项目，受理后五个交易日内出具反馈意见[①]，专项计划管理人提交反馈回复确认后三个交易日内召开挂牌工作小组会议。而基金业协会将依据《资产支持专项计划备案管理办法》在备案标准不放松的前提下，由专人负责即报即审、提高效率，加快备案速度，优先出具备案确认函。

---

① 这里的审查一般是针对合规性与信息披露进行审查。

（四）积极引入与推出各类基金

《PPP 项目资产证券化通知》规定："（八）共同培育和积极引进多元化投资者。国家发展改革委与中国证监会将共同努力，积极引入城镇化建设基金、基础设施投资基金、产业投资基金、不动产基金以及证券投资基金、证券资产管理产品等各类市场资金投资 PPP 项目资产证券化产品，推进建立多元化、可持续的 PPP 项目资产证券化的资金支持机制。中国证监会将积极研究推出主要投资于资产支持证券的证券投资基金，并会同国家发展改革委及有关部门共同推动不动产投资信托基金（REITs），进一步支持传统基础设施项目建设。"由此可知，发改委和证监会将积极引入城镇化建设基金、基础设施投资基金、产业投资基金、不动产基金、证券投资基金、证券资产管理产品，并推出资产支持证券的证券投资基金、不动产投资信托基金（REITs）。

三、作用

为何要在 PPP 领域推动资产证券化？主要是因为资产证券化业务对于 PPP 模式有以下五个方面的作用。

（一）未来收入变现

由于 PPP 项目的合作期间短则 10 年长则 30 年，对于社会资本方而言投资期限较长，因此通过转让 PPP 项目基础资产并且证券化后，社会资本方可以将未来收入变现提前收回投资与收益。

（二）获取超额利差

由于资产证券化是在交易所公开挂牌的产品，银行、保险、基金、券商都可以购买产品，投资者受众群体较广，再加上二级市场的流动性，使得投资者退出比较容易，因此资产证券化的产品定价可能会低于项目收益，进而产生超额利差，而由原始权益人通过持有产品的次级，撬动优先级杠杆并回收超额利差。

（三）提高信用评级

通过资产证券化产品结构化的设计，也就是采取适当的信用增级措施，使得原始权益人获得比自身更高的信用评级，以降低融资成本。

（四）控制资产负债率

资产证券化与债务融资最大的区别在于，前者是财务报表的左端融资，而后者是在财务报表的右端融资；前者是资产出售后，也就是资产出表后，换回了现金，而资产负债率没有因此而改变，但是后者是债务性融资，也就是资产作为融资担保后，资产负债率增加了。因此通过资产证券化的融资手段，可以通过资产转让优化财务状况，达成轻资产运营模式。

（五）资金用途灵活

如果是银行项目贷款，银行一般会通过现金流的监管手段，监管贷款金额必须专款专用，但是资产证券化所募集的资金，只要用途合法合规，对于资金的使用没有任何的限制。

四、类型

（一）信贷资产证券化

所谓信贷资产证券化是指由银行业金融机构作为发起机构，将信托资产信托给信托公司作为受托机构，由受托机构以资产支持证券的形式，向投资机构发行受益证券，以该资产所产生的现金流支付资产支持证券收益的结构性融资活动。在 PPP 模式下，银行可以将对 PPP 项目公司的贷款信托给受托机构。信贷资产证券化目前由银监会和央行监管，这里的银行业金融机构是指中国境内依法设立的商业银行、政策性银行、信托投资公司、财务公司、城市信用社、农村信用社以及银监会依法监督管理的其他金融机构[①]。

信贷资产证券化业务目前采取银监会备案和央行注册的管理流程，业务主要的法律依据是 2001 年公布的《信托法》，银行和银监会公告〔2005〕第 7 号公布的《信贷资产证券化业务试点管理办法》、央行、银监会公告〔2012〕第 127 号公布的《关于进一步扩大信贷资产证券化试点有关事项的通知》以及 2014 年 11 月 20 日银监会公布的《关于信贷资产证券化

① 林华主编，《PPP 与资产证券化》，162 页，中信出版社 2016 年版。

备案登记工作流程的通知》。

（二）资产支持专项计划（ABS）

所谓资产证券化，是指以基础资产所产生的现金流为偿付支持，通过结构化等方式进行信用增级，在此基础上发行资产支持证券的业务活动。[①]资产支持专项计划业务目前由证监会负责监管，由上交所及深交所负责挂牌审核，由基金业协会负责事后备案。

目前资产支持专项计划的法律依据分为三个方面：第一，是由证监会所发布的《证券公司及基金管理公司子公司资产证券化业务管理规定》（以下简称《资产证券化业务管理规定》）《证券公司及基金管理公司子公司资产证券化业务尽职调查工作指引》《证券公司及基金管理公司子公司资产证券化业务信息披露指引》。第二，是由基金业协会发布的《资产支持专项计划备案管理办法》《资产证券化业务基础资产负面清单指引》《资产证券化业务风险控制指引》《资产支持专项计划说明书内容与格式指引（试行）》《资产资持证券认购协议与风险揭示书》。第三，是由证券交易所发布的《上海证券交易所资产证券化业务指引》《深圳证券交易所资产证券化业务指引》。

（三）资产支持票据（ABN）

所谓资产支持票据，是指非金融企业在银行间债券市场发行的，由基础资产所产生的现金流作为还款支持的，约定在一定期限内还本付息的债务融资工具。[②]目前已发行的资产支持票据均未设置SPV，主要依靠资金监管和基础资产质押来进行风险阻隔，因此有人认为资产支持票据只是一种“抵押债券”[③]。

资产支持票据和资产支持专项计划的区别在于：第一，主管机关不同：前者是交易商协会，后者是基金业协会；第二，交易场所不同：前者是银行间债券市场，后者是上交所与深交所；第三，登记机构不同：前者为银

---

① 参照《资产证券化业务管理规定》第2条第1款

② 参照《资产支持票据指引》第2条第1款

③ 抵押债券指债券发行人在发行一笔债券时，通过法律上的适当手续将债券发行人的部分财产作为抵押，一旦债券发行人出现偿债困难，则出卖这部分财产以清偿债务。林华主编，《中国资产证券化操作手册》（上），61页，中信出版社2015年版

行间市场清算所股份有限公司，后者为中国证券登记结算有限责任公司；第四，核准方式：前者事前注册，后者事后备案；第五，主要投资者：前者是商业银行，后者是银行理财、券商资管、公私募基金；第六，前者为表内融资，后者为表外融资；第七，发债规模：两者不受净资产 40% 的限制。[①]

有关资产支持票据与项目收益票据的区别，理论上前者着重于基础资产的现金流，而后者则着重于以项目收益作为还款来源，但是由于相关规范并没有根据两者的性质严格区分，因此目前两者之间的区别并不明显。

我国目前资产支持票据业务的主要法律依据共有 12 部，且多为规章，主要包括《银行间债券市场非金融企业债务融资工具管理办法》《银行间债券市场非金融企业债务融资工具募集说明书指引》《银行间债券市场非金融企业债务融资工具发行注册规则》《银行间债券市场非金融企业债务融资工具注册工作规程》《银行间债券市场非金融企业债务融资工具尽职调查指引》《银行间债券市场非金融企业债务融资工具中介服务规则》《银行间债券市场非金融企业债务融资工具信息披露规则》《银行间债券市场非金融企业债务融资工具发行规范指引》《银行间债券市场非金融企业债务融资工具持有人会议规程》《银行间债券市场非金融企业债务融资工具突发事件应急管理工作指引》《银行间债券市场非金融企业债务融资工具主承销商后续管理工作指引》以及《银行间债券市场非金融企业资产支持票据指引》[②]。

（四）资产支持计划

资产支持计划业务，是指保险资产管理公司等专业管理机构作为受托人设立支持计划，以基础资产产生的现金流为偿付支持，面向保险机构等合格投资者发行受益凭证的业务活动[③]。资产支持计划业务目前由保监会负责监管并实行“初次申报核准、同类产品事后申报”制度。

根据《资产支持计划业务管理暂行办法》第 1 条的规定“为加强资产支持计划业务管理，支持资产证券化业务发展，维护保险资金运用安全，根据

① 林华主编，《中国资产证券化操作手册》（上），62 页，中信出版社 2015 年版

② 隋平、李广新编著，《资产证券化融资实务操作指引》，46 页，法律出版社 2014 年版

③ 参照《资产支持计划业务管理暂行办法》第 2 条第 1 款

《中华人民共和国保险法》《中华人民共和国信托法》《保险资金运用管理暂行办法》和其他相关法律法规，制定本办法”，由此可知《信托法》作为资产支持计划业务的上位法，资产支持计划具有信托的性质。

资产支持计划业务主要的法律依据为2014年7月28日保监会发布的《项目资产支持计划试点业务监管口径》（保监资金〔2014〕197号），以及2015年8月25日保监会发布的《资产支持计划业务管理暂行办法》。

（五）不动产信托基金（REITs）

所谓不动产信托基金是把流动性较低的不动产，直接转化为资本市场上证券的金融交易过程。根据募集资金的方式不同，可以区分为两类。第一类：公募型REITs，以公开发行的方式向社会公众投资者募集信托资金，发行时需要经过监管机构严格的审批，可以进行大量宣传，是境外资本市场部动产金融的主要形式，我国内地目前尚未推出公募REITs。第二类：私募型REITs，即在发行时以资产支持专项计划的形式出现，未来如果准予发行公募型REITs，再通过标准化公募型REITs方式退出，因此又称为“专项计划+Pre-REITs”模式。

有关REITs模式在PPP领域的运用是很多人所关心的问题，因为资产证券化的基础资产如果是项目公司的收益权，则在交易结构的设计上要绕好大个弯（通常是用股东借款的形式），社会资本方才能退出，而REITs模式证券化的基础资产可以是股权，社会资本方如果要退出，在交易结构的设计上比较直接。但是REITs模式运用在商业地产的情形较多，如果要运用到基础设施，有许多问题需要处理，例如基础设施多为公物，资产可否转让或是处置？想要从事基础设施运营的投资人和想要从事商业地产运营的投资人相比受众较少，因此基础资产的转让与处置将受影响。此外，PPP协议对于社会资本方股权转让会设置转让条件的限制，因此股权转让也会有许多限制；再加上项目公司的股东众多，股东之间协调股权转让的事，也会有些难度，这些问题都有待未来进一步的探索。

五、资产支持专项计划交易结构的设计

由于篇幅的关系，本书以资产支持专项计划为例，介绍资产支持专项计划的交易结构。资产支持专项计划可以区分为交易主体与交易客体，所谓交易主体指的是整个交易结构中发生法律关系的主体，主要包括原始权益人、管理人、投资人等，而所谓交易客体指的是整个交易结构中发生法律关系的客体，主要包括 PPP 项目与基础资产、特殊目的载体（SPV）等。

资产证券化的交易结构通常包括了以下三个环节：第一，破产隔离：将基础资产转让或真实出售的方式移转给特殊目的载体（简称 SPV），这个 SPV 可以是一个资产池；第二，进行重组：对于 SPV 基础资产的现金流，通过优先劣后、期限分级、信用增级等手段，将特殊目的载体中的资产创造出各种不同风险、条件以及期限组合的金融商品，以满足不同风险偏好者的需求；第三，证券化：以发行证券的方式募集资金，未来归还投资人的本金及利息。破产隔离与进行重组可以统称为结构化安排，因此我们可以说资产证券化就是将资产的现金流“结构化 + 证券化”。

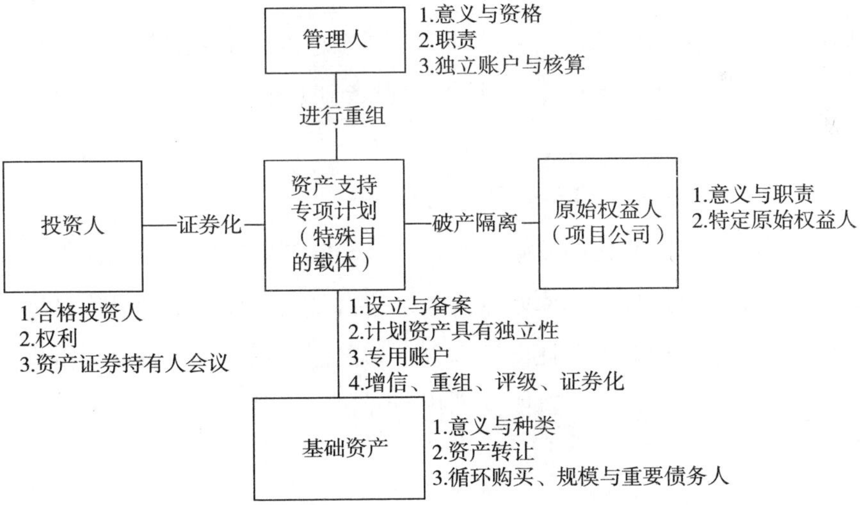

【图表 18.1】企业资产证券化交易结构

六、交易主体（一）——原始权益人

（一）意义与职责

所谓原始权益人是指按照本规定及约定向专项计划转移其合法拥有的基础资产以获得资金的主体。[①] 原始权益人不得侵占、损害专项计划资产，并应当履行下列职责：（1）依照法律、行政法规、公司章程和相关协议的规定或者约定移交基础资产；（2）配合并支持管理人、托管人以及其他为资产证券化业务提供服务的机构履行职责；（3）专项计划法律文件约定的其他职责。[②]

（二）特定原始权益人

业务经营可能对专项计划以及资产支持证券投资者的利益产生重大影响的原始权益人（以下简称特定原始权益人）还应当符合下列条件：（1）生产经营符合法律、行政法规、特定原始权益人公司章程或者企业、事业单位内部规章文件的规定；（2）内部控制制度健全；（3）具有持续经营能力，无重大经营风险、财务风险和法律风险；（4）最近三年未发生重大违约、虚假信息披露或者其他重大违法违规行为；（5）法律、行政法规和中国证监会规定的其他条件。上述特定原始权益人，在专项计划存续期间，应当维持正常的生产经营活动或者提供合理的支持，为基础资产产生预期现金流提供必要的保障。发生重大事项可能损害资产支持证券投资者利益的，应当及时书面告知管理人。[③]

（三）PPP 模式资产证券化的原始权益人

PPP 模式资产证券化的原始权益人与基础资产的类别有关，如果基础资产是基础设施的收益权，则原始权益人是项目公司；如果基础设施是项目公司的股权，则原始权益人是社会资本方；如果信托资产是银行对项目公司的项目贷款债权，则通过信贷资产证券化的方式，由银行担任发起人。

---

① 参照《资产证券化业务管理规定》第 2 条第 1 款
② 参照《资产证券化业务管理规定》第 9 条
③ 参照《资产证券化业务管理规定》第 11 条

七、交易主体（二）——管理人

（一）意义与资格

管理人是指为资产支持证券持有人之利益，对专项计划进行管理及履行其他法定及约定职责的证券公司、基金管理公司子公司。[①]开展资产证券化业务的证券公司须具备客户资产管理业务资格，基金管理公司子公司须由证券投资基金管理公司设立且具备特定客户资产管理业务资格。[②]管理人设立专项计划、发行资产支持证券，除应当具备本规定第二条第二款的相关资格外，还应当符合以下条件：（1）具有完善的合规、风控制度以及风险处置应对措施，能有效控制业务风险；（2）最近1年未因重大违法违规行为受到行政处罚。[③]

（二）职责

管理人应当履行下列职责：（1）按照本规定及所附《证券公司及基金管理公司子公司资产证券化业务尽职调查工作指引》对相关交易主体和基础资产进行全面的尽职调查，可聘请具有从事证券期货相关业务资格的会计师事务所、资产评估机构等相关中介机构出具专业意见；（2）在专项计划存续期间，督促原始权益人以及为专项计划提供服务的有关机构，履行法律规定及合同约定的义务；（3）办理资产支持证券发行事宜；（4）按照约定及时将募集资金支付给原始权益人；（5）为资产支持证券投资者的利益管理专项计划资产；（6）建立相对封闭、独立的基础资产现金流归集机制，切实防范专项计划资产与其他资产混同以及被侵占、挪用等风险；（7）监督、检查特定原始权益人持续经营情况和基础资产现金流状况，出现重大异常情况的，管理人应当采取必要措施，维护专项计划资产安全；（8）按照约定向资产支持证券投资者分配收益；（9）履行信息披露义务；（10）负责专项计划的终止清算；（11）法律、行政法规和中国证监会规定以及计划说明书约定的其他职责。[④]

（三）独立账户与核算

管理人应当为专项计划单独记账、独立核算，不同的专项计划在账户

---

① 参照《资产证券化业务管理规定》第6条第2款

② 参照《资产证券化业务管理规定》第2条第2款

③ 参照《资产证券化业务管理规定》第12条

④ 参照《资产证券化业务管理规定》第13条

设置、资金划拨、账簿记录等方面应当相互独立。[①]

八、交易主体（三）——投资人

（一）合格投资人

资产支持证券应当面向合格投资者发行，发行对象不得超过200人，单笔认购不少于100万元人民币发行面值或等值份额。合格投资者应当符合《私募投资基金监督管理暂行办法》规定的条件，依法设立并受国务院金融监督管理机构监管，并由相关金融机构实施主动管理的投资计划不再穿透核查最终投资者是否为合格投资者和合并计算投资者人数。[②]

（二）权利

资产支持证券投资者享有下列权利：（1）分享专项计划收益；（2）按照认购协议及计划说明书的约定参与分配清算后的专项计划剩余资产；（3）按规定或约定的时间和方式获得资产管理报告等专项计划信息披露文件，查阅或者复制专项计划相关信息资料；（4）依法以交易、转让或质押等方式处置资产支持证券；（5）根据证券交易场所相关规则，通过回购进行融资；（6）认购协议或者计划说明书约定的其他权利。[③]

（三）资产证券持有人会议

发行资产支持证券，应当在计划说明书中约定资产支持证券持有人会议的召集程序及持有人会议规则，明确资产支持证券持有人通过持有人会议行使权利的范围、程序和其他重要事项。[④]

九、交易客体（一）——PPP项目与基础资产

（一）PPP项目

根据证监会2016年5月13日发布的《资产证券化监管问答（一）》："三、对于政府与社会资本合作（PPP）项目开展资产证券化，请问相关

① 参照《资产证券化业务管理规定》第15条
② 参照《资产证券化业务管理规定》第29条
③ 参照《资产证券化业务管理规定》第28条第2款
④ 参照《资产证券化业务管理规定》第30条

PPP 项目的范围应当如何界定？答：政府与社会资本合作（PPP）项目开展资产证券化，原则上需为纳入财政部 PPP 示范项目名单、国家发展改革委 PPP 推介项目库或财政部公布的 PPP 项目库的项目。PPP 项目现金流可来源于有明确依据的政府付费、使用者付费、政府补贴等。其中涉及的政府支出或补贴应当纳入年度预算、中期财政规划。”由此可知，PPP 项目原则上必须入库才能资产证券化，但是在 2014 年以前所推行的 PPP 项目，当时并没有项目库的制度，如果要证券化是否要入库，是值得讨论的问题。笔者认为当时的项目不是不入库而是没有库可以入，因此解释上应认为 2014 年以前的 PPP 项目无须入库。

（二）基础资产

1. 意义

所谓基础资产，是指符合法律法规规定，权属明确，可以产生独立、可预测的现金流且可特定化的财产权利或者财产。基础资产可以是单项财产权利或者财产，也可以是多项财产权利或者财产构成的资产组合。[①] 由此可知，基础资产具备以下条件：第一，权属明确；第二，可以产生独立可预测的现金流；第三，可以特定化；第四，可以是多项权利或是资产组合。

PPP 项目资产证券化办理尽职调查时，基本上都是围绕着基础资产，其中包括：第一，原始权益人的履约能力与运营绩效；第二，收费权是否有合法的依据；第三，专项计划的期间与 PPP 项目的合作期间是否匹配；第四，PPP 合同的权利是否禁止转让；第五，基础资产是否存在权利负担，法定或是约定禁止转让的情形；第六，入持资产的债务人的集中度与信用资质；第七，收费现金流的历史记录，是否可预测结果是否合理；第八，收费权现金流是否有混同或挪用的风险。

2. 种类

基础资产可以是企业应收款、租赁债权、信贷资产、信托受益权等财产权利，基础设施、商业物业等不动产财产或不动产收益权，以及中国证监

---

① 参照《资产证券化业务管理规定》第 3 条第 1 款

会认可的其他财产或财产权利。[①] 由此可知，基础资产可以分为三大类：第一，财产权利；第二，不动产财产或不动产收益权；第三，证监会认可的其他财产权利。这里要特别讨论的是，一般PPP项目基础资产以收益权居多，而收益权与项目公司的履约能力及运营绩效息息相关，因此要做到基础资产破产隔离是有相当难度的。

另外根据《资产证券化监管问答（一）》："一、对于污水处理费、垃圾处理费、政府还贷高速公路通行费等收费，其按照'污染者/使用者付费'原则由企业或个人缴纳，全额上缴地方财政，专款专用，并按照约定返还给公共产品或公共服务的提供方。请问上述收费权类资产是否可以作为资产证券化的基础资产？答：上述为社会提供公共产品或公共服务，最终由使用者付费，实行收支两条线管理，专款专用，并约定了明确的费用返还安排的相关收费权类资产，可以作为基础资产开展资产证券化业务。该类基础资产应当取得地方财政部门或有权部门按约定划付购买服务款项的承诺或法律文件。以该类资产为基础资产的，管理人应当在尽职调查过程中详细了解提供公共产品或公共服务企业的历史现金流情况，约定明确的现金流返还账户。管理人应当对现金流返还账户获得完整、充分的控制权限。"由此可知，PPP使用者收费的项目，如果实行收支两条线管理，在明确费用返还安排的前提下，可以作为基础资产。

2. 资产转让

法律法规规定基础资产转让应当办理批准、登记手续的，应当依法办理。法律法规没有要求办理登记或者暂时不具备办理登记条件的，管理人应当采取有效措施，维护基础资产安全。基础资产为债权的，应当按照有关法律规定将债权转让事项通知债务人。[②] 基础资产不得附带抵押、质押等担保负担或者其他权利限制，但通过专项计划相关安排，在原始权益人向专项计划转移基础资产时能够解除相关担保负担和其他权利限制的除外。[③]

---

① 参照《资产证券化业务管理规定》第3条第3款
② 参照《资产证券化业务管理规定》第23条
③ 参照《资产证券化业务管理规定》第24条

这里要特别讨论的是，PPP项目办理资产证券化时，项目在建设期已经有了一些存量债务，例如社会资本对项目公司的股权部分，可能对PPP基金的股权有兜底的承诺，或是项目公司的应收债款已经给银行设定质押，因此在办理资产转让前，应先通过一些方法将存量债务的担保涂销后，才能办理资产转让。

3. 负面清单与监管问题

资产支持专项计划的基础资产采取负面清单制度，也就是负面清单中规定的资产不能证券化以外，清单外的资产都可以证券化。根据《资产证券化基础资产负面清单》的规定，有四类资产是不能证券化的：第一类，涉及地方政府或平台的基础资产，包括（1）以地方政府为直接或是间接债务人，但是PPP模式除外，（2）以融资平台公司为债务人的基础资产；第二类，现金流不稳定的资产，包括（1）矿产资源开采收益权、土地出让收益权等产生现金流的能力具有较大不确定性的资产，（2）不能直接产生现金流，仅依托处置资产才能产生现金流的基础资产。如提单、仓单、产权证书等具有物权属性的权利凭证；第三类，不动产相关基础资产，包括（1）因空置等原因不能产生稳定现金流的不动产租金债权，（2）待开发或在建占比超过10%的基础设施、商业物业、居民住宅等不动产或相关不动产收益权。当地政府证明已列入国家保障房计划并已开工建设的项目除外；第四类，其他类，包括（1）法律界定及业务形态属于不同类型且缺乏相关性的资产组合，如基础资产中包含企业应收账款、高速公路收费权等两种或两种以上不同类型资产，（2）违反相关法律法规或政策规定的资产，（3）最终投资标的为负面清单的信托计划受益权等基础资产。

4. 循环购买、规模与重要债务人

以基础资产产生现金流循环购买新的同类基础资产方式组成专项计划资产的，专项计划的法律文件应当明确说明基础资产的购买条件、购买规模、流动性风险以及风险控制措施。[①] 基础资产的规模、存续期限应当与资

① 参照《资产证券化业务管理规定》第25条

产支持证券的规模、存续期限相匹配。[①] 尽职调查过程中，对于单一应收款债务人的入池应收款的本金余额占资产池比例超过15%，或者债务人及其关联方的入池应收款本金余额合计占资产池的比例超过20%的，应当视为重要债务人。对于重要债务人，应当全面调查其经营情况及财务状况，反映其偿付能力和资信水平。[②]

十、交易客体（二）——特殊目的载体

证券公司、基金管理公司子公司通过设立特殊目的载体开展资产证券化业务。前述所称特殊目的载体，是指证券公司、基金管理公司子公司为开展资产证券化业务专门设立的资产支持专项计划或者中国证监会认可的其他特殊目的载体。[③] 资产支持专项计划具备以下内容。

（一）设立与备案

资产支持证券按照计划说明书约定的条件发行完毕，专项计划设立完成。发行期结束时，资产支持证券发行规模未达到计划说明书约定的最低发行规模，或者专项计划未满足计划说明书约定的其他设立条件，专项计划设立失败。管理人应当自发行期结束之日起10个工作日内，向投资者退还认购资金，并加算银行同期活期存款利息。[④]

管理人应当自专项计划成立日起5个工作日内将设立情况报中国基金业协会备案，同时抄送对管理人有辖区监管权的中国证监会派出机构。中国基金业协会应当制定备案规则，对备案实施自律管理。未按规定进行备案的，证券交易场所不得为其提供转让服务。[⑤]

（二）独立性

因专项计划资产的管理、运用、处分或者其他情形而取得的财产，归入专项计划资产。因处理专项计划事务所支出的费用、对第三人所负债务，

---

① 参照《资产证券化业务管理规定》第26条
② 参照《资产证券化业务管理规定》第11条
③ 参照《资产证券化业务管理规定》第4条
④ 参照《资产证券化业务管理规定》第35条
⑤ 参照《资产证券化业务管理规定》第36条

以专项计划资产承担。专项计划资产独立于原始权益人、管理人、托管人及其他业务参与人的固有财产。原始权益人、管理人、托管人及其他业务参与人因依法解散、被依法撤销或者宣告破产等原因进行清算的，专项计划资产不属于其清算财产。[①]

管理人管理、运用和处分专项计划资产所产生的债权，不得与原始权益人、管理人、托管人、资产支持证券投资者及其他业务参与人的固有财产产生的债务相互抵销。管理人管理、运用和处分不同专项计划资产所产生的债权债务，不得相互抵销。[②]

（三）专用账户

专项计划的货币收支活动均应当通过专项计划账户进行。[③]专项计划应当指定资产支持证券募集资金专用账户，用于资产支持证券认购资金的接收与划转。[④]

（四）增信、重组、评级与证券化

专项计划可以通过内部或者外部信用增级方式提升资产支持证券信用等级。同一专项计划发行的资产支持证券可以划分为不同种类。同一种类的资产支持证券，享有同等权益，承担同等风险。[⑤]对资产支持证券进行评级的，应当由取得中国证监会核准的证券市场资信评级业务资格的资信评级机构进行初始评级和跟踪评级。[⑥]资产支持证券可以按照规定在证券交易所、全国中小企业股份转让系统、机构间私募产品报价与服务系统、证券公司柜台市场以及中国证监会认可的其他证券交易场所进行挂牌、转让。[⑦]

这里要特别说明的是，为了防止道德风险，在产品的结构设计上，会由原始权利人认购次级，实现风险自留，并且将超额收益与绩效捆绑。

---

① 参照《资产证券化业务管理规定》第 5 条
② 参照《资产证券化业务管理规定》第 7 条
③ 参照《资产证券化业务管理规定》第 27 条
④ 参照《资产证券化业务管理规定》第 34 条
⑤ 参照《资产证券化业务管理规定》第 31 条
⑥ 参照《资产证券化业务管理规定》第 32 条
⑦ 参照《资产证券化业务管理规定》第 38 条第 1 款

第十九章　大资管融资

第一节　概述

所谓大资管是泛指保险、基金、证券、期货、信托、银行等金融机构接受委托，从事资产管理业务。本书所关心的资产管理问题着重于这些金融机构所托管理的资产如何投资 PPP 项目的问题。由于期货资产投资范围比较狭窄，不能投资股权与非标准化债权，所以无法投入 PPP 项目，因此期货资管不在本章要讨论的范围。

资管业务一般可以分为“通道类业务”和“主动管理类业务”，所谓通道类业务就是银行或是保险等成本较低的资金，为了符合金融监管的要求，以层层嵌套的方式投资项目。由于“通道类的业务”与资管“受人之托代人理财”的精神有所违背，因此监管部门对于通道类的业务有越管越严格的趋势。

此外，有关资产管理的交易结构大致可以分以下几个部分，如图表 19.1 所示：

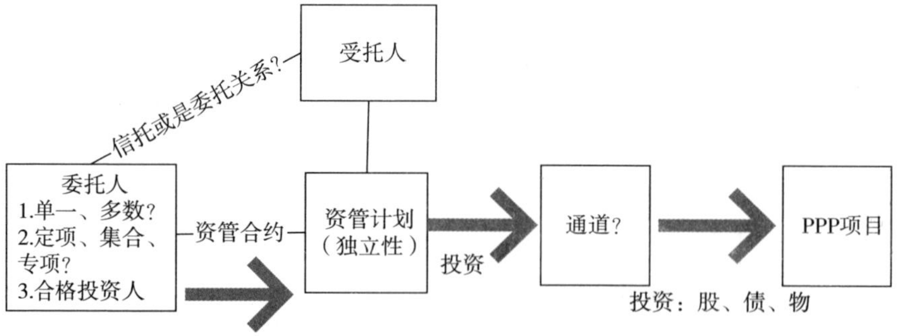

【图表 19.1】资产管理交易结构

第二节　保险资管业务

一、概述

保险资金可以通过何种途径投资 PPP 项目？一般分为两类：第一大类是根据《保险资金投资股权暂行办法》的规定，采用直接股权投资或者间接股权投资的方式投资 PPP 项目；第二大类是采用保险资管计划的形式投资 PPP 项目，而保险资管计划的类型又可以分为三大类：第一，根据《保险资管业务试点通知》的规定，采用保险一般类资管；第二，根据《组合类保险资管监管通知》，采用保险组合式资管；第三，根据《保险资金间接投资基础设施项目管理办法》，采用投资计划投资基础设施项目，这三类的具体内容本书将在后面具体说明。

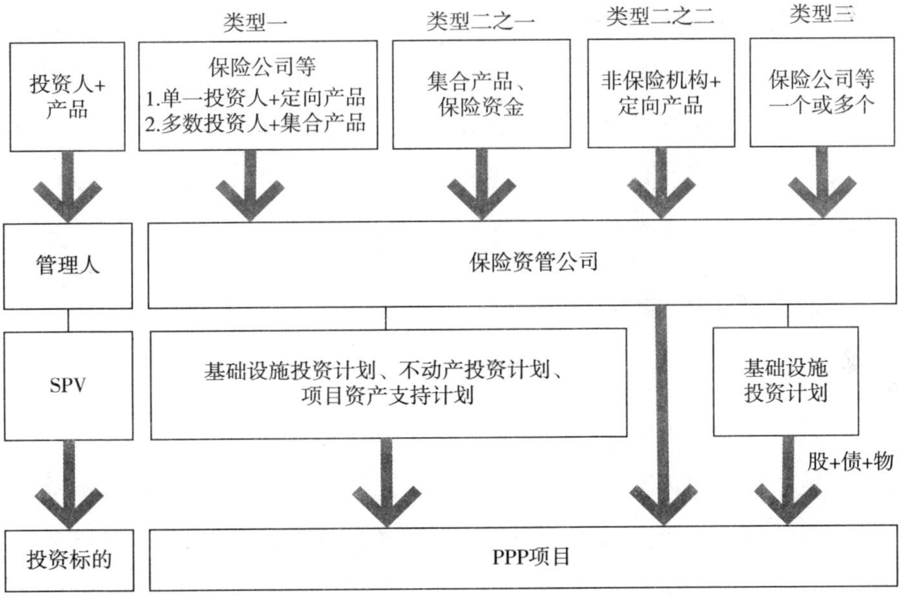

【图表 19.2】保险资管业务类型交易结构图

二、保险一般类资管

（一）意义

所谓资产管理是指保险资产管理公司作为管理人，向投资人发售标准化产品份额，募集资金，由托管机构担任资产托管人，为投资人利益运用产品资产进行投资管理的金融工具。①

（二）投资人

产品限于向境内保险集团（控股）公司、保险公司、保险资产管理公司等具有风险识别和承受能力的合格投资人发行，包括向单一投资人发行的定向产品和向多个投资人发行的集合产品。②

（三）资管产品

1. 产品核准

保险资产管理公司发行产品，实行初次申报核准，后续产品事后报告。③

2. 投资范围

产品投资范围限于银行存款、股票、债券、证券投资基金、央行票据、非金融企业债务融资工具、信贷资产支持证券、基础设施投资计划、不动产投资计划、项目资产支持计划及中国保监会认可的其他资产。④由此可知，保险理财产品可以投资于与PPP项目有关的基础设施投资计划、不动产投资计划、项目资产支持计划及中国保监会认可的其他资产。

三、保险组合类资管

（一）意义与分类

根据产品投资的基础资产类别和规模比例，组合类产品可分为单一型、固定收益类、权益类、另类以及混合类等类型。具体分类标准为：（1）单一型产品是指全部资产或90%以上的资产投资于某只金融产品或某一特定形式的投资工具的产品。（2）固定收益类产品是指80%以上的资产投资于固定收益类资产的产品。（3）权益类产品是指60%以上的资产投资

---

① 参照《保险资管业务试点通知》第1点第1款前段

② 参照《保险资管业务试点通知》第1点第1款后段

③ 参照《保险资管业务试点通知》第4点第1款

④ 参照《保险资管业务试点通知》第6点第1款

于权益类资产的产品。（4）另类产品是指60%以上资产投资于基础设施投资计划、股权投资计划、资产支持计划的产品。（5）混合类产品是指不能分类为上述四种情形的产品。[①] 由此可知，组合类资管产品包括与PPP项目有关的基础设施投资计划、股权投资计划、资产支持计划的产品等。

（二）八条底线

管理人开展产品业务，禁止出现以下情形：（1）发行具有“资金池”性质的产品，主要是指投资于非公开市场投资品种，且具有滚动募集、混合运作、期限错配、分离定价、未单独建账或未独立核算等特征的产品。（2）发行具有“嵌套”交易结构的产品，包括产品主要投资于单只非公开市场投资品种，或产品定向投资于另类资产管理产品，或产品定向投资于同一管理人设立的产品等情形。（3）向非机构投资者发行分级产品。（4）向机构投资者发行分级产品，权益类、混合类分级产品杠杆倍数超过1倍，其他类型分级产品杠杆倍数超过3倍。（5）在产品下设立子账户形式进行运作。（6）未明确产品投资的基础资产具体种类和比例，笼统规定相关资产的投资比例为0至100%。（7）以外部投资顾问形式将产品转委托。（8）委托托管银行分支机构作为产品托管人。[②] 此即俗称组合性资管的八条底线。

（三）产品投资范围

1. 集合产品投资范围

产品投资的基础范围应当严格按照《保险资管业务试点通知》执行。产品为集合产品或产品资金涉及保险资金的，产品具体投资品种应当遵循保险资金运用相关规定，且限于以下投资范围：（1）境内流动性资产，主要包括现金、货币市场基金、银行活期存款、银行通知存款和剩余期限不超过1年的政府债券、准政府债券、逆回购协议。（2）境内固定收益类资产，主要包括银行定期存款、银行协议存款、债券型基金、金融企业（公司）债券、非金融企业（公司）债券和剩余期限在1年以上的政府债券、准政府债券。（3）境内权益类资产，主要包括公开发行并上市的股票（不含新三板股

① 参照《组合类保险资管监管通知》第4点（一）

② 参照《组合类保险资管监管通知》第4点（二）

票）、股票型基金、混合型基金。（4）保险资产管理公司发行的基础设施投资计划、股权投资计划、资产支持计划等。[①]由此可知，集合产品可以投资和PPP项目有关的基础设施投资计划、股权投资计划、资产支持计划等。

2. 定向产品投资范围

产品为定向产品且产品投资人为非保险机构的，产品的投资品种可以按照与投资人约定的产品契约及相关法律文件执行。[②]由此可知，投资人非保险机构，如果产品契约约定投资PPP项目，则定向产品可以投资PPP项目。

四、保险资金间接投资基础设施

（一）意义

保险资金间接投资基础设施项目，是指委托人将其保险资金委托给受托人，由受托人按委托人意愿以自己的名义设立投资计划，投资基础设施项目，为受益人利益或者特定目的，进行管理或者处分的行为。[③]

（二）委托人

委托人是指在中华人民共和国境内，经中国保监会批准设立的保险公司、保险集团公司和保险控股公司（以下简称保险机构）以及其他具有风险识别和承受能力的合格投资者。一个或者多个委托人可以投资一个投资计划，一个委托人可以投资多个投资计划。[④]

（三）受托人

受托人是指根据投资计划约定，按照委托人意愿，为受益人利益，以自己的名义投资基础设施项目的信托公司、保险资产管理公司、产业投资基金管理公司或者其他专业管理机构。[⑤]受托人设立投资计划，应当具备相应

① 参照《组合类保险资管监管通知》第2点第1款
② 参照《组合类保险资管监管通知》第2点第2款
③ 参照《保险资金间接投资基础设施项目管理办法》第2条
④ 参照《保险资金间接投资基础设施项目管理办法》第21条
⑤ 参照《保险资金间接投资基础设施项目管理办法》第25条

的投资管理能力。具体规则由中国保监会另行制定。[①]

（四）投资计划

所谓投资计划，是指各方当事人以合同形式约定各自权利义务关系，确定投资份额、金额、币种、期限或者投资退出方式、资金用途、收益支付和受益凭证转让等内容的金融工具。[②]受托人设立投资计划，应当向中国保监会指定的注册机构注册。[③]

（五）投资基础设施

投资计划可以采取债权、股权、物权及其他可行方式投资基础设施项目。投资计划采取债权方式投资基础设施项目的，应当具有明确的还款安排。采取股权、政府和社会资本合作模式投资基础设施项目的，应当选择收费定价机制透明、具有预期稳定现金流或者具有明确退出安排的项目。[④]

第三节　基金管理公司特定客户资产管理业务

一、概述

所谓基金管理公司特定客户资产管理业务是指基金管理公司向特定客户募集资金或者接受特定客户财产委托担任资产管理人，由托管机构担任资产托管人，为资产委托人的利益，运用委托财产进行投资的活动。[⑤]

二、委托人

资产管理人通过设立资产管理计划从事特定资产管理业务，可以采取以下形式：（1）为单一客户办理特定资产管理业务；（2）为特定的多个客户办理特定资产管理业务。[⑥]

---

① 参照《保险资金间接投资基础设施项目管理办法》第 26 条

② 参照《保险资金间接投资基础设施项目管理办法》第 9 条

③ 参照《保险资金间接投资基础设施项目管理办法》第 27 条第 1 款

④ 参照《保险资金间接投资基础设施项目管理办法》第 10 条

⑤ 参照《特定客户资管管理办法》第 2 条

⑥ 参照《特定客户资管管理办法》第 8 条

三、资产管理人

（一）设立专门部门或子公司

基金管理公司开展特定资产管理业务，应当设立专门的业务部门或者设立专门的子公司。[①]

（二）子公司风控指标

专户子公司应当持续符合下列风险控制指标标准：（1）净资本不得低于1亿元人民币；（2）净资本不得低于各项风险资本准备之和的100%；（3）净资本不得低于净资产的40%；（4）净资产不得低于负债的20%。[②]

四、资产管理计划

（一）专项资产管理计划

投资于未通过证券交易所转让的股权、债权及其他财产权利，中国证监会认可的特定资产管理计划称为专项资产管理计划。基金管理公司应当设立专门的子公司，通过设立专项资产管理计划开展专项资产管理业务。[③]

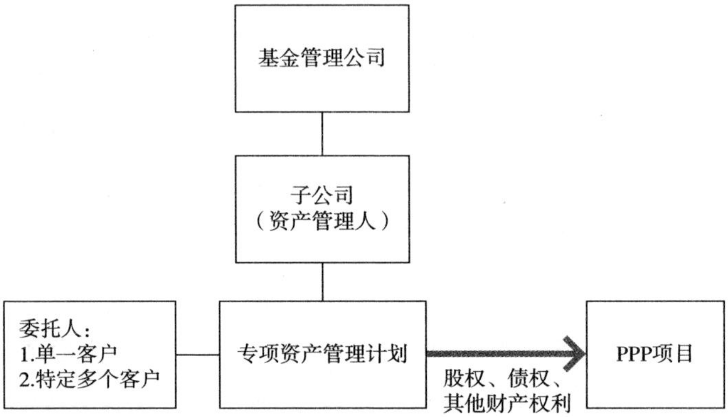

【图表 19.3】专项资产管理计划交易结构图

（二）单一客户办理特定资产管理业务备案

为单一客户办理特定资产管理业务的，资产管理人应当在5个工作日内

① 参照《特定客户资管管理办法》第10条第2款
② 参照《资管子公司风控指标规定》第10条第1款
③ 参照《特定客户资管管理办法》第9条第2款、第3款

将签订的资产管理合同报中国证监会备案。[①]

（三）多个客户办理特定资产管理业务备案

1. 开始销售后5日内备案

为多个客户办理特定资产管理业务的，资产管理人应当在开始销售某一资产管理计划后5个工作日内将资产管理合同、投资说明书、销售计划及中国证监会要求的其他材料报中国证监会备案。[②]

2. 收到验资报告10日内备案

为多个客户办理特定资产管理业务的，资产管理人应当在投资说明书约定的期限内销售资产管理计划。初始销售期限届满，满足人数与初始资产限制的条件的，资产管理人应当自初始销售期限届满之日起10日内聘请法定验资机构验资，并自收到验资报告之日起10日内，向中国证监会提交验资报告及客户资料表，办理相关备案手续。[③]

（四）风险管理

专户产品募集的资金，不得开展资金池业务，切实做到资金来源与运用一一对应；子公司不得通过“一对多”专户开展通道业务；子公司开展通道业务的，应当以合同形式明确风险承担主体和通道功能主体，明确各方权利义务；基金管理公司应当加强对子公司的管理和控制。[④]

五、投资标的

资产管理计划资产应当用于下列投资：（1）现金、银行存款、股票、债券、证券投资基金、央行票据、非金融企业债务融资工具、资产支持证券、商品期货及其他金融衍生品；（2）未通过证券交易所转让的股权、债权及其他财产权利；（3）中国证监会认可的其他资产。[⑤]

---

① 参照《特定客户资管管理办法》第37条前段

② 参照《特定客户资管管理办法》第38条前段

③ 参照《特定客户资管管理办法》第20条

④ 参照《特定客户资管风险管理通知》

⑤ 参照《特定客户资管风险管理通知》第9条第1款

第四节　证券公司资产管理业务

一、概述

证券公司可以依法从事下列客户资产管理业务：（1）为单一客户办理定向资产管理业务；（2）为多个客户办理集合资产管理业务；（3）为客户办理特定目的的专项资产管理业务。[①] 证券公司可以通过设立综合性的集合资产管理计划办理专项资产管理业务。[②] 由于专项资产管理计划大多用于资产证券化，本书于第十八章已有介绍，因此本节仅就单一客户资管与多个客户资管业务作介绍。

二、单一客户办理定向资产管理业务

（一）概述

证券公司为单一客户办理定向资产管理业务，应当与客户签订定向资产管理合同，通过专门账户为客户提供资产管理服务。[③] 证券公司应当在5日内将签订的定向资产管理合同报中国证券业协会备案，同时抄送证券公司住所地、资产管理分公司所在地中国证监会派出机构。[④]

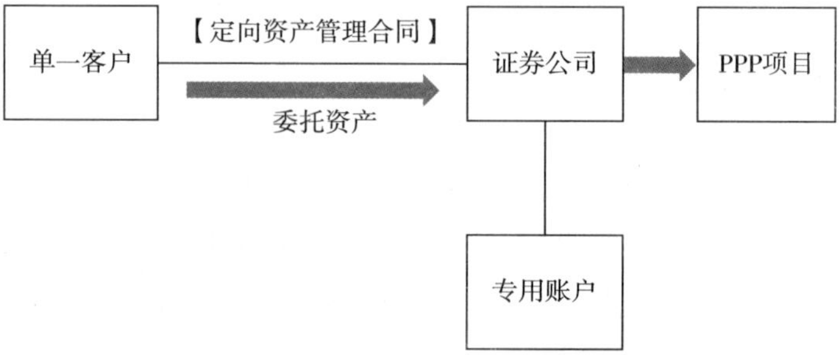

【图表19.4】定向资产管理交易结构图

① 参照《证券公司资管办法》第11条
② 参照《证券公司资管办法》第14条第3款
③ 参照《证券公司资管办法》第12条
④ 参照《证券公司资管办法》第45条第1款

（二）证券公司

证券公司从事定向资产管理业务，应当依据法律、行政法规和中国证监会的规定，与客户、资产托管机构签订定向资产管理合同，约定客户、证券公司、资产托管机构的权利义务。定向资产管理合同应当包括中国证券业协会制订的合同必备条款。[①]定向资产管理业务的投资风险由客户自行承担，证券公司不得以任何方式对客户资产本金不受损失或者取得最低收益做出承诺。[②]

（三）客户委托资产

客户委托资产应当是客户合法持有的现金、股票、债券、证券投资基金份额、集合资产管理计划份额、央行票据、短期融资券、资产支持证券、金融衍生品或者中国证监会允许的其他金融资产。[③]

（四）专用账户

证券公司从事定向资产管理业务，买卖证券交易所的交易品种，应当使用客户的定向资产管理专用证券账户；买卖证券交易所以外的交易品种，应当按照有关规定开立相应账户。专用证券账户和相应账户内的资产归客户所有。专用证券账户名称为"客户名称"。证券登记结算机构应当对专用证券账户进行标识，表明该账户为客户委托证券公司办理定向资产管理业务的专用证券账户。[④]专用证券账户仅供定向资产管理业务使用，并且只能由代理办理专用证券账户的证券公司使用，不得转托管或者转指定，中国证监会另有规定的除外。[⑤]

证券公司应当自专用证券账户办理之日起 3 个交易日内，将专用证券账户报证券交易所备案。备案前，不得使用该账户进行交易。[⑥]

---

① 参照《证券公司定向资管细则》第 11 条

② 参照《证券公司定向资管细则》第 6 条

③ 参照《证券公司资管办法》第 14 条

④ 参照《证券公司资管办法》第 19 条

⑤ 参照《证券公司资管办法》第 21 条第 1 款

⑥ 参照《证券公司资管办法》第 20 条第 3 款

三、多个客户办理集合资产管理业务

（一）概述

证券公司为多个客户办理集合资产管理业务，应当设立集合资产管理计划，与客户签订集合资产管理合同，将客户资产交由取得基金托管业务资格的资产托管机构托管，通过专门账户为客户提供资产管理服务。①

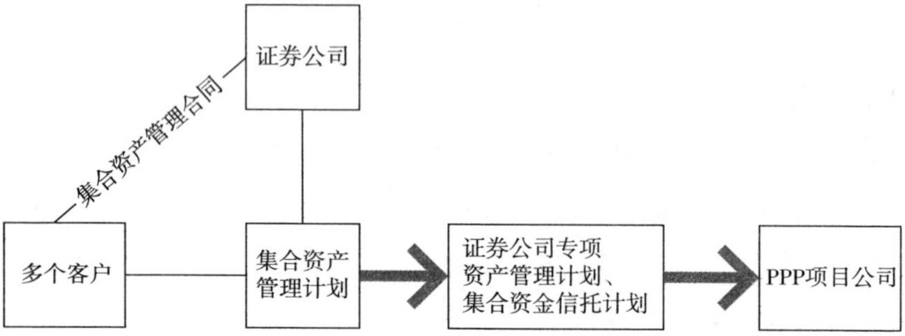

【图表 19.5】集合资产管理交易结构

（二）计划管理人

证券公司从事集合资产管理业务，应当为合格投资者提供服务，设立集合资产管理计划，并担任计划管理人。② 证券公司发起设立集合资产管理计划后 5 日内，应当将发起设立情况报中国证券业协会备案。计划说明书是集合资产管理合同的组成部分，与集合资产管理合同具有同等法律效力。③

证券公司自有资金参与单个集合计划的份额，不得超过该计划总份额的 20%。④

（三）集合资产管理计划

1. 条件

集合计划应当符合下列条件：（1）募集资金规模在 50 亿元人民币以下；（2）单个客户参与金额不低于 100 万元人民币；（3）客户人数在 200 人

① 参照《证券公司资管办法》第 13 条
② 参照《证券公司资管办法》第 5 条第 1 款
③ 参照《证券公司资管办法》第 10 条第 1 款前段、第 2 款
④ 参照《证券公司资管办法》第 22 条第 1 款前段

以下[①]。集合计划成立应当具备下列条件：（1）推广过程符合法律、行政法规和中国证监会的规定；（2）募集金额不低于3000万元人民币；（3）客户不少于2人；（4）符合集合资产管理合同及计划说明书的约定；（5）中国证监会规定的其他条件。[②]

2. 投资标的

集合计划募集的资金可以投资中国境内依法发行的股票、债券、股指期货、商品期货等证券期货交易所交易的投资品种；央行票据、短期融资券、中期票据、利率远期、利率互换等银行间市场交易的投资品种；证券投资基金、证券公司专项资产管理计划、商业银行理财计划、集合资金信托计划等金融监管部门批准或备案发行的金融产品；以及中国证监会认可的其他投资品种。集合计划可以参与融资融券交易，也可以将其持有的证券作为融券标的证券出借给证券金融公司。证券公司可以依法设立集合计划在境内募集资金，投资于中国证监会认可的境外金融产品。[③]由此可知，如果集合计划要投资PPP项目，必须通过证券公司专项资产管理计划及集合资金信托计划投资。

四、新八条底线

（一）概述

证监会为了加强对私募资产管理业务的监管，于2016年7月14日下发了《证券期货经营机构私募资产管理业务运作管理暂行规定》（以下简称《暂行规定》），由于《暂行规定》对于过去所实施的《证券期货经营机构落实资产管理业务“八条底线”禁止行为细则》进行了更进一步的规范，因此被业界俗称为“新八条底线”，其中包括禁止不当销售、严格规范结构化产品、不得委托不符合条件的第三方机构、不得投资不符合政策的项目、不得从事违法业务、不得损害投资人或进行商业贿赂、不得从事资金池业务、不

① 参照《证券公司集合资管细则》第5条第2款

② 参照《证券公司集合资管细则》第27条

③ 参照《证券公司资管办法》第14条

得过度激励等八项事项。

（二）适用范围

有关《暂行规定》适用范围的问题，根据《暂行规定》第2条规定："本规定所称证券期货经营机构，是指证券公司、基金管理公司、期货公司及其依法设立的从事私募资产管理业务的子公司。"《暂行办法》第15条规定："私募证券投资基金管理人参照本规定执行。（第1款）证券公司、基金管理公司子公司依法开展的资产证券化业务不适用本规定。（第2款）"以及2016年10月21日证监会证券基金机构监管部编写的《〈证券期货经营机构私募资产管理业务运作管理暂行规定〉相关问题解答》："《暂行规定》暂不适用于私募股权投资基金、创业投资基金。因此，证券公司私募投资（直投）子公司开展的私募股权投资基金业务，不适用本规定，应当适用《私募投资基金监督管理暂行办法》。"由此可知：第一，不适用《暂行规定》的业务范围包括：资产证券化业务、股权投资基金、创业投资基金；第二，适用《暂行规定》的业务范围包括：私募证券投资基金、私募资产管理。

（三）销售行为禁止事项

根据《暂行规定》第3条规定："证券期货经营机构及相关销售机构不得违规销售资产管理计划，不得存在不适当宣传、误导欺诈投资者以及以任何方式向投资者承诺本金不受损失或者承诺最低收益等行为，包括但不限于以下情形：（1）资产管理合同及销售材料中存在包含保本保收益内涵的表述，如零风险、收益有保障、本金无忧等；（2）资产管理计划名称中含有'保本'字样；（3）与投资者私下签订回购协议或承诺函等文件，直接或间接承诺保本保收益；（4）向投资者口头或者通过短信、微信等各种方式承诺保本保收益；（5）向非合格投资者销售资产管理计划，明知投资者实质不符合合格投资者标准，仍予以销售确认，或者通过拆分转让资产管理计划份额或其收益权、为投资者直接或间接提供短期借贷等方式，变相突破合格投资者标准；（6）单一资产管理计划的投资者人数超过200人，或者同一资产管理人为单一融资项目设立多个资产管理计划，变相突破投资者人数限制；（7）通过报刊、电台、电视、互联网等公众传播媒体，讲座、报告会、分析会等方式，布告、传单、短信、微信、博客和电子邮件等载体，向不特定对象宣传具体产品，但证券期货经营机构和销售机构通过设置特定对象确定程序的官网、客户端等互联网媒介向已注册特定对象进行宣传推介的除外；（8）销售资产管理计划时，未真实、准确、完整地披露资产管理计划交易结构、当事各方权利义务条款、收益分配内容、委托第三方机构提供服务、关联交易情况等信息；（9）资产管理计划完成备案手续前参与股票公开或非公开发行；（10）向投资者宣传资产管理计划预期收益率；（11）夸大或者片面宣传产品，夸大或者片面宣传资产管理计划管理人及其管理的产品、投资经理等的过往业绩，未充分揭示产品风险，投资者认购资产管理计划时未签订风险揭示书和资产管理合同。”由此可知，禁止行为禁止事项的内容包括：不得保本、不得向非合格投资人销售、不得变相突破人数、不得公开销售、不得虚假披露信息、不得未完成备案参与股票发行、不得宣传预期收益等。

（四）结构化资管产品禁止事项

根据《暂行规定》第4条规定：“证券期货经营机构设立结构化资产管理计划，不得违背利益共享、风险共担、风险与收益相匹配的原则，不得存在以下情形：（1）直接或者间接对优先级份额认购者提供保本保收益安排，包括但不限于在结构化资产管理计划合同中约定计提优先级份额收益、提前终止罚息、劣后级或第三方机构差额补足优先级收益、计提风险保证金补足优先级收益等；（2）未对结构化资产管理计划劣后级份额认购者的身份及风险承担能力进行充分适当的尽职调查；（3）未在资产管理合同中充分披露和揭示结构化设计及相应风险情况、收益分配情况、风控措施等信息；（4）股票类、混合类结构化资产管理计划的杠杆倍数超过1倍，固定收益类结构化资产管理计划的杠杆倍数超过3倍，其他类结构化资产管理计划的杠杆倍数超过2倍；（5）通过穿透核查结构化资产管理计划投资标的，结构化资产管理计划嵌套投资其他结构化金融产品劣后级份额；（6）结构化资产管理计划名称中未包含‘结构化’或‘分级’字样；（7）结构化资产管理计划的总资产占净资产的比例超过140%，非结构化集合资产管理计划（‘一对多’）的总资产占净资产的比例超过200%。”由此可知，结构化资管产品禁止事项包括：禁止对优先级做保底安排、未确认劣后级风险承担能力、未充分揭露信息、杠杆倍数过高、不得嵌套其他结构化产品劣后级、产品名称要清楚、合乎一定的净资产占比。

（五）不得委托不符合条件的第三方机构

根据《暂行规定》第5条规定："证券期货经营机构开展私募资产管理业务，不得委托个人或不符合条件的第三方机构为其提供投资建议，管理人依法应当承担的职责不因委托而免除，不得存在以下情形：（一）未建立或未有效执行第三方机构遴选机制，未按照规定流程选聘第三方机构；（二）未签订相关委托协议，或未在资产管理合同及其他材料中明确披露第三方机构身份、未约定第三方机构职责以及未充分说明和揭示聘请第三方机构可能产生的特定风险；（三）由第三方机构直接执行投资指令，未建立或有效执行风险管控机制，未能有效防范第三方机构利用资产管理计划从事内幕交易、市场操纵等违法违规行为；（四）未建立利益冲突防范机制，资产管理计划与第三方机构本身、与第三方机构管理或服务的其他产品之间存在利益冲突或利益输送；（五）向未提供实质服务的第三方机构支付费用或支付的费用与其提供的服务不相匹配；（六）第三方机构及其关联方以其自有资金或募集资金投资于结构化资产管理计划劣后级份额。"由此可知，不得委托不符合条件的第三方机构，其中包括不得未按规定聘任、未明确第三方机构的职责与风险、不得违法操控、防范利益冲突与利益输送、未支付费用、禁止第三方为资管计划的劣后方等。

（六）不得投资不符合政策的项目

根据《暂行规定》第6条规定："证券期货经营机构发行的资产管理计划不得投资于不符合国家产业政策、环境保护政策的项目（证券市场投资除外），包括但不限于以下情形：（一）投资项目被列入国家发展改革委最新发布的淘汰类产业目录；（二）投资项目违反国家环境保护政策要求；（三）通过穿透核查，资产管理计划最终投向上述投资项目。"由此可知，资管计划不得投资淘汰产业、不环保产业等。

（七）不得从事违法业务

根据《暂行规定》第7条规定："证券期货经营机构开展私募资产管理业务，不得从事违法证券期货业务活动或者为违法证券期货业务活动提供交易便利，包括但不限于以下情形：（一）资产管理计划份额下设子账户、分账户、虚拟账户或将资产管理计划证券、期货账户出借他人，违反账户实名制规定；（二）为违法证券期货业务活动提供账户开立、交易通道、投资者介绍等服务或便利；（三）违规使用信息系统外部接入开展交易，为违法证券期货业务活动提供系统对接或投资交易指令转发服务；（四）设立伞形资产管理计划，子伞委托人（或其关联方）分别实施投资决策，共用同一资产管理计划的证券、期货账户。"由此可知，证券期货经营机构开展私募资产管理业务不得设立人头账户、为违法活动提供便利系统对接或转发指令、伞形计划不得共用账户。

（八）不得损害投资人或进行商业贿赂

根据《暂行规定》第8条规定："证券期货经营机构开展私募资产管理业务，不得从事非公平交易、利益输送、利用未公开信息交易、内幕交易、操纵市场等损害投资者合法权益的行为，不得利用资产管理计划进行商业贿赂，包括但不限于以下情形：（一）交易价格严重偏离市场公允价格，损害投资者利益。不存在市场公允价格的投资标的，能够证明资产管理计划的交易目的、定价依据合理且在资产管理合同中有清晰约定，投资程序合规以及信息披露及时、充分的除外；（二）以利益输送为目的，与特定对象进行不正当交易，或者在不同的资产管理计划账户之间转移收益或亏损；（三）以获取佣金或者其他不当利益为目的，使用资产管理计划资产进行不必要的交易；（四）泄露因职务便利获取的未公开信息，以及利用该信息从事或者明示、暗示他人从事相关的交易活动；（五）利用管理的资产管理计划资产为资产管理人及其从业人员或第三方谋取不正当利益或向相关服务机构支付不合理的费用；（六）违背风险收益相匹配原则，利用结构化资产管理计划向特定一个或多个劣后级投资者输送利益；（七）侵占、挪用资产管理计划资产。"由此可知，证券期货经营机构开展私募资产管理业务不得交易价格严重不公、不得利益输送、不得进行不必要的交易、不得不当使用信息、不得谋取不正当利益、不得向劣后级输送利益、不得侵占与挪用资产。

（九）不得从事资金池业务

根据《暂行规定》第9条规定："证券期货经营机构不得开展或参与具有'资金池'性质的私募资产管理业务，资产管理计划不得存在以下情形或者投资存在以下情形的其他资产管理产品：（一）不同资产管理计划进行混同运作，资金与资产无法明确对应；（二）资产管理计划在整个运作过程中未有合理估值的约定，且未按照资产管理合同约定向投资者进行充分适当的信息披露；（三）资产管理计划未单独建账、独立核算，未单独编制估值表；（四）资产管理计划在开放申购、赎回或滚动发行时未按照规定进行合理估值，脱离对应标的资产的实际收益率进行分离定价；（五）资产管理计划未进行实际投资或者投资于非标资产，仅以后期投资者的投资资金向前期投资者兑付投资本金和收益；（六）资产管理计划所投资产发生不能按时收回投资本金和收益情形的，资产管理计划通过开放参与、退出或滚动发行的方式由后期投资者承担此类风险，但管理人进行充分信息披露及风险揭示且机构投资者书面同意的除外。"由此可知，不得从事资金池业务的内容包括不得混同、未合理估值、未披露信息、未独立核算、不得脱离标的资产进行分离定价、不得后期兑付前期等。

（十）不得过度激励

根据《暂行规定》第10条规定："证券期货经营机构不得对私募资产管理业务主要业务人员及相关管理团队实施过度激励，包括但不限于以下情形：（一）未建立激励奖金递延发放机制；（二）递延周期不足3年，递延支付的激励奖金金额不足40%。"由此可知，不得过度激励包括奖金应递延发放、递延周期太短、递延金额太少，等等。

第五节　信托公司资管业务

一、概述

信托，是指委托人基于对受托人的信任，将其财产权委托给受托人，由受托人按委托人的意愿以自己的名义，为受益人的利益或者特定目的，进行管理或者处分的行为（参照《信托法》第2条）。信托公司可以申请经营下列部分或者全部本外币业务：（1）资金信托；（2）动产信托；（3）不动产信托；（4）有价证券信托；（5）其他财产或财产权信托；（6）作为投资基金或者基金管理公司的发起人从事投资基金业务；（7）经营企业资产的重组、购并及项目融资、公司理财、财务顾问等业务；（8）受托经营国务院有关部门批准的证券承销业务；（9）办理居间、咨询、资信调查等业务；（10）代保管及保管箱业务；（11）法律法规规定或中国银行业监督管理委员会批准的其他业务。[①] 本文就信托资管业务中常见的几种类型予以说明。

二、集合资金信托

（一）概述

在中华人民共和国境内设立集合资金信托计划，由信托公司担任受托人，按照委托人意愿，为受益人的利益，将两个以上（含两个）委托人交付的资金进行集中管理、运用或处分的资金信托业务活动。[②]

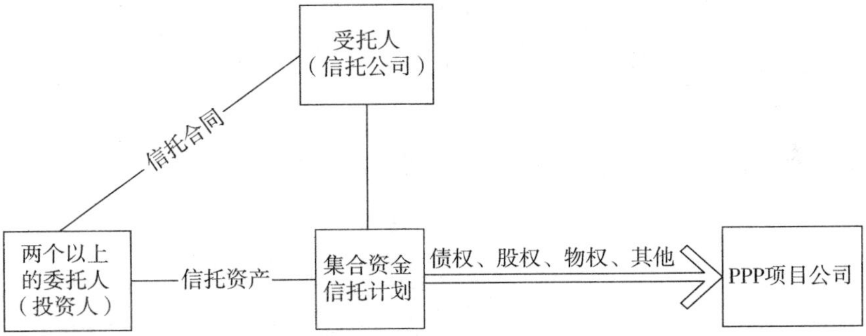

【图表19.6】集合资金信托交易结构

（二）集合资金信托计划

信托公司设立信托计划，应当符合以下要求：（1）委托人为合格投资

① 参照《信托公司管理办法》第16条的规定

② 参照《信托公司集合资金信托计划管理办法》第2条

者；（2）参与信托计划的委托人为唯一受益人；（3）单个信托计划的自然人人数不得超过50人，合格的机构投资者数量不受限制；（4）信托期限不少于1年；（5）信托资金有明确的投资方向和投资策略，且符合国家产业政策以及其他有关规定；（6）信托受益权划分为等额份额的信托单位；（7）信托合同应约定受托人报酬，除合理报酬外，信托公司不得以任何名义直接或间接以信托财产为自己或他人牟利；（8）中国银行业监督管理委员会规定的其他要求。①

（三）信托财产

信托资金可以进行组合运用，组合运用应有明确的运用范围和投资比例。②信托公司可以运用债权、股权、物权及其他可行方式运用信托资金。③

三、私人股权投资信托

（一）概述

所谓私人股权投资信托，是指信托公司将信托计划项下资金投资于未上市企业股权、上市公司限售流通股或中国银监会批准可以投资的其他股权的信托业务。④信托公司设立私人股权投资信托，应当在信托计划成立后10个工作日内向中国银监会或其派出机构报告。⑤

（二）信托公司

信托公司应当以自己的名义，按照信托文件约定亲自行使信托计划项下被投资企业的相关股东权利，不受委托人、受益人干预。⑥信托公司以固有资金参与设立私人股权投资信托的，所占份额不得超过该信托计划财产的20%；用于设立私人股权投资信托的固有资金不得超过信托公司净资产的20%。⑦

---

① 参照《信托公司集合资金信托计划管理办法》第5条
② 参照《信托公司集合资金信托计划管理办法》第25条第1款
③ 参照《信托公司集合资金信托计划管理办法》第26条第1款
④ 参照《私人股权信托指引》第2条第1款
⑤ 参照《私人股权信托指引》第18条第1款前段
⑥ 参照《私人股权信托指引》第11条
⑦ 参照《私人股权信托指引》第17条第1款

（三）私人股权信托计划

信托公司在管理私人股权投资信托计划时，可以通过股权上市、协议转让、被投资企业回购、股权分配等方式，实现投资退出。① 信托公司管理私人股权投资信托，应按照信托文件约定将信托资金运用于股权投资，未进行股权投资的资金只能投资于债券、货币型基金和央行票据等低风险高流动性金融产品。②

四、财产权信托

（一）概述

根据《信托公司管理办法》第 16 条第 5 项的规定："信托公司可以申请经营下列部分或者全部本外币业务：……（五）其他财产或财产权信托……"由此可知，信托公司可以经营财产权信托业务。所谓财产权信托业务是指根据《信托法》的规定，委托人将财产权委托给受托人，由受托人以自己的名义为受益人的利益或是特定的目的，进行管理或处分的行为。

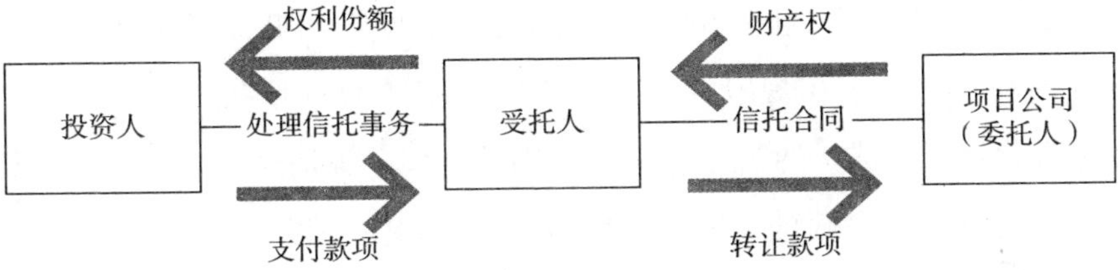

【图表 19.7】财产权信托交易结构

（二）财产权信托与集合资产信托的区别

财产权信托与集合资产信托的区别在于：第一，委托人不同：前者为财产权原始权益人，后者为投资人；第二，信托财产不同：前者是基础资产的财产权，后者是投资人交付的投资款；第三，是否成立信托计划不同：前者不需要成立信托计划，后者需要成立信托计划。

① 参照《私人股权信托指引》第 15 条第 1 款

② 参照《私人股权信托指引》第 19 条

第六节　商业银行资管业务

一、概述

理财业务是指商业银行接受客户委托，按照与客户事先约定的投资计划和收益与风险承担方式，为客户提供的资产管理服务。[①] 因此本书认为商业银行的资管业务就是理财业务，银行的理财业务可否投资 PPP 项目，如果可以投资，那么该如何投资是本节所要讨论的问题。

根据《商业银行法》第 43 条的规定："商业银行在中华人民共和国境内不得从事信托投资和证券经营业务，不得向非自用不动产投资或者向非银行金融机构和企业投资，但国家另有规定的除外。"以及 2010 年 8 月 5 日银监会下发《关于规范银信理财合作业务有关事项的通知》（银监发〔2010〕72 号）中第 5 条规定："五、商业银行和信托公司开展投资类银信理财合作业务，其资金原则上不得投资于非上市公司股权。"由此可知，银行以及银信合作理财业务原则上不能投资企业以及非上市股权。

根据上述的说明，银行的理财产品要直接投资 PPP 项目是有困难的。因此如何在不违背上述规定的前提下投资 PPP 项目，目前常见的做法是投资非标准化资产，或是通过银证合作、银基合作、银信合作以及银保合作等方式达到投资 PPP 项目的目的，具体内容笔者将一一说明。

二、商业银行个人理财业务

（一）概述

个人理财业务，是指商业银行为个人客户提供的财务分析、财务规划、投资顾问、资产管理等专业化服务活动。[②] 商业银行开展以下个人理财业务，应向中国银行业监督管理委员会申请批准：（1）保证收益理财计划；（2）为开展个人理财业务而设计的具有保证收益性质的新的投资性产品；

① 参照《商业银行理财业务监督管理法（征求意见稿）》第 2 条

② 参照《商业银行个人理财办法》第 2 条

（3）需经中国银行业监督管理委员会批准的其他个人理财业务。[①] 商业银行开展其他个人理财业务活动，不需要审批，但应按照相关规定及时向中国银行业监督管理委员会或其派出机构报告。[②]

（二）类型

商业银行个人理财业务按照管理运作方式不同，分为理财顾问服务和综合理财服务。[③]

1. 理财顾问服务

理财顾问服务，是指商业银行向客户提供的财务分析与规划、投资建议、个人投资产品推介等专业化服务。[④]

2. 综合理财服务

综合理财服务，是指商业银行在向客户提供理财顾问服务的基础上，接受客户的委托和授权，按照与客户事先约定的投资计划和方式进行投资和资产管理的业务活动。[⑤] 商业银行在综合理财服务活动中，可以向特定目标客户群销售理财计划。理财计划是指商业银行在对潜在目标客户群分析研究的基础上，针对特定目标客户群开发设计并销售的资金投资和管理计划。[⑥] 综合类理财业务是指在基础类业务范围基础上，商业银行理财产品还可以投资于非标准化债权资产、权益类资产和银监会认可的其他资产。[⑦]

（三）非标准化债权资产

商业银行理财资金直接或通过非银行金融机构、资产交易平台等间接投资于“非标准化债权资产”业务增长迅速。一些银行在业务开展中存在规避贷款管理、未及时隔离投资风险等问题。为有效防范和控制风险，促进相关业务规范健康发展，2013 年 3 月 25 日银监会下发《关于规范商业银行理财业务投资运作有关问题的通知》（银监发〔2013〕8 号），其中包括：

---

① 参照《商业银行个人理财办法》第 46 条
② 参照《商业银行个人理财办法》第 51 条
③ 参照《商业银行个人理财办法》第 7 条
④ 参照《商业银行个人理财办法》第 8 条第 1 款
⑤ 参照《商业银行个人理财办法》第 9 条第 1 款
⑥ 参照《商业银行个人理财办法》第 10 条
⑦ 参照《商业银行理财业务监督管理法（征求意见稿）》第 15 条第 2 款后段

1. 非标准化债权资产的意义

非标准化债权资产是指未在银行间市场及证券交易所市场交易的债权性资产，包括但不限于信贷资产、信托贷款、委托债权、承兑汇票、信用证、应收账款、各类受（收）益权、带回购条款的股权性融资等。

2. 合理控制总额

商业银行应当合理控制理财资金投资非标准化债权资产的总额，理财资金投资非标准化债权资产的余额在任何时点均以理财产品余额的35%与商业银行上一年度审计报告披露总资产的4%之间孰低者为上限。

三、银行与金融同业间的合作

（一）银证合作

银证合作定向业务，是指合作银行作为委托人，将委托资产委托证券公司进行定向资产管理，向证券公司发出明确交易指令，由证券公司执行，并将受托资产投资于合作银行指定标的资产的业务。禁止通过证券公司向委托人发送投资征询函或投资建议书，委托人回复对投资事项无异议的形式开展银证合作定向业务。①

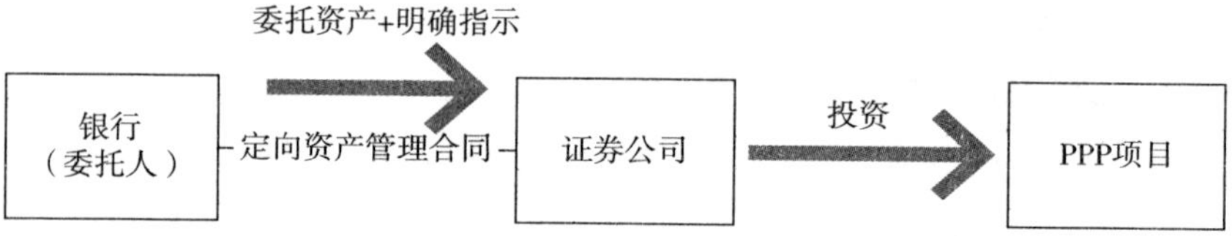

【图表 19.8】银证合作交易结构图

（二）银信理财合作

1. 概述

银信理财合作，是指银行将理财计划项下的资金交付信托，由信托公司担任受托人并按照信托文件的约定进行管理、运用和处分的行为。②

① 参照《银证合作定向资管通知》第1点
② 参照《银信合作指引》第6条

2. 信托公司

信托公司应当勤勉尽责独立处理信托事务，银行不得干预信托公司的管理行为。[①] 信托公司开展银信理财合作，应当和银行订立信托文件，并遵守以下规定：（1）严格遵守《信托公司管理办法》《信托公司集合资金信托计划管理办法》等监管规定；（2）认真履行受托职责，严格管理信托财产；（3）为信托财产开立信托财产专户，并将信托财产与固有财产分别管理、分别记账；（4）每一只银信理财合作产品至少配备一名信托经理；（5）按照信托文件约定向银行披露信托事务处理情况。[②]

3. 信托计划

信托公司设立信托计划，应当选择经营稳健的银行担任保管人。受托人、保管人的权利义务关系，应当遵守《信托公司集合资金信托计划管理办法》的有关规定。[③]

4. 投资

2010 年 8 月 5 日银监会下发《关于规范银信理财合作业务有关事项的通知》（银监发〔2010〕72 号）中第 5 条规定："五、商业银行和信托公司开展投资类银信理财合作业务，其资金原则上不得投资于非上市公司股权。"由此可知，似可认为银行理财产品通过银信合作模式投资非上市公司股权是不被允许的。但是根据《关于规范金融机构同业业务的通知》（银发〔2014〕127 号）的规定："六、同业投资是指金融机构购买（或委托其他金融机构购买）同业金融资产（包括但不限于金融债、次级债等在银行间市场或证券交易所市场交易的同业金融资产）或特定目的载体（包括但不限于商业银行理财产品、信托投资计划、证券投资基金、证券公司资产管理计划、基金管理公司及子公司资产管理计划、保险业资产管理机构资产管理产品等）的投资行为。"由此可知，商业银行可以通过特定目的载体投资股权，似乎又推翻了前述的规定，这特殊目的载体包括了银信合作、银基合作、银

① 参照《银信合作指引》第 7 条第 3 项
② 参照《银信合作指引》第 10 条
③ 参照《银信合作指引》第 19 条

保合作等模式。

根据《商业银行理财业务监督管理法（征求意见稿）》第39条的规定："商业银行理财产品投资特定目的载体的，应当符合以下要求：……（四）所投资的特定目的载体不得直接或间接投资于非标准化债权资产，符合银监会关于银信理财合作业务相关监管规定的信托公司发行的信托投资计划除外……"，由此可知规定进一步明确为，商业银行的理财产品投资信托计划，该信托计划可以投资非标准化债权。

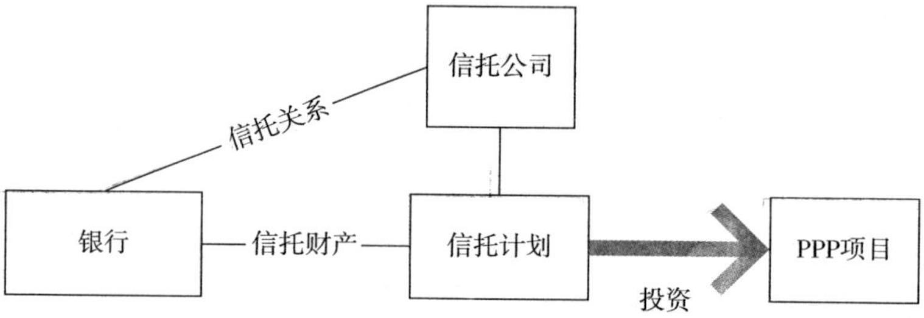

【图表19.9】银信合作交易结构图

Part 04

第四篇　结语

第二十章　PPP 模式交易结构分析法

第一节　概述

一、你的 PPP 项目“开花”了吗

PPP 模式是一种无法标准化的模式，由于每个项目所具有的客观条件不同，参与者的风险偏好也不相同，因此设计出来的方案也会有所不同。PPP 项目的方案绝对不是简单地整理一个模板，然后在模板内填空就可以实施落地的方案；PPP 项目方案也不是政府不凭借外界专业咨询机构单方面就可以设计出可行的方案，在方案设计阶段还需要和潜在投资人进行大量前期沟通和协商，如市场测试、两阶段招标、竞争性磋商等，就是政府与投资人在 PPP 项目中很重要的沟通协商方式。笔者经常看到许多实施机构在设计或协商方案时，由于没有使用正确的方法，在很多细枝末节的事情上浪费了许多时间，或是各部门在讨论方案时你一言我一语，加上项目负责人又无法综合意见，导致花了许多时间来进一步沟通协调，可是项目的问题不但没有得到收敛解决，反而愈加发散，笔者称此现象叫作项目已经“开花”了。虽然 PPP 项目的方案无法标准化，但是并不代表设计或协商方案时可以杂乱无章、无章可循。使用正确的方法设计方案，可以帮助项目有策略、有系统、有重点、有步骤、有效率地完成方案的设计与协商，因此本章将给各位介绍设计与协商方案的分析方法，笔者称它为“PPP 模式交易结构分析法”。

二、PPP 模式交易结构分析法

什么是“PPP 模式交易结构分析法”？ PPP 模式交易结构分析法就是

以交易结构为核心的一套分析方法，这套分析方法的内容可以从以下四个方面进行详细说明。

（一）从宏观的角度讨论

交易结构的设计基本上是通过各个单笔交易内容的设计，将每个单笔交易有机地串联起来，并解决项目服务提供、款项分配以及资金筹措等三大问题，所以每笔交易并不是单独存在，彼此之间是互有联系的有机组合。有关交易结构的相关讨论，读者可以翻阅本书第三章的内容，此处不再赘述。

（二）从微观的角度讨论

PPP 项目以交易结构为核心，交易结构由四大交易群所组成，每个交易群包含了数笔交易，每个交易又可以看成是单一的合约关系，都有核心的交易元素和权利义务（交易结构→交易群→单笔交易→核心交易元素与权利义务）。交易结构分析法的目的是为了确认交易群中究竟有哪些具体的交易，并且确认单笔交易下核心的交易元素与权利义务。

（三）从财务测算的角度讨论

1. 先建构后测算——范围、内容与金额

在进行财务测算前，必须先建构交易结构，而交易结构的建构也就等于确认了项目的范围与内容，同时也等同于确认了财务测算的边界条件，此时才能进行财务测算，而财务测算的完成也就等同于确认了项目的金额。因此在顺序上是先确认交易结构，后进行财务测算，先确认项目的范围与内容，后确认项目的金额。笔者从事项目咨询时发现，在对很多人询问的财务测算问题进行分析后，最终发现该问题其实并不是财务测算的问题，而是交易结构的问题。由此可以知道设计正确的交易结构对财务测算的影响甚大。

2. 设计深度——编排现金流量

交易结构设计的目的是为了给财务测算提供条件，因此交易结构的设计深度必须达到可以排出项目的现金流量、项目公司的现金流量以及投资人的现金流量的程度才是达标的。如果交易结构的设计内容无法排出现金流量，那么该交易结构的设计深度是不足或是有问题的。

（四）从交易结构图表的角度讨论

1. 绘制图表的目的

绘制交易结构图表的目的是为了利用图形与表格的形式，将交易结构的关键内容表现出来。由于目前如何绘制交易结构图没有统一的做法，因此即便是相同的交易结构，不同的人所绘制的图表，表现形式也会有所不同，在形式上增加了阅读的难度，降低了阅读的效率，因此有必要设计一套系统的绘制图表的方法。

2. 图表的设计理念

交易结构图表的目的既然是为了表现关键的交易结构内容，所以图形与表格应该要围绕着交易结构分析法的体系来设计，因此交易结构分析法所分析出来的交易结构内容，其中关键内容的表现形式应该要和图表结合。此外，图表也应该要区分总图表与分图表，分别表现出项目总体的信息以及部分细节的信息，而不是在一张图表中标示了所有的信息，这样的图表看起来很复杂，好像很有学问，但其实表现出来的信息混乱，不但没能化繁为简，反而制造困扰。

3. 先图表后方案

编写 PPP 实施方案并不是将一群交易元素松散地堆砌在一起，彼此之间应该是有机的组合，编写方案经常是牵一发而动全身。很多人在还没设计出一套完整的内容前，就开始边想边写方案，这样的方案内容很容易东拼西凑，各环节会有所遗漏或无法衔接，因此笔者建议应先绘制交易结构图表再编写方案，这是比较可行的做法。此外，在编写方案时，在方案中的某些环节中，通常会出现几种可能的选项，而这些选项的内容通常需要经过和各方沟通与协商才能确定，绘制交易结构图表将有助于推进方案内容多重选项的沟通与协商。

第二节　PPP 模式交易结构

一、PPP 模式交易结构总图的绘制

PPP 模式交易结构是由四个交易群所组成的，分别是 PPP 交易群、股

东融资交易群、履约外包交易群以及债权融资交易群，因此交易结构图可以分为总图与分图，总图内容具体表现为全部的交易结构，而分图内容具体表现为个别的交易群的交易结构。关于总图的绘制方法具体说明如下。

（一）交易群的相对位置要固定

绘制总图应以项目公司为核心，PPP 交易群画在项目公司的上方，股东融资交易群画在项目公司的右方，履约外包交易群画在项目公司的下方，债权融资交易群画在项目公司的左方，如图表 20.2.1 所示。绘制分图时笔者也建议各参与主体的相对位置不要改变。位置的安排是从资金的流向作为考虑的，付费金流是由上而下流，投融资金流是由两侧流向中间，还款与回报的资金流由中间流向两侧。

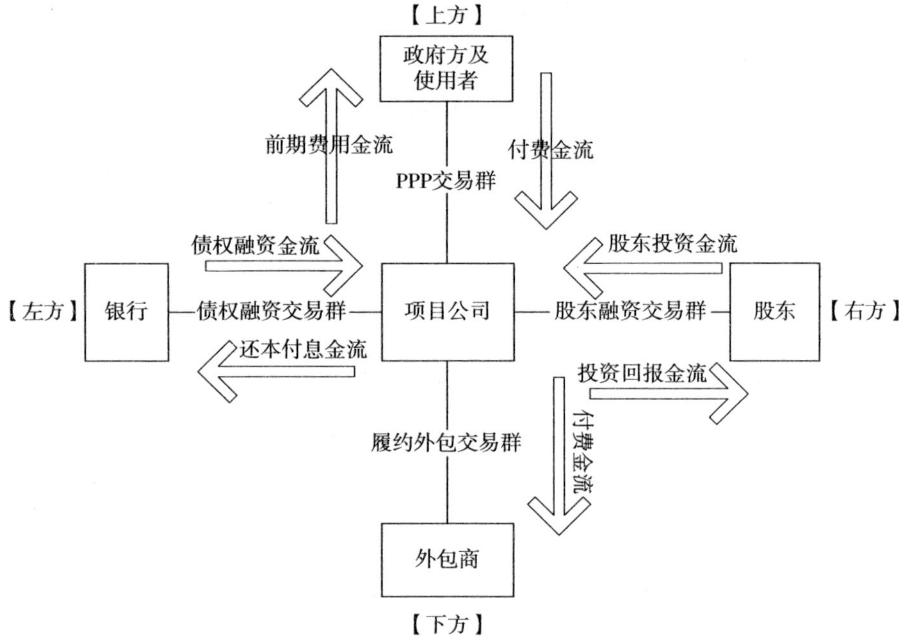

【图表 20.2.1】交易结构总图各方位置及金流示意图

（二）PPP 模式交易结构总图绘制的深度

由于总图的空间有限，总图所表示的信息必须有所筛选，因此笔者建议将签约主体以及具体的交易（合约关系）画出即可，如图表 20.2.2 所示，不建议将所有的参与主体以及主体在合约所负担的权利与义务画在总图中，建议将其余交易结构的信息绘制在分图中即可。

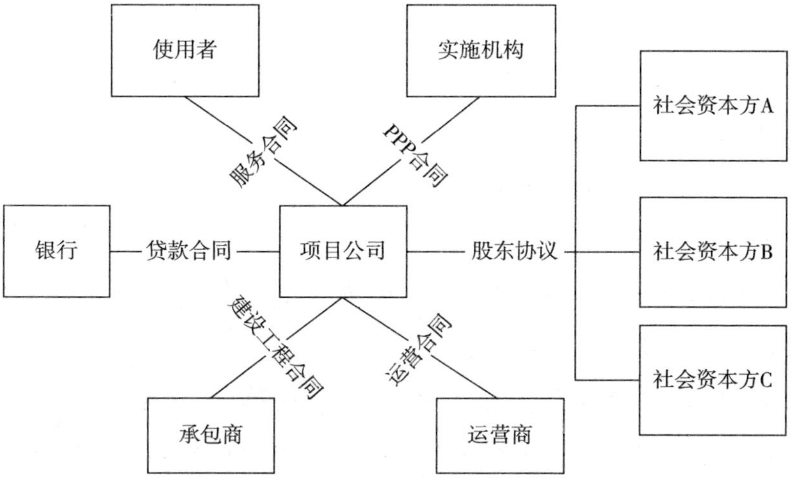

【图表 20.2.2】交易结构总图的绘制深度

第三节　PPP 交易群

一、概述

PPP 交易群可以区分出三个重要的交易元素：第一，交易主体、数量与性质：如果是政府付费的项目，实施机构与项目公司之间的交易关系可以区分为 6 种，但是如果是政府付费加上使用者付费的项目，则可以根据付费方式将使用者付费部分再变化出 2 种，乘上原先的 6 种政府付费类型，总共是 12 种类型；第二，项目运作方式：在这个环节中需要先确认项目运作方式类型，是本书所整理的 9 种具体类型中的哪一种类型，确认项目运作方式的类型后，再分析每种类型项目的区间以及各方的权利义务；第三，付费机制：在这个环节中需先确认付费机制的类型是本书所整理 11 种类型中的哪一种类型，再确认 3 个配套的问题。将上述的交易元素组合后，就可以建构出 PPP 交易群，以下将介绍每个交易元素的具体内容。

二、交易主体、数量与性质

PPP 交易群中的交易主体基本上包括了政府、使用者与项目公司，而交易数量是由主体的数量以及子项目的数量所决定，而交易的性质是指每个具体交易的类型，其中包括 PPP 协议、子约或服务合同等等。交易的主体、数量与性质如何组合出具体的交易关系，以下将区分为政府付费项目和政府与使用者付费项目两部分说明。

（一）政府付费项目

政府付费项目的交易主体是由实施机构与项目公司两方所构成，而具体的交易内容，可以区分为以下 6 种类型。

1. 类型 1：单一项目 + 单一行管 + 单一实施

单一项目没有子项目，由该项目的行业主管部门担任实施机构，签订 PPP 合同。例如单一污水处理厂的项目。

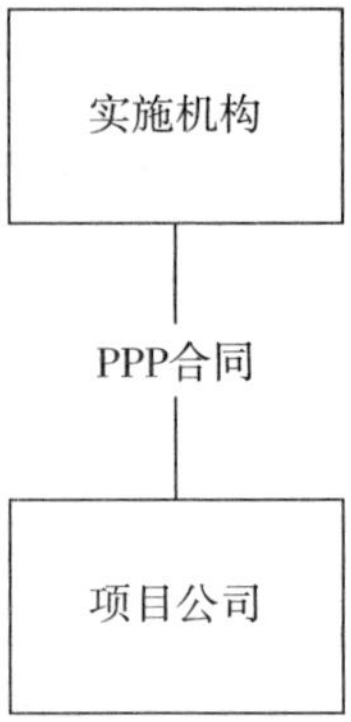

【图表 20.3.1】类型 1 示意图

2. 类型 2：单一项目 + 单一行管 + 主次实施

单一项目没有子项目，由该项目的行业主管部门担任主要实施机构，与项目公司签订 PPP 合同（母约），授权第三方担任次要实施机构，由第三方与项目公司签订子约。例如垃圾发电项目，由住建局担任主要实施机构，由住建局授权电力公司担任次要实施机构，电力公司与项目公司签订购电合同（子约）。

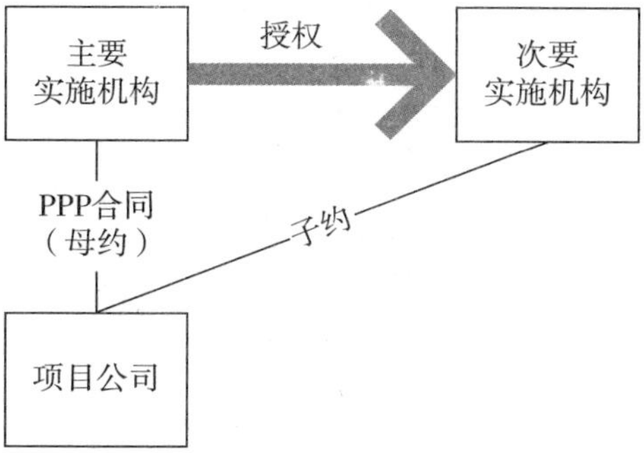

【图表 20.3.2】类型 2 示意图

3. 类型 3：单一项目 + 多个行管 + 推一 OR 业委

单一项目没有子项目，由于该项目涉及多个行业主管部门，多个行业主管部门协调由某一行业主管部门为代表担任实施机构，或是由多个行业主管部门组成业主委员会担任实施机构。例如地下管廊项目。

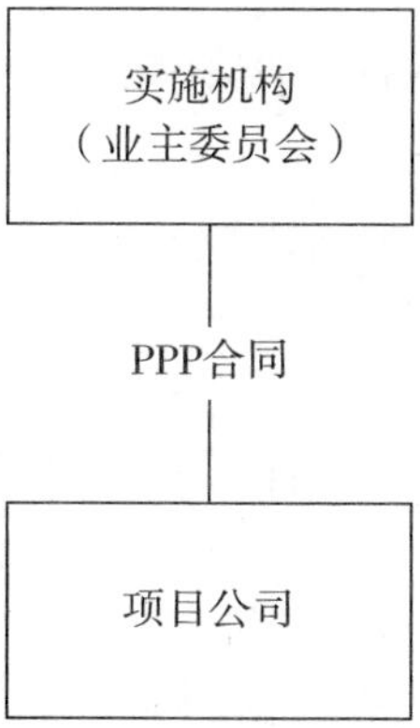

【图表 20.3.3】类型 3 示意图

4. 类型 4：多个子项目 + 同一行管 + 单一实施

单一项目由多个子项目所组成，该多个子项目由单一行业主管部门主管，由该行业主管部门担任实施机构与项目公司签订数个子 PPP 合同，或是签订单一 PPP 合同，但是该合同中有数个部分，分别约定子项目交易内容。例如：由数个污水处理厂组成单一项目。

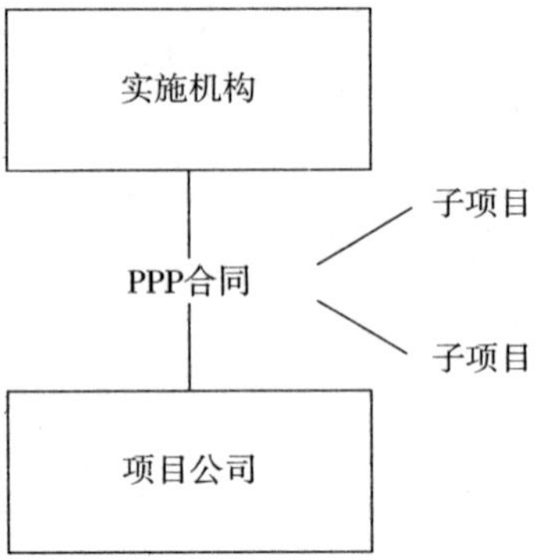

【图表 20.3.4】类型 4 示意图

5. 类型 5：多个子项目 + 不同行管 + 平行实施

单一项目由多个子项目所组成，该多个子项目由多个行业主管部门主管，由于子项目相对独立，或是子项目彼此之间虽有关系但是可以区分清楚，因此由各自行业主管部门分别担任平行的实施机构，分别与项目公司签订 PPP 子合约，但是未来需委由某一部门担任统一采购人。例如一项目中分别兴建学校、体育馆、图书馆、博物馆。

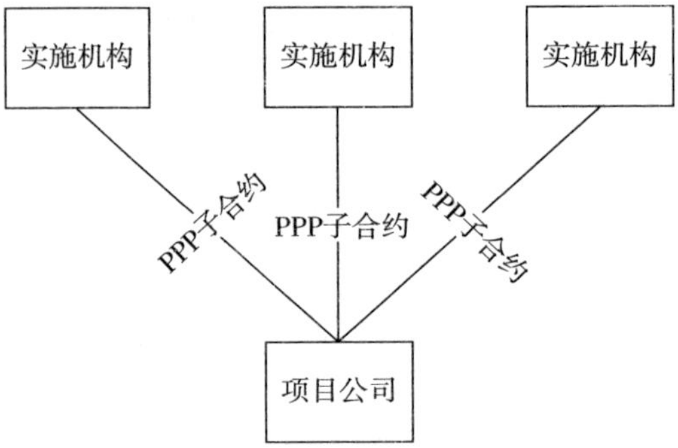

【图表 20.3.5】类型 5 示意图

6. 类型 6：多个子项 + 不同行管 + 推一 OR 业委

单一项目由多个子项目组成，该多个子项目由多个行业主管部门主管，由多个行业主管部门协调由某一行业主管部门为代表担任实施机构，或是由多个行业主管部门组成业主委员会担任实施机构，由实施机构与项目公司签订数个子 PPP 合同，或是签订单一 PPP 合同，但是该合同中有数个部分，分别约定子项目交易内容。例如污水处理厂项目中的再生水，作为供暖项目的供暖水的来源，供暖水又作为某新区公园项目湖泊的景观水。

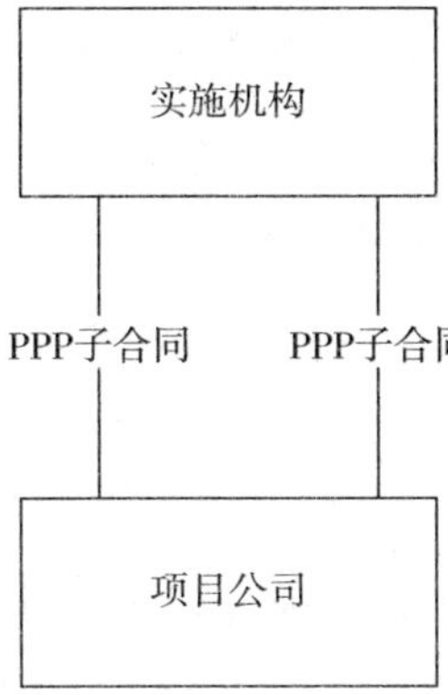

【图表 20.3.6】类型 6 示意图

（二）政府与使用者付费项目

如果项目的付费主体，除了实施机构付费外还有使用者付费的，可以在上述 6 种类型中，将使用者的交易关系加上去。使用者付费可以区分为直接使用者付费以及间接使用者付费，具体交易关系如图表 20.3.7 所示。

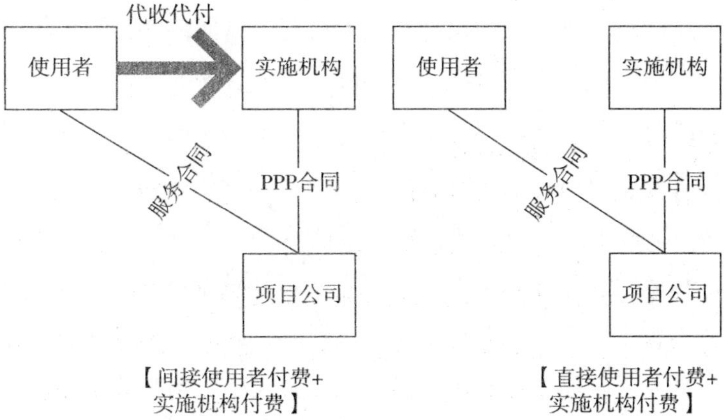

【图表 20.3.7】使用者付费 + 实施机构付费的两种类型

三、项目运作方式

（一）项目运作方式的类型

项目运作方式是由项目资产产权归属以及合作期间的类型所组合而成，如本书第八章图表8.1所示，笔者在图表8.1的基础上，将类型的分析思路绘制如图表20.3.8所示。常见的项目运作方式有9个类型，其中有五点要特别说明的：第一，《PPP操作指南》定义的ROT模式，其项目资产产权在合作期间是归属于项目公司，但是对于项目资产产权在合作期间归属于实施机构的并没有直接规定，实践中对于此种模式有运作的需求，因此本书称它为“产权归甲的ROT模式”；第二，DBFOT模式指的就是“设计—建设—融资—运营—移交”模式，目前这种模式在实践中也经常使用；第三，新建+存量项目经排列组合有12种模式，但是比较常用的就两种，分别是“BOT+TOT模式”和“BOT+O&M/MC模式”，因此下图中只列举此两种模式；第四，如果建筑物、构筑物的所有权于合作期间归属于项目公司，采取最保守的法律见解，需具备以下条件：项目公司需取得土地使用权、立项人以及项目资产非公物；第五，如果合作期间的产权归属于项目公司，应清楚说明该产权的性质是所有权、使用权、特许经营权或运营权等等。

（二）安排权利与义务

PPP交易群中安排各方的权利与义务有三个方面需要说明：第一，以社会资本方中标后至完成融资交割期间，需确认双方签署的文件、缴交的保证金以及完成义务的时间，具体内容见本书第七章的说明；第二，确认项目运作方式类型后，将各种项目运作类型的合作期间区分为若干区间，例如准备期、建设期、运营期、保修期，并且将各区间各方的权利与义务、产权归属状况进行分析与安排，具体内容见本书第八章的说明（以履约箭线图表示）；第三，有些权利与义务不属于特定区间或是贯穿各区间的，这时以单纯交易主体为中心，安排权利与义务，例如以主要实施机构、次要实施机构、政府出资方代表、项目公司、社会资本方等为核心，安排权利与义务，详见本书第七章的说明（以权利义务整理表表示）。

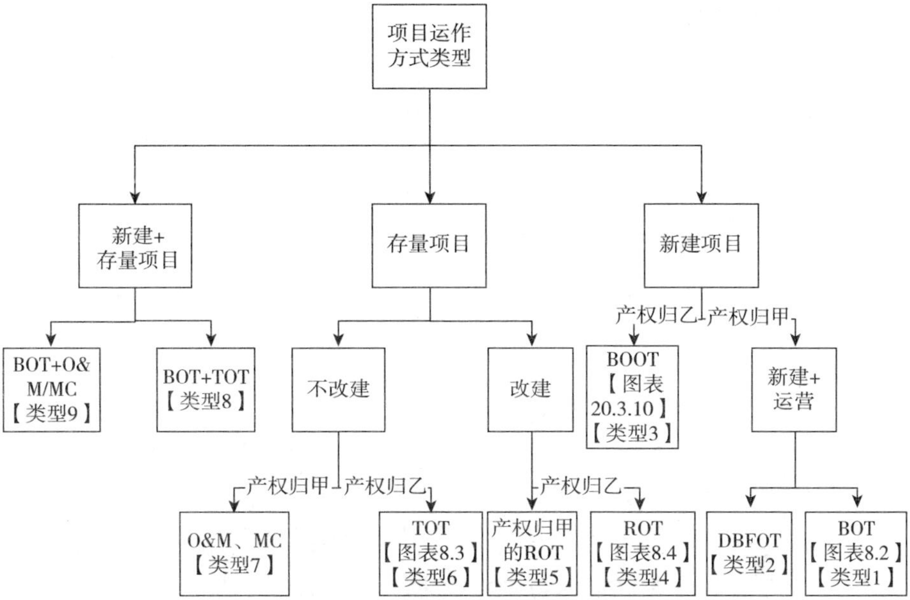

【图表 20.3.8】项目运作方式类型图

四、付费机制

（一）付费机制的类型

有关付费机制的类型，基本上是由付费主体、付费标的以及计费方式等三种元素所组成，根据图表 20.3.9 总共可以排列组合出 11 种付费机制类型，各类型的具体内容见本书第九章的说明，设计交易结构方案时，可以从中选取合适的类型作为项目的付费机制。

	金钱		资源	复合型支付（金钱 + 资源）	
	单价	总价	资源	单价	总价
使用者付费	票价【类型 1】	X	X	X	X
政府付费	影子票价【类型 2】	总价【类型 3】	资源【类型 4】	影子票价 + 资源【类型 5】	总价 + 资源【类型 6】
复合型付费	票价 + 影子票价【类型 7】	票价 + 总价【类型 8】	票价 + 资源【类型 9】	票价 + 影子票价 + 资源【类型 10】	票价 + 总价 + 资源【类型 11】

【图表 20.3.9】付费机制的类型

（二）付费机制的配套

付费机制中还有三个配套问题要注意：第一，计量问题：如果付费机制中涉及以单价计价的部分，则服务数量该如何计算，这是要做个案判断的；第二，控制问题：也就是如何维持现金流稳定的问题，现金流不会太高、太低或是忽高忽低，其中包括事前控制和事后控制两种方式，具体内容见本书第九章；第三，调价问题：计费方式不管是单价计费还是总价计费，每个计费单位要能够分析出成本结构，并且赋予相对应的调价系数，如图表 9.4 所示。

五、如何绘制 PPP 交易群分图表

（一）概述

PPP 交易结构分图表的功能在于简明扼要地表现出 PPP 交易群的核心内容，笔者设计出 7 张图表，分别由 3 张图以及 4 张表所组成，这 3 张图分别是结构图、签约箭线图、履约箭线图，而 4 张表分别是各方权利义务汇总表、分层付费机制表、调价公式表、PPP 交易群财测数据表。每张图表该如何绘制？图表内容应对应交易结构的哪个环节？笔者将一一说明如后。

（二）结构图

结构图的功能在于体现三部分重要信息：第一部分是体现项目交易的主体、数量与性质；第二部分是体现项目运作方式以及付费机制类型；第三部分是体现实施机构与政府方的关系，其中包括政府方、项目指挥部以及工作小组等。举例图表 20.3.10 是以如下假定作为绘制前提：第一部分交易的主体、数量与性质采取“类型 2+ 直接使用者付费”；第二部分项目运作方式类型部分采取类型 2，付费机制类型部分采取类型 7；第三部分是政府方和项目指挥部与项目之间的关系。

（三）签约箭线图

签约箭线图的功能在于，社会资本方中标后至完成融资交割这段时间，标示各方应签订的合约文件、签约的主体、签约的时间、签约保证金金额、履约保证金金额以及未完成签约的合约效果。以图表 20.3.11 为例，是以社会资本方引入基金、股东融资采取“股 + 债”模式以及政府方投资项

目公司为前提所绘制的。

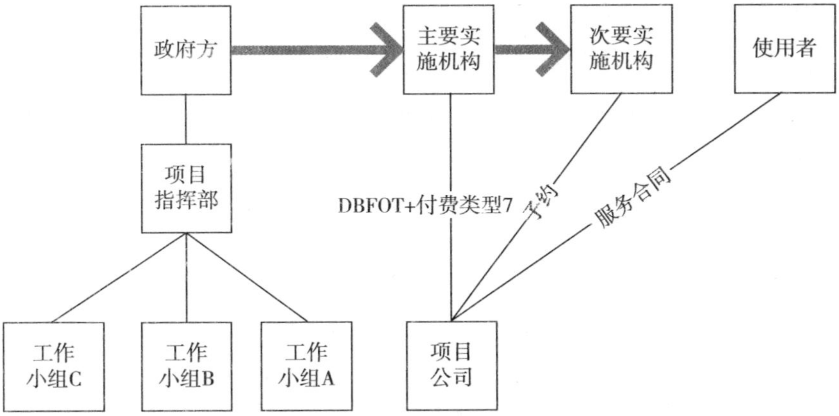

【图表 20.3.10】PPP 交易群结构图

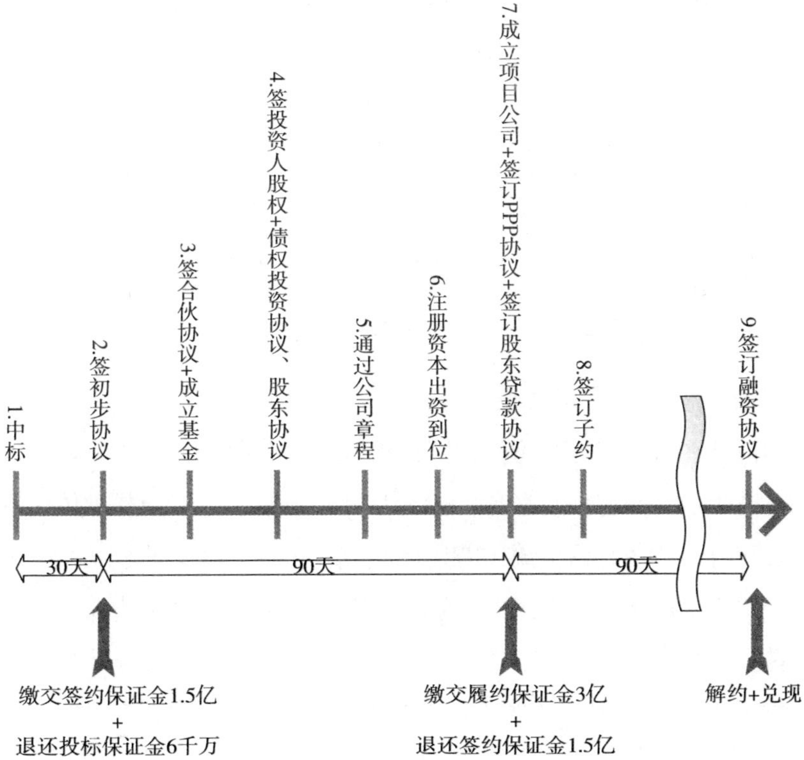

【图表 20.3.11】签约箭线图

（四）履约箭线图

履约箭线图的功能是，当确定项目运作方式类型后，自签订 PPP 合约起至完成履约为止，在图形上标示以下信息：第一，画出合作期间中所包含的每段期间，以及每段期间开始与结束的认定方式；第二，箭线图上方标示每段期间实施机构的权利与义务；第三，箭线图下方标示每段期间项目公司的权利与义务以及项目资产产权归属所涉及的事项。图表 20.3.12 是以 BOOT 模式为前提所绘制的。

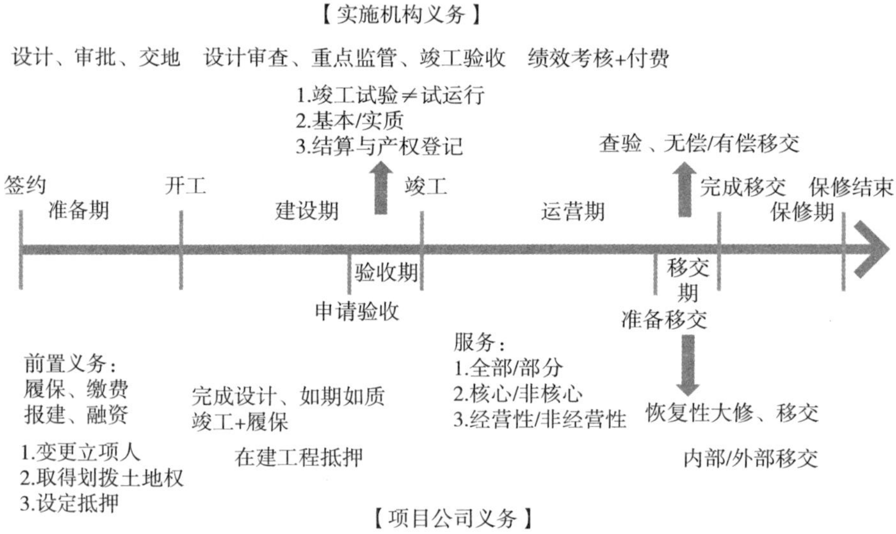

【图表 20.3.12】BOOT 模式履约箭线图

（五）各方权利义务汇总表

签约箭线图、履约箭线图以及各方权利义务汇总表等三个图，是从不同的面向描述各方的权利与义务，权利与义务汇总表是以交易主体为核心，将全部权利与义务尤其是不属于特定区间或是贯穿各区间的权利与义务整理成表格，图表 20.3.13 是假定以政府付费项目类型 2 的交易结构为前提所整理的内容。

	依据	权利与义务
主要实施机构	PPP 协议	钱地竟批设设控；对项目与项目公司的监管

续表

	依据	权利与义务
次要实施机构（政府出资方代表）	子约	（个案判断）
社会资本方的义务	初步协议、股东协议	出资、通过实施机构认可的公司章程
项目公司的义务	PPP 协议	前置义务、投资、建设运营、维护、移交等义务

【图表 20.3.13】权利与义务整理表

（六）分层付费机制表

分层付费机制表是根据图表 9.3 的内容所绘制的，其功能在于对于单价计费的项目，处理数量与计费的风险该如何分配的问题。图表 20.3.14 是假定以付费机制第 7 类为例所设计的表格。

区间	风险	数量	计费方式
第一层	足以覆盖银行贷款	保底数量≥实际数量	实际数量 * 单价 + 差额数量 * 影子票价中的固定成本
第二层	合理收益	保底数量 < 实际数量≤预定数量	实际数量 * 单价
第三层	超额收益分享	满载数量≥实际数量 > 预订数量	实际数量 * 单价 + 差额数量 * 影子票价中的变动成本

【图表 20.3.14】分层付费机制表

（七）调价公式表

调价公式表示针对每个计价单位，通过静态计算的方式，分析出每个计价单位中的成本结构，并且针对需要调价的成本找出调价的系数。因此调价公式图表应设计一个调价公式，针对调价公式的调价系数有一个对应表格，表格中说明调价系数在每一调价周期内应引用的数据来源。图表 20.3.15 是以污水 TOT 项目为例，所设计的污水处理调价公式，调价周期每两年调价一次，而图表 20.3.16 是根据图表 20.3.15 调价公式中的各项指标所做的说明。

污水处理价格调价公式	Pn= * K
Pn	第 n 年调整后的污水处理价格
	第 n–2 年的污水处理价格
K 调价系数	K=a（En–1/En–3）+b（Ln–1/Ln–3）+c（Chn–1 × Chn–2 × Chn–3）+d（Taxn–1/Taxn–3）+e

【图表 20.3.15】污水项目调价公式

a	电费在污水处理价格构成中所占的比例
b	人工费用在污水处理价格构成中所占的比例
c	化学药剂在污水处理价格构成中所占的比例
d	企业所得税在污水处理价格构成中所占的比例
e	污水处理价格构成中除电费、人工费用、化学药剂以及企业所得税以外的其他因素在价格构成中所占的比例，此部分数值不纳入调整
n	第 n 年时调整污水处理价格的当年
En–1	第 n–1 年时项目公司的电力费用指数（项目公司所付的每度用电电价）
En–3	第 n–3 年时项目公司的电力费用指数（项目公司所付的每度用电电价）
Ln–1	Ln–1 为第 n 年时 XX 市统计局编制的《XX 统计年鉴》中公布的《职工人数劳动工资》–《分行业城镇非私营企业单位从业人员和工资情况》– 对应的 n–1 年在岗职工平均工资（总计栏）
Ln–3	Ln–3 为第 n–2 年时 XX 市统计局编制的《XX 统计年鉴》中公布的《职工人数劳动工资》–《分行业城镇非私营企业单位从业人员和工资情况》– 对应的 n–3 年在岗职工平均工资（总计栏）
Chn–1	Chn 为第 n 年时 XX 市统计局编制的《XX 统计年鉴》中公布的《物价》–《工业生产者购进价格主要分组指数表》–《化工原料类》– 对应的 n–1 年指数
Chn–2	Chn–2 为第 n–1 年时 XX 市统计局编制的《XX 统计年鉴》中公布的《物价》–《工业生产者购进价格主要分组指数表》–《化工原料类》– 对应的 n–2 年指数
Chn–3	Chn–3 为第 n–2 年时 XX 市统计局编制的《XX 统计年鉴》中公布的《物价》–《工业生产者购进价格主要分组指数表》–《化工原料类》– 对应的 n–3 年指数
Taxn–1	第 n–1 年时项目公司适用的所得税税率
Taxn–3	第 n–3 年时项目公司适用的所得税税率

续表

（1）其中：a+b+c+d+e ＝ 100%，于 PPP 协议生效日时 a、b、c、d 和 e 的值分别为：a=XX%、b=XX%、c=XX%、d=XX%、e=XX%。
（2）如果污水处理工艺或者进水水质发生变化，导致上述 a ~ e 的系数发生重大变化时，受影响的一方可以向另一方提出变更系数，双方应首先协商确定合理的变更系数；如果协商不成，则双方共同委托双方认可的第三方专业机构对会计报表及成本项目进行审计，以审计值或依据审计值双方协商变更系数。
（3）E、L、Ch 于生效日的值应于 PPP 协议签署后确认。
（4）如果在生效日上述任何指数，XX 市统计局公布的资料中修改或不再可以得到，则住建局和项目公司应商定替代指数，如果不能商定一致，则根据特许经营协议的争议解决程序确定。
（5）如果 Ln、Chn 指数的基点在任何时候有变，所公布的 Ln、Chn 值应相应调整，以提供相对于上一次公布的指数的数值。

【图表 20.3.16】调价公式各项指标释义

（八）PPP 交易群财测数据表

进行财务测算时，通常需要经过以下几个基本步骤：第一，收集数据；第二，建立财务模组；第三，将收集的数据输入财务模组中得出结果。因此确保财务测算结果正确性的前提要件是必须先收集数据以及确定财务模组的正确性，而财测数据表就是针对财务测算应输入的数据所建立的表格。设计这个表格对于厘清需收集的数据、需建立模组的工作介面以及确保测算的正确性具有相当的意义，因此笔者建议在财务测算前，将财测数据表中的数据交由各相关单位，并经其确认无误后，再输入财务模组中，以确保财务测算结果的正确性。PPP 交易群财测数据表是针对在测算全项目内部收益率、论证财政承受能力以及评估物有所值时，需要输入的数据所设计的表格。

第四节　股东融资交易群

一、概述

股东融资交易群中首先必须先确定是单层投资人权利结构还是多层投资人权利结构，一般多层的投资人权利结构中，比较常见的是采取引入基金的双层投资人权利模式，因此下面笔者就以双层投资人权利结构为例，说明股东融资交易群中每一层投资人结构的交易元素。有关双层投资人权利结构一般可以区分为第一层投资人权利结构与第二层投资人权利结构，具体内容说明如下。

二、第一层投资人权利结构

（一）概述

第一层投资人权利结构是指项目资本金的权利结构，可以分为两种：第一，是采取“股权+债权”模式；第二，是采取纯粹股权模式。如果采取第一种“股权+债权”模式，则项目资本金不等于注册资本金，第一层投资人权利结构包含股权结构与股东贷款结构，社会资本方中标后须签订“股权+债权”投资协议，并且根据该协议，由社会资本方与政府的出资方代表签订股东协议（如果政府有出资），由社会资本方与项目公司之间分别签订股东贷款协议；如果采取第二种纯股权模式，则项目资本金等于注册资本金，第一层投资人权利结构中只有股权结构，由社会资本方与政府的出资代表签订股东协议（如果政府有出资）。

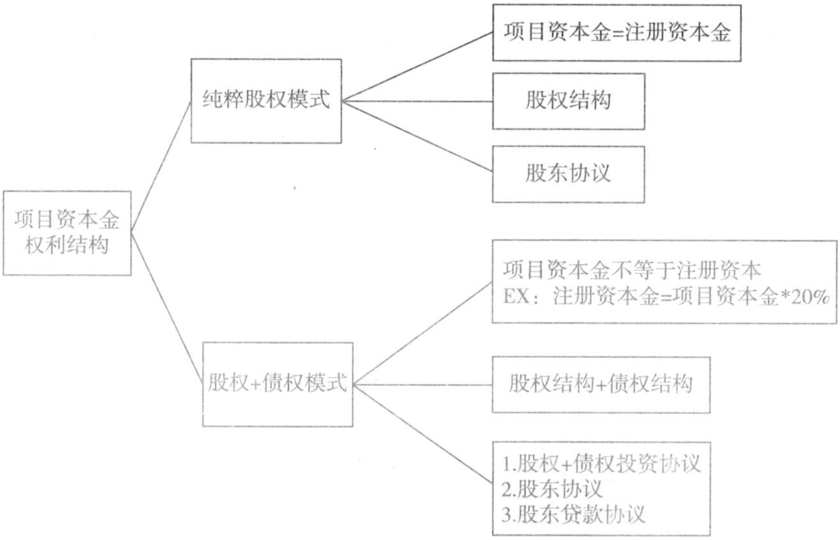

【图表 20.4.1】项目资本金权利结构分析

（二）股权结构与债权结构

确定股权与债权结构有两个问题需要处理：第一，确定项目总投资的组成部分，此涉及建设期利息的还款来源以及采用流动资金或是铺底流动资金，具体内容见本书第十二章的说明；第二，确认各投资人股权与债权的投资比例，一般是通过协商确定，实践中常见的占比方式为战略投资人投资股权比例较高，投资债权比例较少，而财务投资人则是投资债权比例高，投资股权比例少。有关股权结构的内容可以区分为四个部分，分别是：第一，投资三阶段；第二，控股四类型；第三，股东四权利；第四，股权五比例，具体内容本书第十三章已有说明，此处不再赘述。有关债权结构的内容涉及两部分：第一，各投资人的借款金额与比例；第二，还款利率与还款顺位。

三、第二层投资人权利结构

第二层投资人权利结构比较常见的方式，是由社会资本方引入 PPP 基金，因此第二层投资人权利结构可以看成是投资人投资基金的份额结构，由于 PPP 基金经常采用明股实债的方式，因此设计份额结构时，基本上应以借贷关系为实质，份额投资为形式，一般份额结构可以分为三部分：第一，以借贷关系为实质；第二，以份额投资为形式；第三，保底承诺的设计。具体内容见本书第十五章的说明。

四、如何绘制股东融资交易群分图表

股东融资交易结构分图表的功能在于简明扼要地表现出股东融资交易群的核心内容，笔者设计出四张图表，分别是两张图两张表，这两张图分别是投资人关系结构图和投资金额结构图，而两张表分别是投资人各期投资金额表和股东融资交易群财测数据表。每张图表该如何绘制？图表内容对应交易结构的哪个环节？笔者将在后面章节中一一说明。

（一）投资人关系结构图

投资人关系结构图，该图的功能在于表现单层投资人结构或是多层投资人结构，以及投资人之间的关系。图表 20.4.2 是假定以政府投资项目公司以及社会资本方引进 PPP 基金为前提所绘制的，该图各方的相对位置和图表 20.2.1 是一致的。

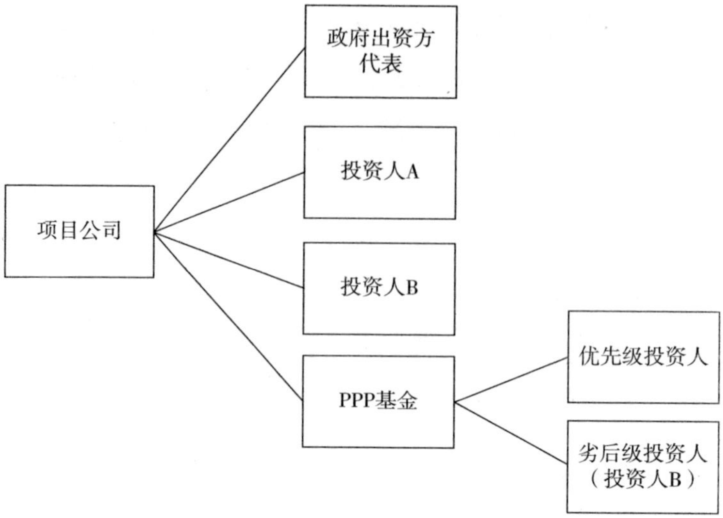

【图表 20.4.2】投资人关系结构图

（二）投资金额结构图

投资金额结构图，该图的功能在于表现项目资本金股权与债权的比例，以及投资人投资金额的比例。图表20.4.3是在图表20.4.2的基础上所绘制的。

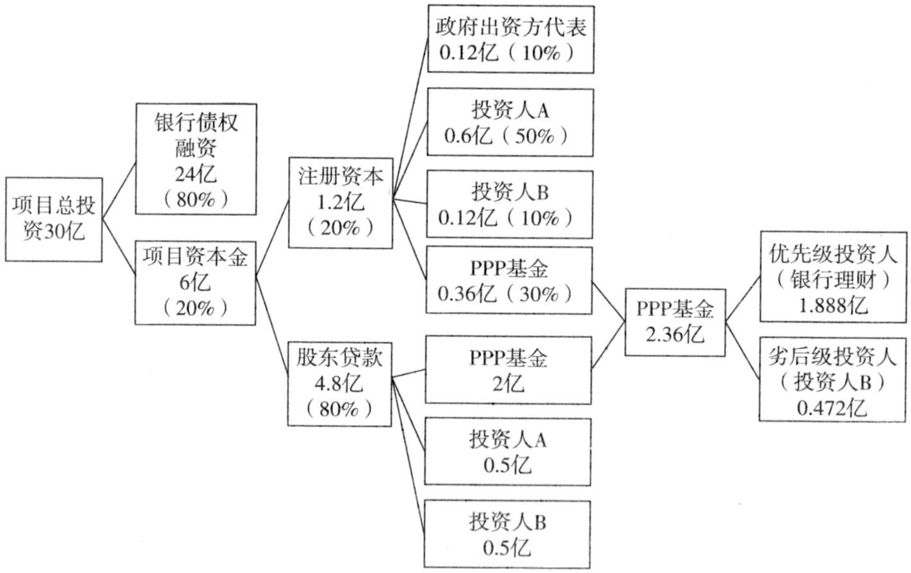

【图表 20.4.3】投资金额结构图

（三）投资人各期投资金额表

如果投资人的投资金额不是一次到位而是分批到位，则需要一张投资人各期投资金额表，表现出投资人各期所投资的金额。图表 20.4.4 是在图表 20.4.3 的基础上所绘制的。

	出资人	中标	第一年	第二年	第三年
注册资本	政府出资方代表	0.12 亿	X	X	X
	投资人 A	0.6 亿	X	X	X
	投资人 B	0.12 亿	X	X	X
	PPP 基金	0.36 亿	X	X	X
股东贷款	投资人 A	X	0.16 亿	0.16 亿	0.18 亿
	投资人 B	X	0.16 亿	0.16 亿	0.18 亿
	PPP 基金	X	0.66 亿	0.66 亿	0.68 亿

【图表 20.4.4】投资人各期投资金额表

（四）股东融资交易群财测数据表

股东融资交易群财测数据表是针对测算项目资本金内部收益率、投资人内部收益率时，所需要输入的数据而设计的表格。股东融资交易群财测数据表和 PPP 交易群财测数据表都是为了确保输入数据的正确性所设计的表格。

第五节　履约外包与债权融资交易群

一、履约外包交易群

有关履约外包交易群的内容，如果是 BOT、BOOT 或是 DBFOT 模式的项目，一般可以分为建设部分与运营部分，其中 DBFOT 模式的项目，履约外包交易群建设部分可以分为三种模式：一种是工程总承包模式；另一种是施工总承包模式；还有一种是代建模式。三种模式如图表 20.5.1 所示，根据项目的具体情况，将材料供应商、运营商、开发商加入交易结构中。

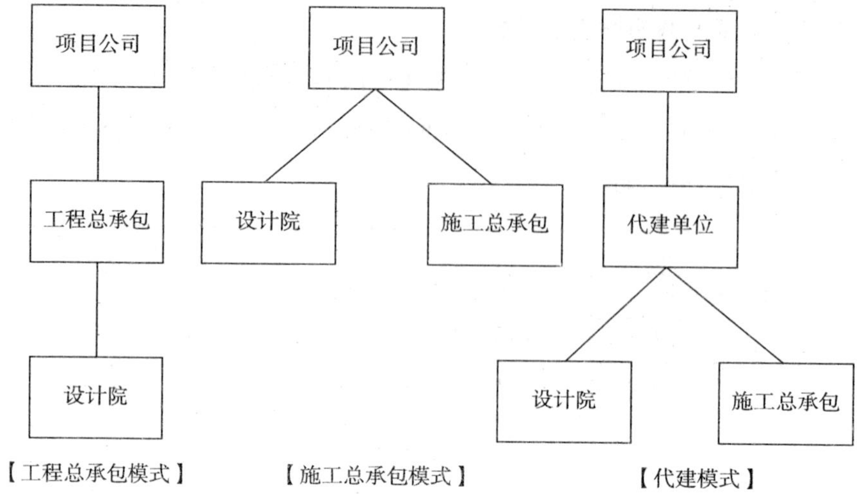

【图表 20.5.1】履约外包建设工程部分交易结构

二、债权融资交易群

债权融资交易群的内容可以分为以下两方面说明：第一，债权融资交易群中可能出现双方协议或是三方协议，如果是三方关系可能是政府方、项目公司以及融资机构等三方签订直接介入协议，交易结构如图表 10.3 所示；第二，债权融资融资的种类及其对应的交易结构（交易结构图表如图表 20.5.2 所示），本书于第十六章至第十九章已有说明，不再赘述。

融资方式	交易结构图表
项目融资	图表 16.1
银团融资	图表 16.2
项目收益债	图表 17.1
企业资产证券化	图表 18.1
资产管理	图表 19.1

【图表 20.5.2】融资交易结构

第二十一章　各方参与 PPP 项目的几点建议

一、概述

2014 年至 2016 年中央各相关部委在全国范围内大力推动 PPP 模式，然而笔者在提供 PPP 咨询服务的同时，却不容乐观地发现，相关政策具体落实到各级地方政府却发生了一定的难度。笔者挖掘潜藏其后的原因，发现问题的根源在于地方政府组织与决策体系僵化，再加上 PPP 模式的项目要求比传统模式来得高，因此在推动 PPP 模式的过程中产生了许多问题。很多人不明就里地怪罪是 PPP 政策的错；有人从心里抗拒 PPP 模式，戏称 PPP 是“屁一屁一屁”；还有人粉饰太平称这些都是具有“中国特色的 PPP”，作为一个 PPP 的咨询工作者，针对这些言论，有必要站出来提出一些个人看法，首先需要客观地认识到“批评容易改革难”，再者很多问题都是陈年旧账，不是一时半会儿可以改变的，最后，PPP 模式的推动还必须依赖社会资本方能力与融资机构能力的全面提升。因此笔者将在下面抛砖引玉地针对相关问题提出一些粗浅的看法，还望各界对于考虑不周全、不正确的方面不吝赐教。

二、政府方参与 PPP 项目的困难与建议

（一）基层公务员抗拒 PPP 项目

人都有一种心理现象：人在过去的锻炼中会积累成一种经验，这种经验使得人容易形成了一些固定的思维和做法，当组织所形成的固定的思维和

做法时我们称之为组织惯性，这种组织惯性的形成有好有坏，对于既定的事物，组织惯性有助于快速而有效地处理事务，但是对于新兴事物，组织惯性容易产生排斥的效果，其原因在于惯性的思维和做法不足以处理新兴事物，因此从事相关工作的人员都必须调整改变，而这种调整与改变经常让人感到无所适从而缺乏安全感，这也就为什么很多基层公务人员排斥 PPP 模式。此外，另一个抗拒 PPP 的原因在于，基层公务员习惯掌控建设工程，但是 PPP 模式的工程业主不是政府方而是项目公司，因此推动 PPP 模式让政府方失去了对建设工程的控制权，过去传统模式中业主对于建设工程的控制有许多权力寻租的空间，而现在空间不存在了，导致很多既得利益者对此心存排斥。

（二）互推皮球各自为政的组织关系

由于 PPP 模式是新兴事物，很多人不懂如何推动 PPP 项目，因此产生问题时领导将问题推给部门，部门之间也互推皮球，互推责任的结果是产生了一些不合规的 PPP 项目。由于 PPP 模式经常需要跨部门的合作，因此要做好 PPP 项目，政府组织必须转型成“合作型的政府”，避免链条式或者重复式的审议方式。所谓链条式的审理就是 A 部门审完 B 部门审，B 部门审完 C 部门审，审议时 C 部门说是 B 部门的问题，B 部门说是 C 部门的问题，然后没人处理两个部门之间的问题；所谓重复式的审议是指有些问题和文件是一审再审没完没了。笔者认为应建立项目指挥部组成临时的任务编组，项目指挥部的成员来自各部门，各部门有任何问题可以通过项目指挥部协商解决，审议方案也通过项目指挥部联合审议，有任何问题通过项目指挥部的负责人处理。因此笔者建议，通过项目指挥部的平台解决问题，可以针对某个项目体现团队合作的做事方式，而不建议回到各部门以链条式与重复式方式处理问题。

（三）领导必须实质性地解决项目问题

领导要想能够实质性地解决项目问题，建议做到以下三点：第一，领导的层级要高，领导层极高才能跨部门协调，才能跳脱部门本位主义做出适当的决策；第二，领导要够专业，推动项目不能只谈方向与决心，不能拍脑袋办事，必须提出可行的计划并且严格执行，并且深入了解项目推进过程中所面临的问题，有针对性地解决问题[①]，此外，领导对于动态财务测算的基本观念应该要有所掌握，例如内部收益率、净现值、折现率，等等，否则将无法对 PPP 项目进行决策；第三，领导必须跟进项目的发展，政府部门众多，如果运用得当团结力量大，如果运用不当如同一盘散沙，项目推进也将散漫无序。

（四）应避免采取用收益率的方式选取社会资本方

推动 PPP 项目强调在办理采购之前，对于政府的财政支出要尽可能地锁死并且控制，而达到此目的最主要的做法是，前期工作的深度必须足够，如果深度不足很难做到对项目金额进行锁死并控制的要求。笔者经常看到有的业主推进项目采取“震怒式的项目推进方式”，也就是领导不盯紧项目，项目就原地不动，领导一震怒各部门就不管是非黑白乱推一通，而所谓不分是非黑白乱推一通最常见的做法是没有可研报告、没有设计方案、没有实施方案、没有财政承受能力以及物有所值，什么都没有仅仅先用收益率把社会资本方招进来，未来需要完成什么事以后再说吧，结果就是投资无法控制、政府支出失控，最后社会资本方跟着倒霉。笔者不禁想问，把前期工作做足有那么困难吗？其实以笔者的经验来看，相关报告编写的时间并不长，而时间基本上都耽误在各部门做事推托上，因此高效率推动 PPP 与各部门的推托和政府的项目负责人是否积极处理有着密切的关系。

（五）掌握推动 PPP 模式的基本政策要求

现在推动项目较以前推动 PPP 项目的条件严苛不少，不仅要加快项目落地，还要求程序合规，并且政府负担可控，因此推动项目的难度比起以前大许多，建议推动 PPP 项目把握以下两个基本的政策：第一，项目的推动要符合供给侧改革的要求，因此推动项目必须针对需求推动项目，不能为了推动而推动，也不能一窝蜂集中于某个领域推动项目，以避免产能过剩的情

---

① 笔者曾参加过一个项目工作的协调会，在会上我只听到领导要求各单位未来要定期向领导汇报，并且询问各部门可否全力配合，但是对于项目所遭遇的问题没有任何实质的讨论与解决，这样的会议开了只会浪费时间。

况；第二，推动PPP模式必须要控制项目债务，因此设计PPP项目方案必须要特别注意几个表外融资的环节，这些环节中运营是关键，而且还要符合财政承受能力的基本要求，要能负担得起费用才做项目。

三、社会资本方参与PPP项目的几点建议

（一）PPP项目的合作是从头到尾的

PPP项目从项目识别、准备、采购、执行、移交五个阶段，都需要政府方与社会资本方的合作，而具体的合作方式体现在以下几个环节：第一，在项目识别与准备阶段，如果是社会资本方发起的项目，则由社会资本方提出解决服务问题的方案，如果是由政府方发起的项目，政府所规划的方案亦须通过市场测试阶段，了解社会资本方是否可以接受或是执行，所以在此阶段双方需要充分的沟通与交流；第二，在项目采购阶段，不管是公开招标的谈判，或是竞争性的磋商，双方针对采购文件以及PPP协议的内容需进行充分协商，磋商程序甚至可以进行实质性的修改；第三，在项目执行与移交阶段，由于PPP项目期间较长，合约基础可能因时间经过而有所改变，因此有可能需要启动再谈判进行合同条款的调整。由于过去投资人做惯了传统模式的项目，习惯了业主怎么说我就怎么做的习性，向来都是被动反应默默承受，现在的PPP项目要求社会资本方要主动解决问题，因此对于项目的合作方式及交易结构必须要有设计方案并且谈判的能力。

（二）社会资本方要有解决问题的能力

政府方通过PPP模式与社会资本方合作，其目的就是希望通过双方的合作，让社会资本方想办法帮政府方解决问题，其中包括增加项目的经营性收入、提升项目的服务效率、解决政府表外融资等问题。随着政府方的要求越来越多，越来越全面，社会资本方必须更加完整地提升自己解决问题的能力，而不只是停留在过去自己所熟悉的领域。根据笔者的经验，目前PPP项目最薄弱的环节就是运营服务，国内并不是找不到有能力的运营商，而是很多投资人或是承包商没有整合运营商，或是没有发展自身的运营能力，因此造成很多PPP项目成为穿着PPP外衣的BT项目，尤其是中字辈的承包商

不该死守着“以投资带动施工”的错误战略，应该彻底转型为可以提供完整服务的“全方位基础设施服务供应商”，其中包括承做工程总承包项目，必须有控制投资总额的能力，有提供运营服务的能力等。

四、融资机构参与 PPP 项目的几点建议

（一）融资机构对待 PPP 项目的专业有待提升

笔者观察到国际上的PPP项目，绝大部分都是银行跑在谈判的第一线，对整个项目方案的设计与协商起着关键性的影响，这种现象最主要的原因在于 PPP 项目有 80% 的资金来自于融资机构，融资方案是否可行决定着 PPP 项目的成败，而融资结构作为整体交易结构的一环，在设计 PPP 项目交易结构时，应充分考量融资机构对于融资结构的需求和重要性。反观国内银行的情形，从事第一线业务的各支行，缺乏 PPP 项目的专业知识，没有能力进行融资结构的谈判，只会官腔官调地回应投资人“提资料、提资料”，对于可研报告、PPP 实施方案以及财务测算报告编写完成参与很少，这样不仅导致银行谈判空间有限，而且不知道如何甄别项目，银行只能形式上要求项目要入库、政府要承诺编列预算，对于项目仍然一无所知，最应该有话语权的参与者，最终却成为项目中最沉默的参与者。

（二）融资机构的思维模式必须跟上脚步

由于 PPP 项目规模大、内容复杂、参与者众多，因此很难用传统单一融资产品满足 PPP 项目的需求。由于 PPP 项目的融资条件与项目本身有着紧密的关系，因此融资机构必须对于项目本身有着一定的了解；又由于社会资本方众多，每个参与方都拥有不同的风险偏好，因此如何通过结构化融资的设计，提出既符合项目需求又符合社会资本方偏好的融资产品，将是融资机构在 PPP 项目中要多加着力的地方，笔者期待未来融资机构在 PPP 项目中找到该有的分量和地位。

附件一：政策法规汇总表（含简称）

PPP 基础性政策法规

1. 1998.3.11 全国人民代表大会常务委员会《中华人民共和国建筑法》（主席令 8 届第 91 号）（简称《建筑法》）

2. 1999.3.15 全国人民代表大会常务委员会《中华人民共和国合同法》（主席令 9 届第 15 号）（简称为《合同法》）

3. 2000.1.1 第九届全国人民代表大会常务委员会第十一次会议《中华人民共和国招标投标法》（中华人民共和国主席令第 21 号）（简称《招标投标法》）

4. 2001.10.22 国土资源部第 9 次部务会议《划拨用地目录》（中华人民共和国国土资源部令第 9 号）（简称《划拨用地目录》）

5. 2003.1.1 第九届全国人民代表大会常务委员会第二十八次会议《中华人民共和国政府采购法》（中华人民共和国主席令第 68 号）（简称《政府采购法》）

6. 2004.2.1 国务院国有资产监督管理委员会主任办公会议《企业国有产权转让管理暂行办法》（国务院国有资产监督管理委员会令 中华人民共和国财政部令第 3 号）（简称《国有资产转让办法》）

7. 2004.7.1 第十届全国人民代表大会常务委员会第四次会议《中华人民共和国行政许可法》（中华人民共和国主席令第 7 号）（简称《行政许可法》）

8. 2004.7.16 国务院《关于投资体制改革的决定》（国发〔2004〕20号）（简称《投资体制改革的决定》）

9. 2004.8.28 第十届全国人民代表大会常务委员会第十一次会议《中华人民共和国土地管理法》（中华人民共和国主席令第 28 号）（简称《土地管理法》）

10. 2006.12.31 国务院国有资产监督管理委员会 财政部《关于企业国有产权转让有关事项的通知》（国资发产权〔2006〕306 号）

11. 2007.3.16 第十届全国人民代表大会第五次会议《中华人民共和国物权法》（中华人民共和国主席令第 62 号）（简称《物权法》）

12. 2007.11.1 国土资源部《招标拍卖挂牌出让国有建设用地使用权规定》（中华人民共和国国土资源部令第 39 号）（简称《出让国有建设用地使用权规定》）

13. 2008.1.1 第十届全国人民代表大会常务委员会第三十次会议《中华人民共和国城乡规划法》（国家主席令第 74 号）（简称《城乡规划法》）

14. 2012.2.1 国务院第 183 次常务会议《中华人民共和国招标投标法实施条例》（中华人民共和国国务院令第 613 号）（简称《招标投标法实施条例》）

15. 2013.8.1 住房和城乡建设部《房屋建筑和市政基础设施工程施工图设计文件审查管理办法》（中华人民共和国住房和城乡建设部令第 13 号）（简称《施工图审查》）

16. 2013.12.19 财政部部务会议《政府采购非招标采购方式管理办法》（中华人民共和国财政部令第 74 号）（简称《非标管理办法》）

17. 2014.3.1 第十二届全国人民代表大会常务委员会第六次会议《中华人民共和国公司法》（中华人民共和国主席令第 8 号）（简称《公司法》）

18. 2014.3.1 国家发展和改革委员会《中央预算内直接投资项目管理办法》（国家发展和改革委员会令第 7 号）（简称《政府直接投资项目管理办法》）

19. 2014.6.14 国务院办公厅《关于加强城市地下管线建设管理的指导意

见》(国办发〔2014〕27号)(简称《地下管线建设管理意见》)

20. 2014.9.23 财政部《关于推广运用政府和社会资本合作模式有关问题的通知》(财金〔2014〕76号)(简称《PPP模式有关问题的通知》)

21. 2014.11.29 财政部《关于印发政府和社会资本合作模式操作指南(试行)的通知》(财金〔2014〕113号)(简称《PPP操作指南》)

22. 2014.12.2 国家发展改革委《关于开展政府和社会资本合作的指导意见》(发改投资〔2014〕2724号)(简称《PPP指导意见》)

23. 2014.12.15 财政部《关于印发〈政府购买服务管理办法(暂行)〉的通知》(财综〔2014〕96号)(简称《政府购买服务管理办法》)

24. 2014.12.30 财政部《关于规范政府和社会资本合作合同管理工作的通知》(财金〔2014〕156号文)附件《PPP项目合同指南》(简称《PPP合同指南》)

25. 2014.12.31 财政部《政府和社会资本合作项目政府采购管理办法》(财库〔2014〕215号)(简称《PPP采购办法》)

26. 2014.12.31 财政部《政府采购竞争性磋商采购方式管理暂行办法》(财库〔2014〕214号)(简称《竞争性磋商采购办法》)

27. 2015.1.1 第十二届全国人民代表大会常务委员会第十次会议《中华人民共和国预算法》(中华人民共和国主席令第12号)(简称《预算法》)

28. 2015.1.30 国务院《中华人民共和国政府采购法实施条例》(中华人民共和国国务院令第658号)(简称《政府采购法实施条例》)

29. 2015.3.15 第九届全国人民代表大会第三次会议《中华人民共和国立法法》(中华人民共和国主席令第20号)(简称《立法法》)

30. 2015.4.7 财政部《关于印发〈政府和社会资本合作项目财政承受能力论证指引〉的通知》(财金〔2015〕21号)(简称《财政承受能力论证指引》)

31. 2015.5.1 最高人民法院审判委员会第1648次会议《最高人民法院关于适用〈中华人民共和国行政诉讼法〉若干问题的解释》(法释〔2015〕9号)

32. 2015.5.19 国务院办公厅转发财政部发展改革委人民银行《关于在公共服务领域推广政府和社会资本合作模式指导意见的通知》（国办发〔2015〕42 号）（简称《推广 PPP 模式的通知》）

33. 2015.6.1 国家发展改革委《基础设施和公用事业特许经营管理办法》（发改委令、财政部令、住建部令第 25 号）（简称《特许经营管理办法》）

34. 2015.6.21 财政部《关于政府采购竞争性磋商采购方式管理暂行办法有关问题的补充通知》（财库〔2015〕124 号）（简称《竞争性磋商采购办法的补充通知》）

35. 2015.8.10 国务院办公厅《关于推进城市地下综合管廊建设的指导意见》（国办发〔2015〕61 号）（简称《城市地下综合管廊建设》）

36. 2015.12.8 财政部《关于实施政府和社会资本合作项目以奖代补政策的通知》（财金〔2015〕158 号）（简称《以奖代补政策》）

37. 2015.12.18 财政部《关于印发〈PPP 物有所值评价指引（试行）〉的通知》（财金〔2015〕167 号）（简称《物有所值评价指引》）

38. 2016.5.13 国务院《关于北京市开展公共服务类建设项目投资审批改革试点的批复》（国函〔2016〕83 号）（简称《北京市公共服务投资审批改革试点的批复》）

39. 2016.5.19 国务院《关于印发清理规范投资项目报建审批事项实施方案的通知》（国发〔2016〕29 号）（简称《清理报建审批事项实施方案》）

40. 2016.5.20 住建部《关于进一步推进工程总承包发展的若干意见》（建市〔2016〕93 号）（简称《推进工程总承包发展的意见》）

41. 2016.6.8 财政部《关于组织开展第三批政府和社会资本合作示范项目申报筛选工作的通知》（财金函〔2016〕47 号）附件 1《PPP 示范项目评审标准》（简称《第三批示范项目评审标准》）

42. 2016.6.24 国务院国资委、财政部《企业国有资产交易监督管理办法》（国务院国有资产监督管理委员会、财政部第 32 号令）（简称《国有资产交易管理办法》）

43. 2016.8.10 国家发展改革委发改委《关于切实做好传统基础设施领域政府和社会资本合作有关的通知》(发改投资〔2016〕1744 号)附件《传统基础设施领域推广 PPP 模式重点项目》(简称《传统基础设施领域 PPP 重点项目》)

44. 2016.8.10 国家发展改革委办公厅《关于国家高速公路网新建政府和社会资本合作项目批复方式的通知》(发改办基础〔2016〕1818 号)(简称《高速公路网审批》)

45. 2016.9.1 财政部《基本建设财务规则》(财政部令第 81 号)(简称《基本建设财务规则》)

46. 2016.9.2 国家发展改革委办公厅《关于请报送传统基础设施领域 PPP 项目典型案例的通知》(发改办投资〔2016〕1963 号)

47. 2016.9.24 财政部《关于印发〈政府和社会资本合作项目财政管理暂行办法〉的通知》(财金〔2016〕92 号)(简称《财政管理办法》)

48. 2016.10.11 财政部《关于在公共服务领域深入推进政府和社会资本合作工作的通知》(财金〔2016〕90 号)(以下简称《公共服务领域推进 PPP 模式的通知》)

49. 2016.10.11 财政部、教育部、科技部、工业和信息化部、民政部、人力资源社会保障部、国土资源部、环境保护部、交通运输部、水利部、农业部、商务部、文化部、卫生计生委、国家体育总局、国家林业局、国家旅游局、国家能源局、国家铁路局、中国民用航空局《关于联合公布第三批政府和社会资本合作示范项目加快推动示范项目建设的通知》(财金〔2016〕91 号)(简称《加快推动第三批示范的通知》)

50. 2016.10.24 国家发展改革委《关于印发〈传统基础设施领域实施政府和社会资本合作项目工作导则〉的通知》(发改投资〔2016〕2231 号)(简称《传统基础设施领域 PPP 工作导则》)

51. 2016.10.29 财政部《政府和社会资本合作项目信息公开暂行管理办法(征求意见稿)》

52. 2016.11.4 中共中央、国务院《关于完善产权保护制度依法保护产权

的意见》

53. 2016.11.7 国土资源部办公厅《关于印发〈产业用地政策实施工作指引〉的通知》（国土资厅发〔2016〕38 号）（简称《产业用地指引》）

54. 2016.12.22 国务院《关于加强政务诚信建设的指导意见》（国发〔2016〕76 号）

PPP 融资性政策法规

1. 1996.8.1 中国人民银行《贷款通则》（中国人民银行令 1996 年第 2 号）

2. 1996.8.23 国务院《关于固定资产投资项目试行资本金制度的通知》（国发〔1996〕35 号）（简称《试行项目资本金通知》）

3. 1998.1.1 财政部《国家政策性银行财务管理规定》（财商字〔1997〕491 号）

4. 2001.1.1 财政部、国家税务总局《关于印发〈关于个人独资企业和合伙企业投资者征收个人所得税的规定〉的通知》（财税〔2000〕91 号）（简称《关于个人独资企业和合伙企业投资者征收个人所得税的规定》）

5. 2004.2.1 中国证监会《证券公司客户资产管理业务试行办法》（中国证券监督管理委员会令第 17 号）

6. 2005.4.20 中国人民银行、中国银行业监督管理委员会《信贷资产证券化业务试点管理办法》（中国人民银行、中国银行业监督管理委员会公告〔2005〕第 7 号）

7. 2005.9.24 中国银行业监督管理委员会第三十三次主席会议《商业银行个人理财业务管理暂行办法》（中国银行业监督管理委员会令 2005 年第 2 号）（简称《商业银行个人理财办法》）

8. 2005.12.1 中国银行业监督管理委员会《金融机构信贷资产证券化监督管理办法》（中国银行业监督管理委员会令 2005 年第 3 号）

9. 2006.5.6 中国证券监督管理委员会《上市公司证券发行管理办法》

（中国证券监督管理委员会令第 30 号）

10. 2006.8.27 第十届全国人民代表大会常务委员会第二十三次会议《中华人民共和国合伙企业法》（中华人民共和国主席令第 55 号）（简称《合伙企业法》）

11. 2007.3.1 中国银行业监督管理委员会《信托公司集合资金信托计划管理办法》（中国银行业监督管理委员会令 2007 年第 3 号）

12. 2007.3.1 中国银行业监督管理委员会《信托公司管理办法》（中国银行业监督管理委员会令 2007 年第 2 号）

13. 2007.3.16 第十届全国人民代表大会第五次会议《中华人民共和国企业所得税法》（中华人民共和国主席令第 63 号）（简称《企业所得税法》）

14. 2008.1.2 国家发展和改革委员会《关于推进企业债券市场发展、简化发行核准程序有关事项的通知》（发改财金〔2008〕7 号）（简称《推进企业债有关事项的通知》）

15. 2008.4.15 中国人民银行《银行间债券市场非金融企业债务融资工具管理办法》（中国人民银行令〔2008〕第 1 号）

16. 2008.6.25 中国银行业监督管理委员会《信托公司私人股权投资信托业务操作指引》（银监发〔2008〕45 号）（简称《私人股权信托指引》）

17. 2008.12.4 中国银行业监督管理委员会《银行与信托公司业务合作指引》（银监发〔2008〕83 号）（简称《银信合作指引》）

18. 2008.12.23 财政部、国家税务总局《关于合伙企业合伙人所得税问题的通知》（财税〔2008〕159 号）

19. 2009.3.25 中国银监会《关于支持信托公司创新发展有关问题的通知》（银监发〔2009〕25 号）

20. 2009.7.6 银监会《关于进一步规范商业银行个人理财业务投资管理有关问题的通知》（银监发〔2009〕65 号）

21. 2009.7.18 中国银监会《项目融资业务指引》（银监发〔2009〕71 号）

22. 2009.7.23 中国银行业监督管理委员会《固定资产贷款管理暂行办法》（银监会令 2009 年第 2 号）

23. 2010.2.12 中国银行业监督管理委员会第 72 次主席会议《流动资金贷款管理暂行办法》（中国银行业监督管理委员会令 2010 年第 1 号）

24. 2010.8.5 中国银监会《关于规范银信理财合作业务有关事项的通知》（银监发〔2010〕72 号）

25. 2010.9.5 中国保监会《关于印发〈保险资金投资股权暂行办法〉的通知》（保监发〔2010〕79 号）（简称《保险资金投资股权暂行办法》）

26. 2011.6.30 第十一届全国人民代表大会常务委员会《中华人民共和国个人所得税法》（中华人民共和国主席令第 48 号）（简称《个人所得税法》）

27. 2011.8.1《银监会关于印发〈银团贷款业务指引〉（修订）的通知》（银监发〔2011〕85 号）（简称《银团贷款业务指引》）

28. 2012.5.17 中国人民银行、中国银行业监督管理委员会、财政部《关于进一步扩大信贷资产证券化试点有关事项的通知》（银发〔2012〕127号）

29. 2012.8.3 中国银行间市场交易商协会《银行间债券市场非金融企业资产支持票据指引》（中国银行间市场交易商协会公告〔2012〕14 号）（简称《资产支持票据指引》）

30. 2012.10.18 中国证券监督管理委员会《证券公司定向资产管理业务实施细则》（证监会公告〔2012〕30 号）（简称《证券公司定向资管细则》）

31. 2012.11.1 中国证券监督管理委员会第 19 次主席办公会议《基金管理公司特定客户资产管理业务试点办法》（中国证券监督管理委员会令第 83 号）（简称《特定客户资管管理办法》）

32. 2012.11.2 中国证券业协会《关于发布〈证券公司直接投资业务规范〉的通知》（中证协发〔2012〕213 号）（简称《证券公司直接投资业务规范》）

33. 2013.2.4 中国保险监督管理委员会《关于保险资产管理公司开展资产管理产品业务试点有关问题的通知》（保监资金〔2013〕124 号）（简称《保险资管业务试点通知》）

34. 2013.4.19 发展改革委办公厅《关于进一步改进企业债券发行审核工作的通知》（发改办财金〔2013〕957 号）

35. 2013.6.26 中国证券监督管理委员会《关于修改〈证券公司客户资产管理业务管理办法〉的决定》(中国证券监督管理委员会令)(简称《证券公司资管办法》)

36. 2013.6.26 中国证券监督管理委员会《关于修改〈证券公司集合资产管理业务实施细则〉的决定》(证监会公告〔2013〕28 号)(简称《证券公司集合资管细则》)

37. 2013.7.19 中国证券业协会《关于规范证券公司与银行合作开展定向资产管理业务有关事项的通知》(中证协发〔2013〕124 号)(简称《银证合作定向资管通知》)

38. 2014.1.17《关于发布〈私募投资基金管理人登记和基金备案办法(试行)〉的通知》(中基协发〔2014〕1 号)(简称《私募投资基金管理人登记和基金备案办法(试行)》)

39. 2014.2.17 财政部《企业会计准则第 33 号——合并财务报表》(财会〔2014〕10 号)(简称《会计准则 33 号》)

40. 2014.4.24 中国人民银行、银监会、保监会、证监会、外汇局《关于规范金融机构同业业务的通知》(银发〔2014〕127 号)

41. 2014.5.1 中国保险监督管理委员会《关于修改〈保险资金运用管理暂行办法〉的决定》(保监会令 2014 年第 3 号)

42. 2014.5.4《关于进一步加强基金管理公司及其子公司从事特定客户资产管理业务风险管理的通知》(证监办发〔2014〕26 号)(简称《特定客户资管风险管理通知》)

43. 2014.6.14 中国银行间市场交易商协会《银行间债券市场非金融企业项目收益票据业务指引》(中国银行间市场交易商协会公告〔2014〕10 号)(简称《项目收益票据业务指引》)

44. 2014.8.21 中国证券监督管理委员会令《私募投资基金监督管理暂行办法》(证监会令 105 号)(简称《私募基金监督管理办法》)

45. 2014.8.31 全国人大常委会《中华人民共和国证券法》(中华人民共和国主席令第 14 号)(简称《证券法》)

46. 2014.11.19 中国证券监督管理委员会《证券公司及基金管理公司子公司资产证券化业务管理规定》（中国证券监督管理委员会公告〔2014〕49号）（简称《资产证券化业务管理规定》）

47. 2014.11.20 中国银行业监督管理委员会《关于信贷资产证券化备案登记工作流程的通知》（银监办便函〔2014〕1092号）

48. 2014.11.25 深圳证券交易所《关于发布〈深圳证券交易所资产证券化业务指引〉的通知》（深证会〔2014〕130号）

49. 2014.11.26 上海证券交易所《关于发布实施〈上海证券交易所资产证券化业务指引〉的通知》（上证发〔2014〕80号）

50. 2014.12.24 中国证券投资基金业协会《关于发布〈资产支持专项计划备案管理办法〉及配套规则的通知》（中基协函〔2014〕459号）

51. 2015.1.15 中国证监会《公司债券发行与交易管理办法》（中国证券监督管理委员会令第113号）

52. 2015.2.10 中国银监会《关于印发〈商业银行并购贷款风险管理指引〉的通知》（银监发〔2015〕5号）（简称《商业银行并购贷款风险管理指引》）

53. 2015.3.31 国家发展改革委办公厅《城市地下综合管廊建设专项债券发行指引》（发改办财金〔2015〕755号）

54. 2015.4.7 国家发展改革委办公厅《关于印发〈城市停车场建设专项债券发行指引〉的通知》（发改办财金〔2015〕818号）（简称《城市停车场建设专项债券发行指引》）

55. 2015.4.7 国家发展改革委办公厅《关于印发〈养老产业专项债券发行指引〉的通知》（发改办财金〔2015〕817号）（简称为《养老产业专项债券发行指引》）

56. 2015.4.24 第十届全国人民代表大会常务委员会第五次会议《中华人民共和国证券投资基金法》（简称《证券投资基金法》）

57. 2015.6.23 最高人民法院审判委员会第1655次会议《最高人民法院关于审理民间借贷案件适用法律若干问题的规定》（简称《最高院民间借贷

适用法律的规定》)

58. 2015.7.29 国家发展改革委办公厅《关于印发〈项目收益债券管理暂行办法〉的通知》(发改办财金〔2015〕2010 号)(简称《项目收益债券管理暂行办法》)

59. 2015.8.12 山东省财政厅《关于印发〈山东省政府和社会资本合作(PPP)发展基金实施办法〉的通知》(鲁财预〔2015〕45 号)

60. 2015.8.25 中国保监会《关于印发〈资产支持计划业务管理暂行办法〉的通知》(保监发〔2015〕85 号)(简称《资产支持计划业务管理暂行办法》)

61. 2015.8.29 第十二届全国人民代表大会常务委员会第十六次会议《中华人民共和国商业银行法》(中华人民共和国主席令 34 号)(简称《商业银行法》)

62. 2015.9.14 国务院《关于调整和完善固定资产投资项目资本金制度的通知》(国发〔2015〕51 号)(简称《调整项目资本金制度的通知》)

63. 2015.11.12 财政部《政府投资基金暂行管理办法》(财预〔2015〕210 号)(简称《政府投资基金管理办法》)

64. 2015.11.30 国家发展改革委办公厅《关于简化企业债券审报程序加强风险防范和改革监管方式的意见》(发改办财金〔2015〕3127 号)(简称《简化企业债券审报程序的意见》)

65. 2015.12.25 财政部《关于财政资金注资政府投资基金支持产业发展的指导意见》(财建〔2015〕1062 号)

66. 2016.2.1 中国基金业协会《关于发布〈私募投资基金管理人内部控制指引〉的通知》(简称《私募投资基金管理人内部控制指引》)

67. 2016.2.4 中国基金业协会《关于发布〈私募投资基金信息披露管理办法〉的通知》

68. 2016.2.5 中国基金业协会《私募基金管理人登记法律意见书指引》

69. 2016.4.15 浙江省财政厅《关于印发浙江省基础设施投资(含 PPP)基金管理办法的通知》(浙财建〔2016〕44 号)(简称《浙江省 PPP 基金管

理办法》）

70. 2016.4.15 中国基金业协会《关于发布〈私募投资基金募集行为管理办法〉的通知》（简称《私募投资基金募集行为管理办法》）

71. 2016.6.22 中国保监会《关于加强组合类保险资产管理产品业务监管的通知》（保监资金〔2016〕104号）（简称《组合类保险资管监管通知》）

72. 2016.7.14 中国证监会《证券期货经营机构私募资产管理业务运作管理暂行规定》（证监会公告〔2016〕13号）（简称《暂行规定》）

73. 2016.7.27 中国银行监督管理委员会《商业银行理财业务监督管理法（征求意见稿）》

74. 2016.8.1 中国保险监督管理委员会主席办公会《保险资金间接投资基础设施项目管理办法》（保监会令 2016 年第 2 号）

75. 2016.11.15 中国证券投资基金业协会《私募投资基金服务业务管理办法（试行）（征求意见稿）》

76. 2016.12.1 浙江省财政厅《关于印发浙江省基础设施投资（含 PPP）基金投资退出管理规则的通知（征求意见稿）》（简称《浙江省 PPP 基金投资退出管理规则》）

77. 2016.12.15 中国证券监督管理委员会《基金管理公司特定客户资产管理子公司风险控制指标管理暂行规定》（证监会公告〔2016〕30号）（简称《资管子公司风控指标规定》）

78. 2016.12.21 国家发展改革委 中国证监会《关于推进传统基础设施领域政府和社会资本合作（PPP）项目资产证券化相关工作的通知》（发改投资〔2016〕2698号）（简称《PPP 项目资产证券化通知》）

79. 2016.12.30 国家发展改革委《关于印发〈政府出资产业投资基金管理暂行办法〉的通知》（发改财金规〔2016〕2800号）（简称《政府出资产业基金管理办法》）

附件二：PPP 图表汇总表

续表

续表

续表